Administration fiscale 2023

INFORMATIONS COMPARATIVES SUR LES PAYS DE L'OCDE ET AUTRES ÉCONOMIES AVANCÉES ET ÉMERGENTES

OCDE
DES POLITIQUES MEILLEURES
POUR UNE VIE MEILLEURE

Merci de citer cet ouvrage comme suit :
OCDE (2023), *Administration fiscale 2023 : Informations comparatives sur les pays de l'OCDE et autres économies avancées et émergentes*, Éditions OCDE, Paris, https://doi.org/10.1787/678bbe59-fr.

ISBN 978-92-64-56646-0 (imprimé)
ISBN 978-92-64-57999-6 (pdf)
ISBN 978-92-64-31779-6 (HTML)
ISBN 978-92-64-96244-6 (epub)

Administration fiscale
ISSN 2958-4833 (imprimé)
ISSN 2958-4841 (en ligne)

Crédits photo : Couverture © Bruce Rolff/Shutterstock.com.

Les corrigenda des publications sont disponibles sur : www.oecd.org/fr/apropos/editionsocde/corrigendadepublicationsdelocde.htm.

Préface

L’édition 2023 de la série sur l’administration fiscale contient, comme les précédentes, des informations comparatives sur les performances des administrations fiscales des économies avancées et émergentes du monde entier, et a pour objet de décrire les grandes tendances de fond qui se dessinent ainsi que les défis à relever. Cette publication, dont la première édition est parue en 2004, a vocation, et c’est là que réside tout son intérêt, à aider les administrations, les États, les contribuables et les autres parties prenantes à réfléchir aux moyens d’améliorer l’efficacité de l’administration de l’impôt.

Au sortir de la pandémie de COVID-19, qui a perturbé l’existence de tant de personnes dans le monde, l’attention des administrations fiscales est restée focalisée sur les principales questions découlant des effets de la crise. Or certains de ces effets sont temporaires. On peut observer par exemple, à partir des données présentées dans la série (couvrant les exercices budgétaires 2018 à 2021), que les arriérés d’impôts diminuent dans un grand nombre de juridictions par rapport aux pics enregistrés pendant la pandémie de COVID-19. Cette baisse témoigne de l’efficacité des stratégies suivies par les administrations fiscales pour aider les citoyens et les entreprises pendant cette période sans précédent.

Néanmoins, certains effets de la crise ont peut-être un caractère plus permanent. C’est le cas notamment des attentes des contribuables en matière d’accès aux services et de réduction de la charge administrative ainsi que des évolutions survenues dans les modes de fonctionnement des administrations fiscales, y compris dans la conduite du personnel dans un environnement de travail modernisé.

La pandémie a également accéléré le déploiement d’un grand nombre de pratiques nouvelles, qui sont à l’origine de bénéfices durables pour les administrations fiscales comme pour les contribuables. De nombreux exemples présentés dans cette édition illustrent comment des initiatives en faveur de la transformation numérique ont été intégrées aux modes de fonctionnement existants des administrations fiscales nationales, souvent en mettant à profit les enseignements tirés de la pandémie pour renforcer encore le respect des obligations fiscales et réduire davantage les formalités administratives.

L'édition 2023 de la série sur l’administration fiscale propose une analyse des progrès notables accomplis dans le domaine de la transformation numérique et de quelques-uns des défis dont elle s’accompagne. Les avantages considérables procurés par la transformation numérique peuvent être observés à travers l’amélioration du respect de leurs obligations fiscales par les contribuables et l’allègement du fardeau qui pèse sur eux. Le présent rapport met en évidence les nettes avancées réalisées par les administrations fiscales dans ces différents domaines.

La transformation numérique aura une importance décisive pour la concrétisation de nos objectifs. Faire en sorte qu'il soit simple et facile de remplir ses obligations fiscales sera l'un des enjeux de la réalisation de l'objectif de toute administration fiscale, qui est de lever d'indispensables fonds publics. C'est en modernisant les services et en en proposant de nouveaux, et aussi en adoptant des technologies nouvelles que l'on contribuera à faire émerger une attitude positive des contribuables à l'égard de la discipline fiscale qui aura des retombées fructueuses dans les années à venir.

J'aimerais aussi exprimer ma gratitude à toutes les personnes qui ont été associées à la production de ce rapport riche d'informations et d'enseignements, tout particulièrement Oliver Petzold et Paul Marsh, du Secrétariat de l'OCDE. Cette édition de la série continuera de nous aider à mieux comprendre les enjeux qui nous attendent individuellement et collectivement. Elle nous ouvre la possibilité non seulement de mieux appréhender ce que nous pourrions entreprendre dans nos pays respectifs, mais aussi de repérer les domaines dans lesquels les administrations fiscales nationales peuvent œuvrer de concert à l'amélioration des services rendus aux contribuables dans les pays du monde entier.

Bob Hamilton
Président du Forum de l'OCDE sur l'administration de l'impôt
Commissaire de l'Agence du revenu du Canada

Avant-propos

L'édition 2023 est le onzième numéro de la Série « Informations comparatives » produite par le Centre de politique et d'administration fiscales de l'OCDE. Publiée pour la première fois en 2004, cette série a principalement pour objet de partager des informations pour éclairer le dialogue sur la conception et l'administration des systèmes fiscaux.

La présente édition de la série contient des données comparables au plan international sur divers aspects des régimes fiscaux et de leur administration dans 58 économies avancées et émergentes. y compris des données relatives aux performances, des ratios et des tendances observées jusqu'à la fin de l'exercice budgétaire 2021, de sorte qu'elle montre l'impact de la pandémie de COVD-19 sur l'activité des administrations fiscales.

La publication présente en outre les résultats des trois derniers cycles de l'Enquête internationale sur les administrations fiscales (ISORA), lancés entre septembre 2020 et septembre 2022. L'enquête ISORA est réalisée par plusieurs organisations afin de recueillir des informations et des données sur les administrations fiscales. Elle est pilotée par quatre organisations partenaires : le Centre inter-américain des administrations fiscales (CIAT), le Fonds monétaire international (FMI), l'Organisation intra-européenne des administrations fiscales (IOTA) et l'OCDE. La Banque asiatique de développement (BAsD) a également participé à ces enquêtes ISORA aux côtés des quatre organisations partenaires.

Pour apporter un éclairage supplémentaire sur les données provenant de l'enquête ISORA, cette édition utilise également, pour certains thèmes, des données tirées de l'Inventaire multipartenaires des initiatives sur l'utilisation de la technologie à des fins fiscales (ITTI). Cet inventaire est en fait une base de données en ligne qui réunit des informations sur les outils technologiques et les solutions numériques mises en œuvre par les administrations fiscales à l'échelle mondiale. Il a été établi par le Forum de l'OCDE sur l'administration de l'impôt avec le concours de huit grandes organisations partenaires. Les données issues de l'inventaire ont également été utilisées pour rédiger un chapitre spécial relatif à la stratégie de transformation numérique des administrations fiscales.

Ce rapport a été approuvé par le Comité des affaires fiscales le 3 juillet 2023 et mis en forme pour publication par le Secrétariat de l'OCDE.

Remerciements

L'OCDE publie la série sur l'administration « Informations comparatives » depuis 2004. La publication a pris de l'ampleur au fil du temps en termes de couverture, d'influence et d'importance, et elle est désormais largement reconnue dans le monde entier comme une source d'informations faisant autorité sur l'administration de l'impôt.

L'édition 2023 présente les résultats du troisième au cinquième cycle de l'Enquête internationale sur les administrations fiscales (ISORA) lancés respectivement en septembre 2020, septembre 2021 et septembre 2022. Sa publication n'aurait pas été possible sans le concours et l'aide directs d'un grand nombre de personnes, en particulier du personnel des 58 administrations fiscales qui ont communiqué des données et des exemples de juridictions, examiné le contenu de la publication et répondu aux commentaires et aux questions sur les données qu'elle contient ainsi que sur le texte qui en constitue la matière.

Les principaux auteurs de cette publication sont Paul Marsh et Oliver Petzold, tous deux conseillers auprès du Secrétariat de Forum sur l'administration de l'impôt (FTA) de l'OCDE. La gestion et l'analyse des données ISORA ont été assurées par Oliver Petzold et Vegard Holmedahl, également conseiller auprès du Secrétariat de FTA. Peter Green, Chef du Secrétariat du FTA, a apporté son concours à la rédaction du rapport.

Ils saluent enfin le travail de l'équipe toute entière du Secrétariat de l'OCDE, en particulier Sonia Nicolas et Jose Puig Pimentel, ainsi que de l'équipe chargée de la communication du Centre de politique et d'administration fiscales de l'OCDE, en particulier Carrie Tyler, Hazel Healy et Karena Garnier.

Table des matières

Suivez les publications de l'OCDE sur :

https://twitter.com/OECD

https://www.facebook.com/theOECD

https://www.linkedin.com/company/organisation-eco-cooperation-development-organisation-cooperation-developpement-eco/

https://www.youtube.com/user/OECDiLibrary

https://www.oecd.org/newsletters/

Ce livre contient des... StatLinks

Accédez aux fichiers Excel® à partir des livres imprimés !

Vous trouverez un StatLink sous chaque tableau ou graphique de cet ouvrage. Pour télécharger le fichier Excel® correspondant, il vous suffit de copier le lien dans votre navigateur internet ou de cliquer dessus depuis la version électronique de l'ouvrage.

Guide du lecteur

Administrations fiscales couvertes par le rapport

L'édition 2023 est la onzième édition de la série « Informations comparatives » sur l'administration de l'impôt produite par le Centre de politique et d'administration fiscales de l'OCDE. La série, dont la première édition est parue en 2004, a pour principal objectif de partager des informations qui faciliteront le dialogue entre fonctionnaires des administrations fiscales nationales sur des questions importantes relatives à l'administration de l'impôt, et de recenser les possibilités d'améliorer la conception et l'administration des systèmes fiscaux nationaux.

La présente édition de la série contient des données comparables au plan international sur divers aspects des régimes fiscaux et de leur administration dans 58 économies avancées et émergentes. Il couvre les 52 juridictions membres du Forum sur l'administration de l'impôt (FAI) de l'OCDE. Il contient en outre des informations sur les pays non membres du FAI qui sont membres de l'Union européenne (Bulgarie, Chypre, Croatie et Malte), ainsi que sur le Maroc et la Thaïlande (ce qui élargit la couverture géographique du rapport).

Processus de recueil et de notification des données ISORA

La publication présente les résultats du troisième et du quatrième cycle de l'Enquête internationale sur les administrations fiscales (ISORA) lancés respectivement en septembre 2020, septembre 2021 et septembre 2022. L'enquête ISORA est une enquête internationale réalisée par plusieurs organisations en vue de recueillir des informations et des données sur l'administration de l'impôt au niveau national. Elle est pilotée par quatre organisations partenaires : le Centre inter-américain des administrations fiscales (CIAT), le Fonds monétaire international (FMI), l'Organisation intra-européenne des administrations fiscales (IOTA) et l'OCDE. Depuis le cycle de 2018, la Banque asiatique de développement (BAsD) participe à l'enquête ISORA aux côtés des quatre organisations partenaires.

Modifications apportées en 2020 à la structure et au processus de l'enquête ISORA

A l'issue de l'enquête ISORA de 2018, les partenaires avaient examiné les données produites et s'étaient mis en relation avec les administrations participantes pour recueillir leurs réactions concernant le processus suivi.

Il en est ressorti que le taux de réponse à certaines questions était faible, et que dans certains domaines, la qualité des réponses était inégale. Les administrations avaient confirmé que les données étaient utiles à des fins de comparaisons internationales, pour la préparation de missions dans d'autres juridictions et pour la rédaction de notes d'information. Elles avaient indiqué que le processus d'enquête était complexe et chronophage et qu'il serait souhaitable que l'actualisation des données soient plus rapide.

Au vu de ce bilan, les partenaires étaient convenus de la nécessité de procéder à une révision en profondeur du processus avant le lancement de l'enquête ISORA 2020 afin d'alléger la charge que la réalisation de l'enquête imposait aux administrations fiscales, et aussi d'améliorer la qualité des réponses. Le bilan avait alors permis de déterminer que les réponses à de nombreuses questions resteraient inchangées d'une année sur l'autre, ce qui ouvrait la possibilité de diviser l'enquête en deux parties :

1. **Questions à poser dans le cadre d'une enquête annuelle ISORA.** Ces questions portent principalement sur la performance opérationnelle des administrations fiscales, ce qui permet de réduire sensiblement l'ampleur de l'enquête annuelle et d'en faciliter la réalisation. Les données peuvent être mises ainsi plus rapidement à la disposition des administrations participantes. Les enquêtes ISORA 2020, 2021 et 2022 relèvent de cette catégorie.
2. **Questions à poser tous les quatre à cinq ans.** Il s'agit principalement de questions pour lesquelles il est plus improbable que les réponses varient d'une enquête à l'autre. Un nombre important de questions posées dans le cadre des enquêtes ISORA de 2016 et 2018 relèveraient de cette catégorie. Sachant qu'il est plus probable que les réponses à ces questions restent stables sur une plus longue période, il n'est pas nécessaire de les poser aussi fréquemment, ce qui autorise un allègement de la charge imposée chaque année aux administrations fiscales. Les partenaires ont achevé les travaux sur ces questions supplémentaires, dont les résultats figureront dans l'enquête ISORA 2023.

Gestion des enquêtes

Les trois dernières éditions de l'enquête ISORA ont permis de recueillir des données relatives aux exercices budgétaires 2018, 2019, 2020 et 2021. Les informations tirées de l'enquête ont été recueillies en ligne à l'aide de l'Outil d'information financière des administrations fiscales (RA-FIT) du FMI. La participation était fondée sur le principe du volontariat, et 165 administrations ont répondu à l'enquête ISORA 2022. Chaque organisation partenaire, de même que la BAsD, a apporté aux participants un soutien pour la réalisation de l'enquête ISORA, dispensé selon une clé de répartition convenue au départ. Les 58 administrations couvertes par la publication sont celles appartenant au groupe d'administrations ayant bénéficié du soutien de l'OCDE.

Si toutes les données contenues dans la publication ont fait l'objet d'un examen général de la part de l'OCDE, ni l'OCDE, ni aucune autre organisation partenaire ne les ont officiellement validées. Il convient donc de considérer toutes les données figurant dans la publication comme des données notifiées par les administrations concernées.

Données mises à la disposition du public

Depuis l'origine, l'OCDE publie toutes les données issues de l'enquête ISORA relatives aux participants dans la série « Informations comparatives » et son annexe présentant les tableaux de données. De même, la BAD publie des données ISORA au niveau des pays concernant ses propres membres. Voir, par exemple, sa publication uniquement en anglais intitulée *A Comparative Analysis of Tax Administration in Asia and the Pacific. Sixth Edition* (BAsD, 2022[1]). S'agissant des autres partenaires,

- le FMI publie des données sous une forme agrégée. Voir par exemple la publication du FMI intitulée *ISORA 2018: Understanding Revenue Administration* (Crandall, Gavin et Masters, 2021[2]); et
- le CIAT publie une sélection de données ; Voir par exemple, la publication du CIAT intitulée *Innovation, Digitalization and Technology Index (INDITEC): A tool for benchmarking Tax Administrations at the international level (Based on data from ISORA 2020 Survey)* (Díaz de Sarralde Miguez et Morán, 2022[3]).

De plus, depuis l'enquête ISORA 2020, toutes les données ISORA sont mises à la disposition du public sur le portail de données RA-FIT (https://data.rafit.org/).

Comparabilité des données

L'édition 2023 de la série « Informations comparatives » comporte des données, des ratios et d'autres informations relatives aux performances des administrations fiscales pour les exercices budgétaires 2018, 2019, 2020 et 2021. Les données relatives aux exercices budgétaires 2018 à 2020 ont été recueillies lors des enquêtes ISORA 2020 et 2021 et figurent déjà dans les éditions précédentes de la série. Un certain nombre d'administrations ont cependant procédé à la mise à jour de certaines données fournies précédemment pendant le processus de production de l'édition 2023. C'est pourquoi quelques différences peuvent apparaître entre cette édition de la série et les précédentes dans les chiffres et les tableaux contenant les données relatives aux années 2018 à 2020.

Dans certains domaines, des données provenant des enquêtes ISORA 2016 et 2018 sont également utilisées pour faire ressortir des tendances sur la période comprise entre 2014 et 2021. Néanmoins, comme indiqué précédemment, en raison des changements apportés au processus ISORA depuis l'enquête de 2020, les enquêtes ont été sensiblement redimensionnées à la baisse par rapport aux versions de 2016 et 2018. En outre, après examen, un certain nombre de modifications ont été apportées aux questions dans un souci de clarté et d'amélioration de la qualité des données. Il convient donc de faire preuve de prudence lorsque l'on compare les résultats des différentes versions de l'enquête ISORA et de mettre en regard la formulation des questions posées, le cas échéant. Les questions posées aux fins de l'enquête peuvent être consultées à l'adresse suivante « https://data.rafit.org/ sous la rubrique « *Forms and Guides* » dans l'onglet « *Publication/Links* ».

Conséquence des modifications subies par l'enquête ISORA, certaines données figurant dans l'édition 2019 ne donnent parfois pas lieu à commentaires dans l'édition 2023 (OCDE, 2023[4]). Pour ces données, l'édition 2019 reste la source la plus récente.

Par ailleurs, il convient de noter que les données statistiques font souvent l'objet de révisions après la parution de la publication. En conséquence, certaines d'entre elles peuvent ne pas correspondre à celles publiées par les administrations. Il se peut par exemple que les soldes d'ouverture au titre d'une année donnée (t) ne correspondent pas aux soldes de clôture de l'année précédente (t-1) publiés dans les éditions précédentes.

Il convient de faire preuve d'encore plus de circonspection lorsque l'on compare les données ISORA à celles recueillies dans le cadre d'enquêtes antérieures au lancement d'ISORA, c'est-à-dire aux données figurant dans la sixième édition et dans les éditions antérieures. Au moment de la création de l'enquête ISORA et à la demande des participants à l'enquête, les quatre organisations partenaires ont déployé des efforts considérables pour approuver et consacrer l'usage d'un ensemble de termes et expressions utilisés aux fins de l'enquête, et s'entendre sur leur signification. Bien que ces précautions aient amélioré l'intégrité des données et la comparabilité entre administrations, les comparaisons avec les données antérieures à l'initiative ISORA sont parfois restreintes du fait qu'il existe peut-être désormais des définitions pour des termes qui n'avaient pas été définis auparavant, ou que les termes ont quelquefois évolué.

En outre, lorsqu'une seule et même administration cumule les fonctions d'administration des impôts et des droits de douane, il convient de noter que les données présentées dans la publication se rapportent uniquement aux activités relevant de l'administration des impôts. Il se peut donc que les données ne soient pas directement comparables avec les principaux indicateurs de performance publiés par l'administration en question du fait que ceux-ci prennent parfois en considération les données relatives aux impôts et aux droits de douane.

Données tirées de l'Inventaire multipartenaires des initiatives sur l'utilisation de la technologie à des fins fiscales

En complément des données de l'enquête ISORA, cette édition repose également sur des données tirées de l'Inventaire multipartenaires des initiatives sur l'utilisation de la technologie à des fins fiscales (ITTI) qui livre des informations sur les outils technologiques et les solutions de transformation numérique mises en œuvre par des administrations fiscales de pays du monde entier. Cet inventaire a été établi avec le concours des partenaires ISORA, de la BAD, du Forum africain sur l'administration fiscale, du Cercle de Réflexion et d'Echange des Dirigeants des Administrations Fiscale, de la Commonwealth Association of Tax Administrators et du Groupe d'étude sur l'administration fiscale et la recherche en Asie (SGATAR). (OCDE, 2019[5])

Les données qu'il contient sont recueillies au moyen d'une enquête mondiale sur la transformation numérique et peuvent apporter un éclairage supplémentaire sur certains thèmes couverts par l'enquête ISORA. C'est pourquoi, lorsqu'elles sont disponibles, les données provenant de l'ITTI communiquées par 52 des 58 administrations fiscales couvertes par le présent rapport qui ont répondu à l'enquête mondiale sur la transformation numérique sont utilisées dans la présente édition de la série.

Les données issues de l'inventaire ont également été utilisées pour rédiger le chapitre spécial relatif à la stratégie de transformation numérique des administrations fiscales.

Structure de la publication

La série propose un examen des composantes essentielles des systèmes modernes d'administration de l'impôt et repose sur des analyses de données et d'exemples fournis par les administrations fiscales mettant en évidence les grandes tendances et les innovations récentes ainsi que sur des mesures et indicateurs de performance.

Structure

Le corps de la publication s'articule autour de dix chapitres : (i) une introduction suivie de chapitres consacrés (ii) aux responsabilités de l'administration fiscale et à la perception de l'impôt ; (iii) à l'enregistrement et à l'identification ; (iv) à la liquidation de l'impôt ; (v) aux services ; (vi) à la gestion des vérifications et de la discipline fiscale ; (vii) à la perception de l'impôt ; (viii) aux différends ; (ix) au budget et au personnel ; et (x) aux stratégies de transformation numérique.

La publication contient également deux annexes :

- On trouve à l'annexe A les tableaux synthétisant les réponses aux enquêtes ISORA 2020, 2021 et 2022 communiquées par les administrations fiscales[1], celles-ci constituant la base de l'analyse exposée dans le présent rapport :
  - La première série de tableaux contient un certain nombre d'indicateurs dérivés des données communiquées dans le cadre de l'enquête ISORA (tableaux commençant par « D »). Les formules et les points de données utilisés pour calculer les indicateurs sont présentés en dessous de chacun de ces tableaux.
  - La deuxième série de tableaux présente les données brutes issues des enquêtes ISORA 2020 et 2021. Il s'agit des tableaux commençant par « A ».
  - Les deux derniers tableaux contiennent des données externes qui ont été utilisées pour calculer certains des indicateurs présentés dans le tableau D. *Ces tableaux commencent par « E ».

- On trouve à l'annexe B des informations détaillées sur les administrations ayant pris part à la production de la publication.

Tableaux et graphiques

Les tableaux et graphiques figurant dans la publication sont tous accompagnés de liens hypertexte (StatLinks de l'OCDE) qui dirigent le lecteur vers les feuilles de calcul Excel correspondantes contenant les données sous-jacentes. Ces liens sont stables et resteront inchangés au fil du temps.

En règle générale, les notes concernant les sources qui suivent les chiffres figurant dans le corps de la publication renvoient le lecteur aux données sous-jacentes contenues dans l'annexe A. Dans certains cas, elles peuvent faire référence à des éditions précédentes de la série ou, lorsque des données provenant de l'ITTI ont été utilisées, aux feuilles de calcul Excel sur l'ITTI.

Les symboles et abréviations utilisés dans les tableaux de données sont expliqués en bas de chaque tableau. Le lecteur est invité à noter que, lorsqu'aucune donnée n'est présentée pour une juridiction donnée dans un tableau, cela tient principalement au fait que la question n'est pas applicable à cette juridiction, ou au fait qu'une réponse négative a été donnée à une question ouvrant une sous-partie de l'enquête de sorte que la juridiction n'était pas tenue de répondre aux questions suivant cette question préliminaire.

Forum sur l'administration de l'impôt

Le Forum sur l'administration de l'impôt (FAI) est une enceinte de discussion unique réunissant 52 directeurs de grandes administrations fiscales Les lecteurs qui souhaitent en savoir plus sur les travaux de l'OCDE concernant l'administration de l'impôt doivent se rendre à l'adresse www.oecd.org/tax/forum-on-tax-administration/.

Avertissement

Les administrations fiscales s'acquittent de leurs missions dans des environnements divers, et la manière dont chacune d'entre elles gère le système d'imposition diffère en fonction du cadre politique et législatif ainsi que des pratiques et de la culture administrative. De ce fait, il ne serait ni réaliste, ni souhaitable, d'appliquer une vision normalisée de l'administration de l'impôt à un cas particulier. C'est en ayant cela à l'esprit que le présent rapport et les observations qu'il contient doivent être interprétés. Il y a lieu de veiller, lorsque l'on étudie les pratiques en vigueur dans une juridiction, à prendre pleinement en considération les facteurs complexes qui ont façonné la démarche qu'elles incarnent. De même, il convient de tenir compte des défis et des priorités spécifiques que chaque administration doit gérer.

Abréviations et acronymes

AEAT	Agencia Estatal de Administración Tributaria (Administration fiscale, Espagne)
AFIP	Administración Federal de Ingresos Públicos (Administration fiscale, Argentine)
API	Interface de programmation d'application
APP	Accords préalables en matière de prix de transfert
ARC	Agence du revenu du Canada
AT	Autoridade Tributária e Aduaneira (Administration fiscale, Portugal)
ATO	Australian Taxation Office (Administration fiscale, Australie)
AUD	Dollar australien
BAsD	Banque asiatique de développement
BEPS	Érosion de la base d'imposition et transfert de bénéfices
CFD	Comprobante Fiscal Digital (acronyme espagnol du justificatif fiscal numérique
CFDI	Comprobante Fiscal Digital por Internet (acronyme espagnol du justificatif fiscal numérique par Internet)
CIAT	Centre inter-américain des administrations fiscales
COTS	Logiciels sur étagère
CSS	Cotisations de sécurité sociale
DGFiP	Direction Générale des Finances Publiques (France)
DPN	Director Penalty Notice (Notification d'avertissement informant le contribuable d'une sanction éventuelle, Australie)
EIA	Outil d'évaluation de l'incidence algorithmique
eIDAS	Identification électronique et services de confiance pour les transactions électroniques
EMN	Entreprise multinationale
ETP	Équivalent temps plein
EUR	Euro
FAI	Forum sur l'administration de l'impôt
FATCA	Foreign Account Tax Compliance Act (Loi relative au respect des obligations fiscales concernant les comptes étrangers adoptée par les États-Unis)
FMI	Fonds monétaire international

GBP	Livre sterling
HMRC	Her Majesty's Revenue and Customs (Administration fiscale, Royaume-Uni)
IA	Intelligence artificielle
ICAP	Programme international pour le respect des obligations fiscales de l'OCDE
IISF-EP	Volet Enquêtes pénales de l'Initiative Inspecteurs des impôts sans frontières (IISF-EP)
IOTA	Organisation intra-européenne des administrations fiscales
IR	Inland Revenue (Administration fiscale, Nouvelle-Zélande)
IRAS	Inland Revenue Authority of Singapore (Administration fiscale, Singapour)
IRPP	Impôt sur le revenu des personnes physiques
IRS	Internal Revenue Service (Administration fiscale, États-Unis)
IS	Impôt sur les sociétés
ISORA	Enquête internationale sur les administrations fiscales
ITDN	Intent to Disclose Notice (notification avisant le contribuable de l'intention de l'administration de communiquer des données concernant les dettes dont il est redevable)
ITTI	Inventaire des initiatives sur l'utilisation de la technologie à des fins fiscales
NCD	Norme commune de déclaration
NTA	National Tax Agency (Administration fiscale, Japon)
NTCA	National Tax and Customs Administration (Administration des impôts et des douanes, Hongrie)
NZD	Dollar néo-zélandais
OCDE	Organisation de coopération et de développement économiques
PA	Procédure amiable
PACO	Portal de Asistencia al Contribuyente (Portail d'assistance aux contribuables)
PCBMI	Programme communautaire des bénévoles en matière d'impôt
PIB	Produit intérieur brut
PME	Petites et moyennes entreprises
PNUD	Programme des Nations unies pour le développement
RA-FIT	Outil d'information financière des administrations fiscales
RFB	Receita Federal do Brasil (Administration fiscale, Brésil)
RH	Ressources humaines
RPA	Robotic Process Automation (Automatisation robotisée des processus)
SAT	Servicio de Administración Tributaria (Adminitration fiscale, Mexique)
SEK	Couronne suédoise
SII	Servicio de Impuestos Internos (Administration fiscale, Chili)
SOP	Centre des opérations de sécurité

SSTTP	Self-Serve Time to (Royaume-Uni)
STA	Administration d'État des impôts (République populaire de Chine)
TFTC	Groupe d'action sur les délits à caractère fiscal et autres délits
TI	Technologies de l'information
TIC	Technologies de l'information et des communications
TVA	Taxe sur la valeur ajoutée

Résumé

L'édition 2023 de la série de l'OCDE sur l'administration fiscale (TAS 2023) continue de mettre en évidence l'ampleur et la complexité de l'administration de l'impôt. Le graphique 0.1 montre que l'ensemble des administrations fiscales qui ont participé à cette édition perçoivent 13 400 milliards EUR de recettes nettes et emploient environ 1.7 million de personnes. Elles s'occupent des dossiers de plus de 900 millions de contribuables assujettis à l'impôt sur le revenu des personnes physiques et à l'impôt sur les sociétés qui ont avec elles plus de 450 millions de communications directes, par téléphone, par messagerie électronique ou par courrier, et plus de 2.3 milliards d'échanges via des canaux en ligne. Les administrations fiscales disposent pour ce faire d'un budget de fonctionnement se chiffrant au total à environ 95 milliards EUR, soit l'équivalent de 0.7 % du montant total des recettes collectées, ce qui reflète leur efficience et leur efficacité.

Tableau 0.1. Principaux chiffres relatifs aux administrations fiscales couvertes par la présente publication

Agents employés	1 720 000
Contrôles/vérifications menés à bien	17 700 000
Demandes directes	52 500 000
Appels téléphoniques reçus	368 000 000
Nombre de contribuables actifs redevables de l'IRPP et de l'IS	912 000 000
Nombre de déclarations (IRPP, IS et TVA) reçues	1 450 000 000
Contacts via le compte en ligne du contribuable	2 320 000 000
Budget de fonctionnement (en EUR)	94 900 000 000
Arriérés recouvrables en fin d'année (en EUR)	714 000 000 000
Total des arriérés en fin d'année (en EUR)	2 460 000 000 000
Recettes nettes perçues (en EUR)	13 400 000 000 000

Note : Les chiffres sont fondés sur des données recueillies dans le cadre de l'édition 2022 de l'Enquête internationale sur les administrations fiscales (ISORA). Les données ont été converties en EUR sur la base du taux de change en vigueur le 31 mars 2023. Il s'agit de chiffres minimum étant donné que toutes les administrations n'ont pas été en mesure de communiquer des informations pour toutes les données. Ces chiffres se rapportent à l'exercice 2021.

Les éditions précédentes de cette série, tout comme la présente édition, visent systématiquement à évaluer dans quelle mesure les administrations fiscales ont maintenu et renforcé leur efficience et leur efficacité en cherchant à adopter des approches plus proactives afin d'améliorer la discipline fiscale des contribuables. Cette démarche passe souvent par le recours accru à la technologie afin de répondre aux nouvelles attentes et aux nouveaux besoins des contribuables. Par exemple, les administrations fiscales ont été parmi les premières à se tourner vers l'administration électronique, qui permet le dépôt en ligne des déclarations de revenu, le paiement en ligne et l'établissement de déclarations intégralement ou partiellement pré-remplies. Ces pratiques sont désormais largement répandues, puisque plus de 85 % des personnes physiques et 95 % des entreprises déposent leurs déclarations par voie électronique. Comme le montre le graphique 0.1, les canaux numériques sont majoritairement utilisés pour communiquer avec les contribuables, et le nombre d'administrations qui utilisent ou mettent au point des applications mobiles continue d'augmenter, ainsi que l'illustrent les exemples au chapitre 5.

Pendant la pandémie de COVID-19, la capacité des administrations fiscales à faire usage de la technologie pour gérer leurs relations avec les citoyens et les entreprises ainsi que la longue expérience et les compétences qu'elles ont acquises en matière d'exploitation à grande échelle de vastes séries de données ont conduit de nombreux États à se tourner vers les services fiscaux pour les aider à mettre en place des mesures de soutien de plus large portée. La pandémie a également entraîné une transformation rapide des modèles de fonctionnement, en accélérant de nombreuses pratiques nouvelles et évolutions, porteuses d'avantages durables tant pour les administrations que pour les contribuables. Néanmoins, il importe de rappeler que la mission première d'une administration fiscale est de générer les recettes nécessaires pour financer les services publics. Les éditions précédentes de cette publication pointaient aussi les conséquences de la pandémie de COVID-19 sur les recettes, et le caractère temporaire de ces conséquences témoigne de la résilience et des capacités d'adaptation des administrations fiscales. Par exemple, après une forte hausse du ratio du total des arriérés à la fin de l'exercice en pourcentage des recettes nettes perçues en 2020 - la première année de la pandémie -, ce ratio a baissé entre 2020 et 2021 dans près de 70 % des juridictions étudiées dans ce rapport.

Avec la participation de 58 juridictions représentant environ 90 % du PIB mondial, l'édition 2023 de la série de l'OCDE sur l'administration fiscale donne une vue complète de la situation des administrations fiscales en 2021 de trois manières. Premièrement, des informations comparatives sous la forme d'indicateurs et de données de performance sont réunies dans 135 tableaux, à partir des renseignements recueillis grâce à l'Enquête internationale sur les administrations fiscales (ISORA). Deuxièmement, cette édition utilise également des données tirées de l'Inventaire multipartenaires des initiatives sur l'utilisation de la technologie à des fins fiscales (ITTI) (OCDE et al, 2023[1]) qui livre des informations sur les outils technologiques et les solutions de transformation numérique mises en œuvre par les administrations fiscales à l'échelle mondiale. Troisièmement, elle contient plus de 100 exemples d'innovations et de pratiques exemplaires communiqués par 34 administrations fiscales. Ensemble, ces sources de données et ces exemples mettent en lumière la variété des sujets traités par les administrations fiscales, et peuvent aider ces dernières à déterminer les domaines dans lesquels de nouvelles améliorations sont possibles et à mieux faire comprendre au grand public la nature changeante de l'administration de l'impôt à l'échelle mondiale.

Administration fiscale 3.0

Avec une utilisation de plus en plus sophistiquée de la technologie, les administrations fiscales réfléchissent désormais à la transformation numérique de leur modèle d'activité, souvent en s'appuyant sur les enseignements tirés de la pandémie, de façon à ancrer la discipline fiscale et à alléger les formalités. Cette transformation numérique est décrite dans le rapport de l'OCDE sur l'administration fiscale 3.0 (OCDE, 2020[2]), et de nombreuses administrations fiscales s'inspirent des concepts et idées qu'il contient pour piloter leur stratégie de transformation numérique.

Le rapport sur l'administration fiscale 3.0 recense une série de composantes essentielles qui sont au cœur de la transformation numérique. Au moyen d'un ensemble de données et d'exemples, l'édition 2023 de la série sur l'administration fiscale analyse les progrès considérables accomplis pour mettre en place ces composantes ainsi que certaines difficultés rencontrées. Malgré les défis que pose la transformation numérique, elle procure des avantages substantiels en termes de discipline fiscale et de réduction des contraintes pour les contribuables, et ce rapport met en lumière les importantes avancées réalisées par les administrations fiscales pour concrétiser ces avantages.

Amélioration de la discipline fiscale

Favoriser une attitude positive des contribuables à l'égard de la discipline fiscale, en faisant en sorte que le respect de leurs obligations fiscales soit aussi facile et fluide que possible, demeure au cœur des activités déployées par l'administration fiscale pour collecter des recettes destinées à financer les services publics essentiels. Voici quelques-unes des initiatives prises par les administrations fiscales :

- **Création d'une administration fiscale disponible 24 heures sur 24 :** Les administrations fiscales s'efforcent en permanence d'améliorer leurs processus d'interactions, que les échanges aient lieu en ligne, en personne ou par téléphone, afin de faciliter aux contribuables l'entrée en contact avec leurs services. Par exemple, plus de 60 % des administrations fiscales utilisent des assistants virtuels ou numériques pour répondre aux questions des contribuables et favorisent l'utilisation des services en libre accès, soit une augmentation de près de 30 points de pourcentage par rapport à 2018. Ces efforts servent également à aider les contribuables à mieux comprendre leurs obligations ainsi que les moyens de s'y conformer. Ils sont de plus en plus complétés par des actions volontaristes prenant la forme de campagnes d'éducation des contribuables, y compris en recourant à un large éventail de médias sociaux.
- **Rôle de l'identité et de la vérification numériques :** Les administrations fiscales assurent de plus en plus de services par des moyens numériques, et l'identité et la vérification numériques prennent de plus en plus d'importance. Les administrations fiscales mettent à profit leur expertise et les séries de données dont elles disposent pour donner aux contribuables accès non seulement à leurs propres services, mais aussi à d'autres systèmes des administrations publiques.
- **Décentralisation des services de l'administration fiscale :** L'intégration des services et des processus dans les systèmes traditionnels utilisés tant par les contribuables dans leur vie quotidienne que par les entreprises est une tendance qui s'affirme dans l'ensemble des administrations fiscales. Si elle concourt à l'amélioration de la discipline fiscale, elle contribue aussi à alléger la charge administrative pesant sur les entrepreneurs et à leur dégager du temps qu'ils peuvent consacrer à d'autres activités, notamment le développement de leur entreprise. Ces modes de collaboration devenant plus répandus et plus sophistiqués, les administrations fiscales commencent à adopter des approches stratégiques pour gérer le recours à des prestataires de services et faciliter le travail de ces derniers, notamment en autorisant l'accès aux systèmes internes de l'administration fiscale par le biais d'interfaces de programmation d'applications (API).

Réduction de la charge administrative pour les contribuables

Il existe depuis de nombreuses années des dispositifs conçus d'emblée pour favoriser le respect de leurs obligations fiscales par les salariés soumis à l'impôt sur le revenu des personnes physiques : ils prennent la forme de retenues à la source et de déclarations établies par les employeurs, souvent intégrées dans le logiciel de gestion de la paie. Ces dispositifs systémiques, adoptés par la quasi-totalité des administrations fiscales, ont contribué à optimiser le respect de la législation pour cette fraction importante de la base d'imposition. Le fait que les données soient de plus en plus accessibles et partagées permet à présent de les étendre à d'autres sources de revenu et à d'autres catégories de contribuables, notamment en proposant des déclarations pré-remplies pour l'impôt sur les bénéfices des sociétés et la taxe sur la valeur ajoutée dans certains cas.

Les technologies numériques offrent aussi aux administrations fiscales la possibilité d'aborder la gestion des risques dans une optique plus préventive. En s'efforçant d'intervenir à des stades plus précoces, elles peuvent prévenir le non-respect de leurs obligations fiscales par les contribuables au lieu de découvrir les manquements après le dépôt des déclarations fiscales. C'est ce que l'on peut déceler à travers :

- **L'utilisation et l'exploitation sophistiquées de données** : Elles ont alimenté une forte intensification de l'utilisation des outils et techniques d'analyse destinés à améliorer la gestion des risques et à favoriser le respect des obligations fiscales dès le stade de la conception du système. Près de 95 % des administrations fiscales déclarent se servir de la science des données et des outils d'analyse pour exploiter les données électroniques fournies par des tierces parties, y compris par d'autres administrations fiscales, ainsi que les données électroniques générées par leurs propres services, pour orienter leurs activités d'examen de la conformité. Cela représente une progression de plus de 20 points de pourcentage par rapport à 2018.

- **L'utilisation de technologies de pointe** : Plus de 80 % des administrations fiscales indiquent recourir à des techniques d'avant-garde, ou avoir engagé la phase de mise en œuvre préalable à l'utilisation future de ces techniques, pour exploiter les données selon des modalités réduisant la nécessité d'une intervention humaine. Bien que l'on en soit encore en général à un stade précoce de l'évolution, l'intelligence artificielle et l'apprentissage automatique produisent déjà des gains d'efficience qui libèrent des ressources susceptibles d'être redéployées vers d'autres domaines.
- **Des interactions plus personnalisées** : La puissance de l'analyse des données offre aux administrations fiscales la possibilité d'appréhender de façon plus ciblée leurs échanges avec les contribuables. Ceux-ci peuvent passer par des canaux s'adressant à un grand nombre de personnes ou à des groupes spécifiques de contribuables tels que les grandes entreprises ou les particuliers fortunés. Les exemples fournis par les administrations fiscales font désormais apparaître une tendance croissante à la segmentation dans d'autres domaines, aidant à donner forme à des actions et des interventions plus ciblées tant sur le plan de la discipline fiscale que des services, y compris au niveau individuel.

Ressources des administrations fiscales

La transformation des modèles d'activité suppose de disposer de moyens financiers importants et pérennes. La mise en œuvre de la transformation numérique est freinée par les contraintes budgétaires qui continuent de peser sur les administrations fiscales. Si la majorité d'entre elles déclarent accroître leurs dépenses de fonctionnement en valeur absolue, cette information n'est peut-être à prendre au pied de la lettre car elles se voient souvent investies de compétences élargies et soumises aux pressions résultant du changement technologique et de l'évolution de la structure de leur personnel. En outre, une part importante des budgets est absorbée par les coûts salariaux, qui représentent en moyenne 73 % des dépenses d'exploitation annuelles. Le montant des dépenses de fonctionnement et d'investissement consacrées aux technologies de l'information et des communications est aussi très variable. Si ces variations trouvent souvent leur origine dans des différences entre les approches suivies en matière d'approvisionnement et de stratégie, se pose aussi la question de savoir si, dans certains cas, les niveaux de dépenses ne sont pas un peu faibles pour répondre à la demande de services plus sophistiqués et à la transformation numérique en cours.

Une difficulté supplémentaire signalée par les administrations fiscales tient à la nécessité de préparer les agents en exercice à relever les défis futurs, ainsi qu'à recruter un personnel hautement qualifié sur un marché du travail extrêmement concurrentiel, une situation qui a conduit à adopter des innovations en matière de recrutement et de formation du personnel.

Coopération internationale

Parallèlement aux nombreux progrès accomplis à l'échelle nationale, le présent rapport démontre que la coopération internationale et le partage des connaissances entre administrations fiscales comptent plus que jamais à l'heure où les pays subissent d'importants changements et où la transformation numérique de l'économie transcende de plus en plus les frontières nationales.

La tradition de coopération entre administrations fiscales est établie de longue date ; par exemple, elles œuvrent de concert à la mise en œuvre effective des principales mesures issues du Projet BEPS de l'OCDE et du G20 et de la Norme commune de déclaration, ainsi qu'à l'élaboration d'un Programme international multilatéral de l'OCDE pour le respect des obligations fiscales dans le cadre duquel contribuables et administrations fiscales s'emploient, en coopération et dans un cadre multilatéral, pratiquement en temps réel, à évaluer les risques et à trouver des parades face aux principaux risques fiscaux internationaux.

Cette tradition de collaboration efficace demeurera essentielle, à l'heure où les administrations fiscales mettent en commun leurs connaissances pour accélérer leur transformation individuelle, mais aussi pour relever les défis posés par l'essor des activités économiques transfrontalières. Cet esprit de coopération sera également essentiel pour permettre aux administrations fiscales d'assurer la mise en œuvre efficace de nouvelles initiatives, telles que la « solution reposant sur deux piliers pour relever les défis fiscaux soulevés par la transformation numérique de l'économie » (OCDE, 2021[3]).

Bibliographie

Banque asiatique de développement, M. (dir. pub.) (2022), *A Comparative Analysis of Tax Administration in Asia and the Pacific: Sixth Edition*, https://doi.org/10.22617/TCS220571-2. [1]

Crandall, W., E. Gavin et A. Masters (2021), *ISORA 2018: Understanding Revenue Administration*, http://www.imf.org/en/Publications/Departmental-Papers-Policy-Papers/Issues/2021/11/03/Understanding-Revenue-Administration-464865 (consulté le 29 mars 2022). [2]

Díaz de Sarralde Miguez, S. et D. Morán (2022), *), Innovation, Digitalization and Technology Index (INDITEC): A tool for benchmarking Tax Administrations at the international level (Based on data from ISORA 2020 Survey)*, http://www.ciat.org/Biblioteca/DocumentosdeTrabajo/2022/WP-02-22-Sarralde-Moran.pdf (consulté le 17 mai 2023). [3]

OCDE (2023), *Inventory of Tax Technology Initiatives*, https://www.oecd.org/tax/forum-on-tax-administration/tax-technology-tools-and-digital-solutions/ (consulté le 17 mai 2023). [4]

OCDE (2019), *Tax Administration 2019: Comparative Information on OECD and other Advanced and Emerging Economies*, https://dx.doi.org/10.1787/74d162b6-en. [5]

Note

[1] S'agissant du Japon, étant donné que ce pays publie des chiffres exprimés en millions, trois zéros ont été ajoutés aux montants en devise indiqués dans les tableaux pour les besoins de l'enquête, laquelle impose que les montants en devise soient communiqués en milliers.

1 Introduction

Le présent chapitre propose un aperçu du contenu de l'édition 20223 de la série de l'OCDE sur l'administration fiscale « Informations comparatives ».

Au fil des nombreuses éditions de la série, la manière dont les administrations fiscales ont modulé leurs réponses à l'évolution de l'environnement en constante évolution dans lequel elles s'acquittent de leur mission a été un thème récurrent. L'édition 2023 ne diffère en rien de la précédente et contient d'autres éléments d'information sur la façon dont les administrations fiscales :

- adaptent les nouvelles méthodes de travail introduites pendant la pandémie au monde d'après la pandémie ;
- investissent dans leurs ressources humaines dans le cadre d'un effort de transformation numérique de plus vaste portée ;
- transforment leurs modes de fonctionnement pour fournir de nouveaux services ;
- intensifient la collaboration et l'intégration au sein du système des administrations publiques ;
- mettent à profit les possibilités offertes par l'enrichissement des jeux de données pour donner aux contribuables accès à de nouveaux services et s'attaquer aux problèmes de discipline fiscale ; et
- utilisent les technologies de pointe pour obtenir des gains d'efficience et améliorer le respect de leurs obligations fiscales par les contribuables.

La résilience et l'adaptabilité des administrations fiscales leur ont permis de répondre avec succès à ces changements qui ont été facilités et favorisés par les évolutions technologiques en général survenues au sein de l'économie, notamment par l'expansion des réseaux sociaux, les plateformes mobiles, l'infonuagique, les technologies des données massives et les techniques d'analyse avancées. Ces technologies les ont aidées à réagir avec efficacité à la pandémie de COVID-19 et l'on s'attend à ce qu'elles aient des effets persistants sur leurs modes de fonctionnement.

Ces effets peuvent être perceptibles à travers l'adoption d'une vision plus systémique de la gestion du respect des obligations fiscales, dans le cadre de laquelle les administrations fiscales s'efforcent d'être plus en phase avec les systèmes traditionnels en pleine évolution que les contribuables utilisent pour gérer leurs activités, effectuer des transactions et communiquer, et ce afin de réduire les erreurs, de minimiser les charges et d'ancrer plus solidement la discipline fiscale dans le système.

Ils commencent à transparaître dans les données recueillies dans le cadre de l'édition 2022 de l'Enquête internationale sur les administrations fiscales (ISORA). Les administrations fiscales recourent en particulier davantage à l'apprentissage automatique et à l'intelligence artificielle pour offrir de nouveaux services aux contribuables et intégrer les processus d'administration de l'impôt, qui traditionnellement se déroulent dans le cadre de leurs propres systèmes, dans les services que des tiers, comme les fournisseurs de logiciels, procurent aux contribuables. Les partenariats et les collaborations instaurés à cet effet peuvent favoriser une migration progressive vers l'amont de l'observation des obligations fiscales, de sorte qu'elle soit assurée au plus près des transactions imposables, de façon à ancrer la discipline fiscale et à alléger les formalités.

Parallèlement, les administrations fiscales des pays couverts par l'enquête ISORA ont en outre été invitées à fournir des exemples de pratiques novatrices qu'elles mettent en œuvre à l'appui de la réalisation de leurs objectifs. Elles ont fourni plus d'une centaine d'exemples riches d'enseignements sur un large éventail de sujets. Si ces exemples ne constituent pas une base de comparaison entre les administrations fiscales au même titre que les données ISORA, ils apportent néanmoins un éclairage supplémentaire sur les données et donnent un aperçu de la ligne stratégique qui guidera à l'avenir les administrations fiscales.

Par ailleurs, la présente édition de la série sur les administrations fiscales utilise également des informations issues de l'Inventaire multipartenaires des initiatives sur l'utilisation de la technologie à des fins fiscales (OCDE et al, 2023[1]). Cet inventaire rassemble des données sur la transformation numérique et les travaux sur la numérisation des administrations fiscales provenant des administrations fiscales de pays du monde entier, et cette source de données peut, par sa richesse, permettre de mieux comprendre les évolutions en cours en matière d'administration de l'impôt tout en facilitant l'apprentissage mutuel et la collaboration.

Toutefois, une constante demeure assurément lorsqu'on parcourt cet inventaire : l'objectif premier d'une administration fiscale est le recouvrement, en temps voulu, du montant exact des recettes fiscales destinées à financer les services publics. *Le* ***chapitre 2*** traite de cette question de façon plus détaillée et contient des statistiques sur l'éventail et le montant des impôts et taxes dont les administrations assument la responsabilité.

Le travail des administrations fiscales visant à s'assurer que tous les contribuables visés sont enregistrés et peuvent être identifiés, le cas échéant, de manière sûre et rapide, est la clé de la réalisation de cet objectif de recouvrement des recettes. Le ***chapitre 3*** décrit les travaux menés par les administrations fiscales dans ce domaine et montre que celles-ci sont de plus en plus engagées dans des projets sur l'identité numérique à l'échelle de l'ensemble de leurs services.

Dans le **chapitre 4**, il est question de la liquidation de l'impôt, qui englobe toutes les activités liées au traitement des déclarations fiscales et au paiement de l'impôt. La réflexion porte sur l'utilisation des canaux électroniques pour le dépôt des déclarations et le paiement de l'impôt et repose sur une description des efforts déployés par les administrations fiscales pour produire des déclarations pré-remplies ainsi que sur une analyse des taux de respect des délais, que ce soit pour le dépôt des déclarations ou le paiement de l'impôt.

Le ***chapitre 5*** vise à apporter un éclairage sur les stratégies technologiques sophistiquées suivies par les administrations fiscales pour encourager les contribuables à se servir « d'applications en libre service ». Celles-ci constituent un volet d'une mutation plus fondamentale dans le cadre de laquelle l'administration de l'impôt devient un processus fluide tendant de plus en plus, dès le stade de la conception, à exclure le non-respect de la législation et à alléger les formalités administratives. Le ***chapitre 6*** a pour objet de porter plus loin la réflexion et de décrire plus en détail comment la conception même de la discipline fiscale évolue, grâce à l'utilisation des données et des nouvelles technologies, en direction d'un ciblage des actions coercitives sur les contribuables qui ne respectent pas leurs obligations.

Le ***chapitre 7*** propose une étude de la manière dont les administrations fiscales gèrent la recouvrement des créances fiscales et un examen des caractéristiques d'une fonction moderne de recouvrement des créances fiscales. Ces deux aspects sont essentiels pour maintenir un niveau élevé de discipline fiscale volontaire et entretenir la confiance des citoyens dans le système fiscal en général. Ce chapitre présente également des exemples d'approches suivies par les administrations pour minimiser, voire prévenir l'accumulation d'arriérés d'impôt.

Il est toutefois inévitable que des différends surviennent entre les contribuables et l'administration fiscale, et le ***chapitre 8*** est consacré aux processus destinés à protéger les droits des contribuables et à garantir la présence de mécanismes de contrepouvoir face à l'administration fiscale.

Les ressources mises à la disposition des administrations fiscales sont au cœur de l'ensemble du dispositif. On trouve dans le ***chapitre 9*** des informations sur les ressources dont disposent les administrations fiscales et la description d'un certain nombre de tendances que les données permettent d'observer au fil du temps.

Enfin, le ***chapitre 10*** de cette édition de la série contient un chapitre spécial proposant une analyse des tendances qui se dégagent de l'observation des trajectoires de transformation numérique suivies par les administrations fiscales.

Bibliographie

OCDE et al (2023), *Inventory of Tax Technology Initiatives*, https://www.oecd.org/tax/forum-on-tax-administration/tax-technology-tools-and-digital-solutions/ (consulté le 22 mai 2023). [1]

2 Responsabilités et perception de l'impôt

Le présent chapitre examine les performances des administrations fiscales dans l'accomplissement de leur mission principale de perception de l'impôt. Il contient des informations relatives au montant total des recettes fiscales nettes perçues ainsi que d'autres chiffres clés concernant les activités des administrations couvertes par la présente publication.

Introduction

La mission première de l'administration fiscale est de percevoir des recettes fiscales afin de financer les services publics, mais avec le temps, comme l'ont montré les éditions précédentes de cette série, les services fiscaux ont également été investis, dans de nombreux pays, d'autres responsabilités. Le présent chapitre propose un aperçu des recettes fiscales nettes perçues ainsi que quelques autres chiffres clés relatifs aux performances des administrations fiscales, et analyse le rôle joué, de façon plus générale, par l'administration fiscale dans la dynamique du changement à l'échelle de l'ensemble de l'administration.

Enseignements tirés des pratiques de travail pendant la pandémie de COVID-19

La confiance dans la capacité avérée de l'administration fiscale à mettre en œuvre des processus administratifs complexes à grande échelle a sans aucun doute été un facteur essentiel ayant incité l'État, dans de nombreux pays, à confier à l'administration fiscale des responsabilités supplémentaires pendant la crise du COVID-19. Le chapitre 2 de la série *Tax Administration 2021* (OCDE, 2021[1]) présente un panorama plus détaillé des missions de plus large portée assumées par les administrations fiscales pendant la pandémie.

Alors que de nombreuses juridictions analysent aujourd'hui l'environnement de l'après-pandémie, elles tirent les enseignements des méthodes de travail qu'elles ont dû adopter afin de mettre en œuvre rapidement les programmes de soutien aux contribuables dont elles avaient la charge. Nombre d'entre elles signalent que les méthodes de travail adoptées pendant la pandémie sont désormais devenues des pratiques courantes qui ont entraîné des mutations durables dans leur façon d'organiser leurs activités.

Encadré 2.1. Belgique : Campagne d'ouverture

Avant la pandémie, environ 200 000 débiteurs sollicitaient chaque année une rencontre en face à face pour discuter du paiement de leur impôt. Avec la fermeture des bureaux au public pendant la pandémie, l'administration fiscale a dû trouver une solution pour ces contribuables qui avaient besoin d'assistance.

L'administration belge de la perception et du recouvrement, chargée de percevoir et de recouvrer les impôts directs, la TVA et un ensemble de créances non fiscales, a lancé une nouvelle initiative d'ouverture au printemps 2020 afin de cibler une catégorie spécifique de contribuables par téléphone et leur proposer une aide pour résoudre leurs difficultés de paiement. Le groupe cible se composait de contribuables qui ont déjà été en retard pour le paiement de leur impôt ou ayant de faibles revenus.

Un centre d'appels sortants de taille moyenne a été mis en place, afin de venir en aide aux contribuables aux prises avec des difficultés financières, en leur rappelant leur prochaine échéance de l'impôt sur le revenu ou en leur offrant la possibilité d'étaler le paiement, sur une période allant de 10 jours avant et 10 jours après la date d'échéance de leur impôt annuel sur le revenu.

Cette initiative a été très bien accueillie par le public qui a beaucoup apprécié cette démarche anticipative et empathique de l'administration fiscale belge. Du côté des contribuables, elle a contribué à renforcer la confiance envers l'administration fiscale et à améliorer le taux de paiement de l'impôt de la catégorie ciblée. Par rapport à un groupe témoin, le nombre de dossiers réglés a augmenté de 31 %, entraînant une baisse de la charge de travail pour les équipes du centre de contact et de recouvrement, grâce à une intervention précoce dans le processus de perception de l'impôt. Au terme d'une évaluation positive, ce projet pilote a été étendu et sert désormais à d'autres usages, notamment pour aider les citoyens à faire face à la hausse des coûts de l'énergie.

Source : Belgique (2023)

La perception des recettes se relève de la crise du COVID-19

Les informations provenant de l'enquête et analysées aux fins de ce chapitre montrent que les recettes fiscales se remettent des effets de la pandémie de COVID-19. Après une baisse des recettes perçues entre 2019 et 2020 dans une grande majorité de juridictions, elles se sont accrues entre 2020 et 2021 dans pratiquement toutes les juridictions couvertes par cette édition (voir le tableau 2.1.).

Les données montrent également que cette progression des recettes est très significative (+17.2 % en moyenne, voir le tableau 2.1.), ce qui révèle que l'activité économique s'est fortement redressée après les mesures de confinement liées au COVID-19 prises par de nombreux pays et la fermeture forcée de nombreuses entreprises et leurs conséquences négatives sur leurs chiffres d'affaires et leur bénéfice imposable.

Tableau 2.1. Variation du montant total des recettes nettes perçues entre 2018 et 2021

Variation du montant total des recettes nettes perçues	Entre 2018 et 2019	Entre 2019 et 2020	Entre 2020 et 2021
Hausse (pourcentage d'administrations)	96	23	95
Baisse (pourcentage d'administrations)	4	77	5
Pourcentage moyen de variation	+6.2	-3.8	+17.2

Source : Tableau A.5.

Responsabilités des administrations fiscales

À quelques exceptions près, les pays ont centralisé la collecte des impôts directs et (de la plupart) des impôts indirects au sein d'un seul et même service de l'administration fiscale. On trouvera davantage de précisions sur les mécanismes institutionnels dans le chapitre 4.2.1. de l'édition 2019 de la série sur l'administration fiscale (OCDE, 2019[2]) .

Le tableau 2.2. résume les catégories de recettes dont les administrations fiscales couvertes par la présente publication assument la responsabilité. Cependant, comme on l'a vu dans les éditions précédentes de la série « Informations comparatives » (par exemple, dans le chapitre 2.2 de l'édition 2019), les États ont assigné aux administrations fiscales d'autres domaines de compétence (y compris de responsabilités partagées dans certains domaines), en dehors de leurs fonctions traditionnelles en matière fiscale.

Ceux-ci consistent en règle générale à procurer des avantages financiers aux contribuables (assimilables à des prestations sociales, par exemple) ou à recouvrer des sommes dues au Trésor public au titre de prêts consentis par l'État ou de créances détenues par l'État (prêts étudiants ou allocations pour enfant à charge par exemple). Dans d'autres situations, il s'agit de missions/fonctions moins directement liées au système fiscal, comme par exemple la surveillance de certaines activités de jeu ou la tenue de registres concernant la population (OCDE, 2019[2]).

Tableau 2.2. Catégories de recettes dont le recouvrement incombe à l'administration fiscale, 2021

Pourcentage d'administrations dans lesquelles le recouvrement des catégories de recettes suivantes incombe à l'administration fiscale

Impôt sur le revenu des personnes physiques	Impôt sur les sociétés	Taxe sur la valeur ajoutée	Droits d'accise - intérieurs	Impôts sur les véhicules à moteur	Impôts fonciers	Impôt sur la fortune	Impôts sur les mutations par décès, les successions, les donations et autres	Autres impôts sur les biens et services	Cotisations de sécurité sociale	Droits de douane
98	100	95	62	48	47	24	48	55	40	50

Source : Tableaux A.1. à A.4.

Encadré 2.2. Nouvelle-Zélande : Paiements pour faire face au coût de la vie

L'administration fiscale néo-zélandaise (IR) a versé une aide financière d'un montant total de 350 NZD, étalée entre août, septembre et octobre 2022, à environ 1.7 million de Néo-zélandais à revenu faible et intermédiaire, afin d'atténuer la hausse du coût de la vie. L'IR a mobilisé son expertise numérique et analytique pour concevoir rapidement le dispositif et procéder aux paiements, avec un délai de trois mois seulement entre le démarrage du projet et le premier paiement. L'un des critères de conception était que les contribuables n'aient pas à faire la demande de cette aide.

L'IR devait impérativement analyser les informations en sa possession pour déterminer l'éligibilité des contribuables, comme leur droit de percevoir d'autres aides ou leur résidence fiscale. Pour ces trois versements, l'IR a collaboré avec de nombreuses parties prenantes, en augmentant progressivement son recours au rapprochement des données afin de déterminer l'éligibilité des bénéficiaires des paiements.

Elle a également travaillé avec la banque partenaire du gouvernement néo-zélandais afin de faire en sorte que le plus grand nombre possible de bénéficiaires reçoivent les aides à la date prévue. C'est la première fois que l'administration fiscale a effectué près de 1.6 million de paiements simultanément, ce qui l'a conduit à revoir les modalités et le calendrier des transferts électroniques de données de paiement entre agences. Grâce à ces efforts, tous les bénéficiaires ont été payés à la date prévue, respectant en cela le principe de certitude de paiement préconisé par le gouvernement. En outre, l'IR et d'autres organisations disposent désormais des infrastructures et des procédures nécessaires pour procéder à des paiements à grande échelle en faveur des usagers.

Source : Nouvelle-Zélande (2023).

Recettes perçues

La présente section porte sur les recettes nettes perçues par les administrations fiscales ainsi que sur un certain nombre d'autres chiffres clés concernant leurs activités.

Les recettes nettes perçues par les administrations fiscales représentent en moyenne 21 % du PIB

Dans sa base de données mondiale des Statistiques des recettes publiques (OCDE, 2023[3]), l'OCDE s'efforce généralement de publier des données internationalement comparables sur les recettes fiscales perçues par ses membres et par un certain nombre d'autres juridictions à tous les niveaux d'administration. Comme les informations contenues dans la base de données mondiale des Statistiques des recettes publiques reposent sur des données notifiées au niveau d'un pays, et non au niveau d'une administration, les administrations fiscales ont été invitées, dans le cadre de l'enquête ISORA, à fournir toute une série d'informations sur leurs activités de perception de recettes. Celles-ci montrent bien l'importance des administrations fiscales ayant participé à l'enquête ISORA pour l'économie de leurs pays respectifs.

En 2021, les recettes nettes perçues par les administrations fiscales figurant dans le présent rapport représentent, en pourcentage du produit intérieur brut (PIB), entre moins de 10 % et plus de 40 % dans le cas du Danemark et de la Suède. En moyenne, elles s'établissent à 21 % du PIB (voir graphique 2.1.).

Les recettes nettes perçues par les administrations fiscales représentent en moyenne 61 % des recettes totales du pays

Dans 40 pays, les recettes nettes perçues par l'administration fiscale représentent plus de 50 % du montant total des recettes publiques en 2021, ce qui fait de l'administration fiscale le premier organisme public de recouvrement des recettes publiques dans plus des deux tiers des juridictions couvertes par le présent rapport. En moyenne, les recettes nettes moyennes perçues par les administrations dans les pays couverts par ce rapport représentent 61 % des recettes totales du pays (voir graphique 2.2.).

Graphique 2.1. Recettes nettes perçues, en pourcentage du produit intérieur brut, 2021

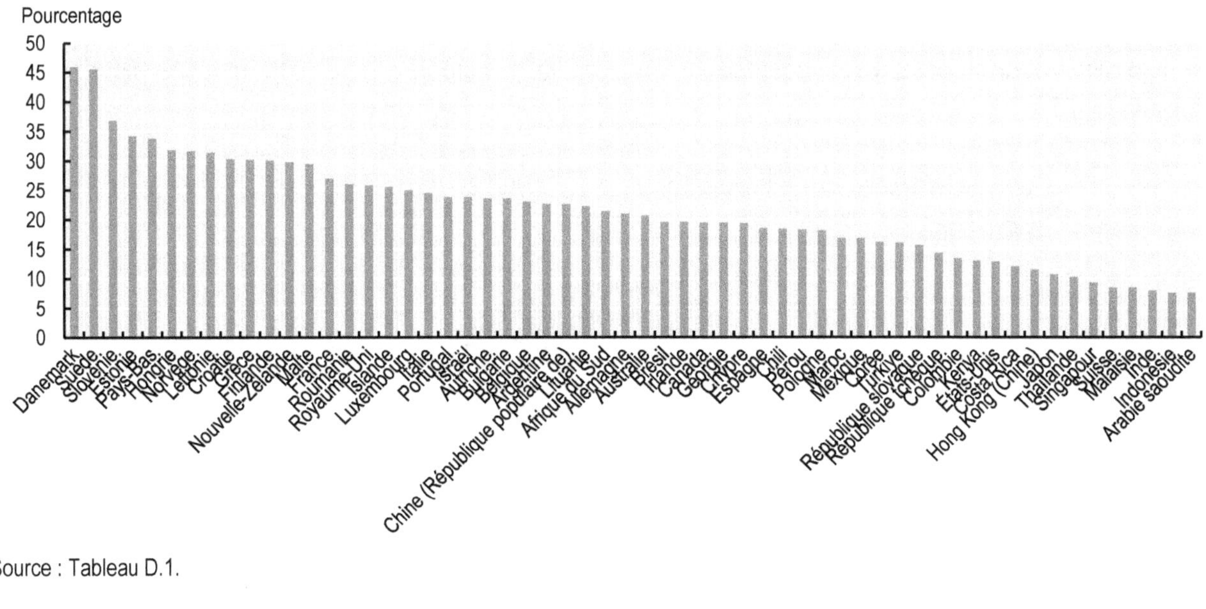

Source : Tableau D.1.

StatLink https://stat.link/0js1ad

Graphique 2.2. Recettes nettes perçues, en pourcentage des recettes publiques totales, 2021

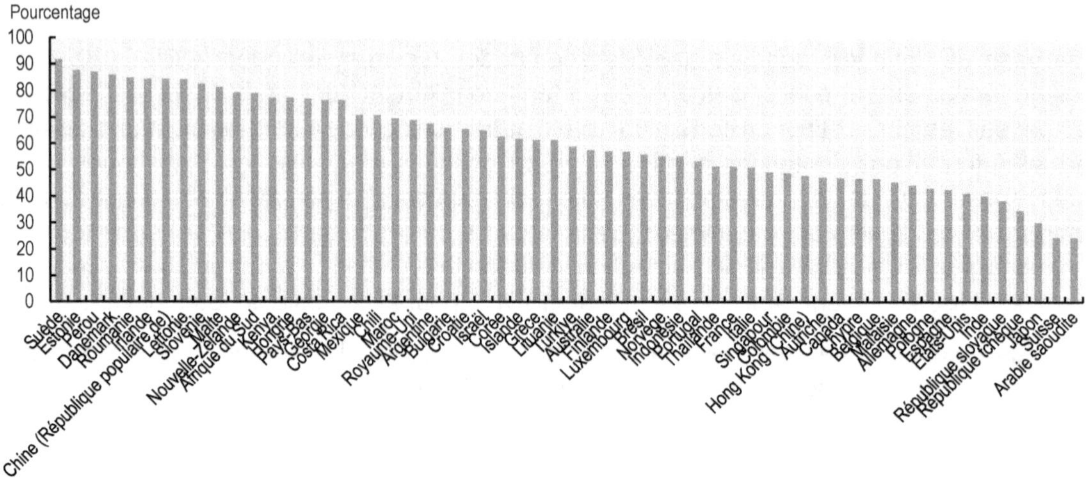

Source : Tableau D.1.

StatLink https://stat.link/3kqabg

La taxe sur la valeur ajoutée et l'impôt sur le revenu des personnes physiques représentent respectivement 30 % et 26 % des recettes nettes perçues et constituent les deux principales catégories d'impôts collectés pour environ 40 % des administrations fiscales étudiées dans ce rapport. L'impôt sur les bénéfices des sociétés (17 %) et les cotisations de sécurité sociale (10 %) constituent les autres grandes sources de recettes, comme le montre le graphique 2.3. Dans de nombreux pays, les cotisations de sécurité sociale ne sont pas perçues par les administrations fiscales et sont donc sous-représentées dans les chiffres des recettes nettes moyennes de tous les pays couverts par la présente publication. Lorsqu'elles sont perçues par l'administration fiscale, elles constituent souvent la principale source de recettes fiscales (voir tableau D.4.).

Graphique 2.3. Recettes nettes moyennes perçues (en pourcentage) par grande catégorie de source de recettes, 2021

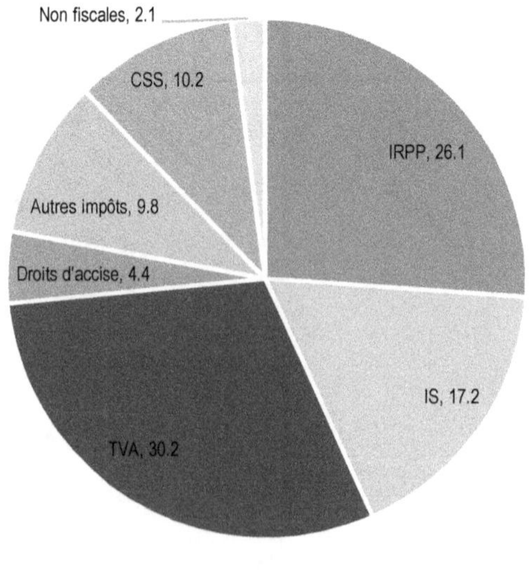

Source : Tableaux D.2. à D.4.

StatLink https://stat.link/0avu94

Au vu de l'importance de ces grandes catégories d'impôt pour le taux global de recouvrement, les administrations fiscales investissent dans des solutions nouvelles et novatrices pour encourager la discipline fiscale et rationaliser le recouvrement de l'impôt. Outre la constitution de nouvelles équipes chargées de réprimer la fraude fiscale, elles :

- lancent de nouvelles initiatives en faveur de l'éducation des contribuables (à l'instar des approches innovantes suivies par le Brésil, la Finlande et l'Inde décrites dans l'encadré 2.3.) ;
- engagent des processus de transformation numérique des procédures de recouvrement (l'exemple de Singapour dans l'encadré 2.3. illustre en quoi ces processus peuvent redéfinir l'offre de services) ;
- inventent des solutions pour alléger les contraintes qui pèsent sur les contribuables ; et
- utilisent des outils sophistiqués d'analytique de données pour repérer et prévenir les infractions.

Ce sont des thèmes qui reviennent fréquemment dans la présente édition de la série et qui sont traités de façon plus détaillée dans les chapitres suivants.

Encadré 2.3. Exemples nationaux : Soutenir le recouvrement

Brésil : Le volet Citoyenneté fiscale des programmes universitaires

La *Receita Federal do Brasil* (RFB) a fait de la citoyenneté fiscale une partie intégrante du programme obligatoire de formation dans les établissements d'enseignement du pays. Cette initiative contribue à mieux faire comprendre l'importance de la citoyenneté fiscale et des programmes correspondants de la RFB.

Pour ce faire, les modules de la RFB viennent compléter les cours de comptabilité, pour lesquels la RFB a déjà noué un partenariat avec le Centre d'appui en comptabilité et fiscalité (NAF), qui réunit environ 520 établissements d'enseignement. Dans le cadre de ce partenariat, les étudiants dispensent une aide gratuite sur les questions fiscales aux citoyens et aux micro-entrepreneurs qui n'ont pas les moyens de s'offrir une formation payante, ce qui contribue à améliorer le respect des obligations fiscales dans la société au sens large.

Voir les documents de référence à l'annexe 2.A.

Chili : Équipe chargée de la mise en œuvre de la réglementation fiscale

L'équipe chargée de la mise en œuvre de la réglementation fiscale fait partie de la Direction de l'audit et de la conformité au sein du *Servicio de Impuestos Internos* (SII), et contribue à accompagner les changements induits par des lois nouvelles ou révisées qui ont un impact au sein du SII et sur des organisations extérieures.

La mission principale de l'équipe consiste à identifier en amont les répercussions des changements législatifs à la fois sur le SII et sur les contribuables. Ensuite, l'équipe gère la mise en application des mesures correspondantes, souvent en recourant à l'innovation et aux nouvelles technologies, afin que les systèmes, les agents de l'administration fiscale et les contribuables puissent se conformer à la nouvelle réglementation.

L'équipe se compose d'agents spécialistes de certaines questions fiscales, et qui possèdent une expérience de la vérification fiscale et une formation en fiscalité. Pour atteindre ses objectifs, l'équipe bénéficie d'une autonomie d'action et est habilitée à se montrer proactive dans son travail.

Voir les documents de référence à l'annexe 2.A.

Finlande : Le concept du contribuable heureux

Le *contribuable heureux* est un nouveau concept de communication qui utilise les médias sociaux, les influenceurs et des vidéos créatives pour faire connaître les services et les avantages auxquels les personnes vivant en Finlande ont droit grâce au produit de l'impôt.

L'objectif de ce projet est de favoriser une attitude positive vis-à-vis du paiement de l'impôt et de lutter contre l'économie souterraine. En soulignant que l'impôt constitue le fondement d'une société durable et équitable, il démontre que tous les acteurs œuvrent de concert à faire de la Finlande un lieu agréable où vivre et travailler.

Le *contribuable heureux* se rattache à un projet de trois ans mené par l'administration fiscale pour épauler le programme gouvernemental de lutte contre l'économie souterraine. L'idée de cette campagne est née des résultats d'une enquête mandatée par l'administration fiscale. Cette enquête montrait que les jeunes âgés de 18 à 29 ans qui estimaient être bien informés de l'usage des recettes fiscales et qui avaient le sentiment de bénéficier des impôts avaient une attitude plus positive à l'égard du paiement de l'impôt.

Voir les documents de référence à l'annexe 2.A.

Inde : Former les contribuables de demain

Bien que la sensibilisation aux devoirs du contribuable à l'intention des enfants scolarisés et des jeunes adultes ait toujours fait partie de la stratégie d'ouverture de l'administration fiscale indienne, une nouvelle initiative menée à l'échelle du gouvernement pour célébrer le 75e anniversaire de l'indépendance du pays a abouti à la création d'une plateforme visant à révolutionner intégralement la stratégie de communication de l'administration fiscale avec les contribuables de demain. Dans le cadre de cette campagne, l'administration fiscale a lancé des jeux de société, un puzzle en 3D, des bandes dessinées, une série de vidéos d'animation et un jeu sur Android, ayant tous pour objectif d'améliorer les connaissances fiscales des futurs contribuables indiens.

Pour plus de précisions sur les jeux de société, le puzzle en 3D et les bandes dessinées, voir l'annexe 2.A.

Roumanie : Le projet d'éducation des contribuables

Augmenter la discipline fiscale volontaire est l'un des principaux objectifs de l'administration fiscale roumaine, et pour inciter davantage les contribuables à payer l'impôt, il convient de prendre en compte différents facteurs, tels que la confiance envers l'autorité fiscale, les valeurs sociales et morales et l'expérience individuelle.

L'administration fiscale roumaine a mené un projet axé sur les personnes qui perçoivent un revenu en donnant des cours particuliers ou en faisant du tutorat ; des notifications personnalisées leur ont été envoyées afin d'encourager leur discipline fiscale volontaire. Les groupes ciblés ont été sélectionnés dans deux régions du pays, et le périmètre du projet consistait à observer le comportement des contribuables dans différentes régions et à analyser les effets des techniques de persuasion. Le projet s'appuyait sur une campagne de communication visant à mieux sensibiliser les contribuables à l'importance de la discipline volontaire. Cette campagne s'est traduite par une augmentation du nombre d'enregistrements spontanés au sein de cette catégorie de contribuables.

Au nombre des enseignements tirés de ce projet figure le fait que le comportement de la même catégorie de contribuables n'est pas identique d'une région à l'autre, rendant impératif de comprendre les caractéristiques des groupes ciblés et d'adapter les messages clés en conséquence. Le simple envoi de courriers ou de notifications ne suffit pas, et des campagnes de communication doivent venir étayer toutes les autres mesures. Pour mesurer le succès, des données doivent être recueillies auprès de sources internes et externes, ainsi qu'au niveau national, et pas seulement auprès du groupe cible. Une analyse continue permet d'extrapoler au niveau national l'impact de l'utilisation de techniques de persuasion au sein de la même catégorie de contribuables.

Singapour : Transformation numérique des procédures de recouvrement de l'impôt

Dans le cadre de sa transformation numérique, l'administration fiscale de Singapour (IRAS) a regroupé ses activités de contact avec les contribuables entre plusieurs catégories d'impôt dans une optique d'efficacité, et a modulé son approche de la gestion des contribuables disciplinés (y compris de ceux qui pourraient l'être moyennant une assistance) et des contrevenants récalcitrants.

Dans le cadre du projet Frontline 2.0, grâce à l'utilisation accrue de robots conversationnels et d'autres outils en libre-service, les agents en contact avec les contribuables ont davantage de latitude pour traiter un large éventail de questions se rattachant à plusieurs types d'impôts. Les tâches ont été redéfinies, de manière à ce que des agents jusqu'alors spécialisés dans un seul type d'impôt puissent désormais répondre à des questions générales concernant différents types d'impôt et canaux de service, et aider les contribuables en retard dans le dépôt de leurs déclarations ou le paiement de leur impôt à se montrer plus disciplinés. Des fonctions liées à la technologie ont également été créées ou développées, telles que la formation de robots conversationnels, l'expérimentation et la montée en gamme d'initiatives d'automatisation, le développement de solutions numériques d'auto-assistance, etc.

Le projet Enforcement 2.0 a complété ces efforts en mettant l'accent sur les contribuables récalcitrants et en instaurant un service chargé de traiter l'ensemble des questions de discipline fiscale, tous types d'impôts confondus. Pour ce faire, une équipe intégrée de recouvrement a été mise en place afin de traiter les contribuables récalcitrants pour différents types d'impôt et canaux de contact. En outre, un groupe d'étude des contribuables mauvais payeurs, chargé d'améliorer la maîtrise du traitement des dossiers complexes et à haut risque, a été testé et déployé avec succès. L'usage de l'automatisation et de l'analytique de données a également permis à l'IRAS d'agir rapidement et efficacement pour recouvrer l'impôt dû. Par exemple, un modèle de profil de risque a été élaboré afin d'évaluer plus précisément les risques en matière de déclaration et de paiement, et ses capacités prédictives ont permis de mieux cibler les actions et d'améliorer les taux de recouvrement.

Grâce à ces initiatives croisées de formation englobant plusieurs types d'impôts et modes de contact, l'IRAS est parvenue à constituer un vivier d'agents possédant les compétences nécessaires à l'avenir.

Source : Brésil (2023), Chili (2023), Finlande (2023), Inde (2023), Roumanie (2023) et Singapour (2023).

Rationalisation de la perception des recettes fiscales : le prélèvement à la source

Les mécanismes de prélèvement à la source peuvent s'inscrire dans le cadre d'approches fondées sur le principe de la conformité dès la conception qui favorisent la discipline fiscale en général tout en allégeant sensiblement la charge pesant sur un grand nombre de contribuables dans la mesure où ceux-ci s'engagent à se plier à toute régularisation qui pourrait se révéler nécessaire après le paiement (lorsque la retenue à la source donne lieu à un trop-perçu ou au contraire à un moins-perçu). Contrairement à ce qui se passe dans un système de déclaration spontanée suivie du paiement de l'impôt, dans le mécanisme du prélèvement à la source, l'impôt est payé directement à l'administration fiscale, généralement par un tiers qui verse un revenu net au bénéficiaire (comme par exemple quand la retenue à la source est prélevée par l'employeur sur le salaire versé à un employé), ou par un intermédiaire se situant entre le payeur et le client. Le dispositif de prélèvement à la source le plus répandu dans le monde concerne l'imposition des revenus du travail. Les autres exemples sont notamment les retenues à la source sur les intérêts, dividendes ou redevances. Selon le régime fiscal sous-jacent et la nature des paiements, la retenue à la source peut se décliner en une palette de dispositifs allant d'un système simple d'imposition à un taux fixe universel à un système plus complexe adapté à la situation plus globale du contribuable[1].

Outre qu'ils permettent d'alléger les formalités, les systèmes de prélèvement à la source peuvent aussi favoriser la diminution du nombre de déclarations inexactes et de trop-perçus du fait que les tiers ou les intermédiaires chargés de collecter les impôts pour l'administration n'ont aucun droit sur les montants prélevés. Les défaillances restent certes possibles dans un tel système en cas d'erreur dans l'application des règles ou d'erreurs commises par les tiers ou les intermédiaires, sachant que ce sont eux qui fournissent les informations alimentant le système. Cependant, l'automatisation accrue, les méthodes plus perfectionnées de recoupement des données et les approches à l'échelle de l'ensemble de l'administration sont autant de moyens de lutter contre ces risques.

Pour permettre de comprendre l'importance de la retenue à la source dans le cas de l'imposition des revenus des personnes physiques, les administrations ayant pris part à l'enquête ont été invitées à estimer le pourcentage du total de l'impôt sur le revenu des personnes physiques faisant l'objet d'une retenue à la source effectuée par des tiers et versée ultérieurement à l'administration. Les administrations qui ont été en mesure de fournir ces informations estiment qu'environ 80 % du total des recettes de l'impôt sur le revenu des personnes physiques ont été retenues à la source en 2021 (voir tableau 2.3).

Tableau 2.3. Pourcentage moyen d'impôt sur le revenu des personnes physiques prélevé à la source entre 2018 et 2021

2018	2019	2020	2021	Différence en points de pourcentage entre 2018 et 2021
79.1	78.9	81.7	81.2	+2.6

Note : Le tableau présente le pourcentage moyen d'impôt sur le revenu des personnes physiques prélevé à la source dans 43 juridictions qui ont été en mesure de fournir ces informations pour les années 2018 à 2021.
Source : Tableau D.32.

Bibliographie

OCDE (2023), *Base de données mondiale des statistiques des recettes publiques*, https://www.oecd.org/fr/fiscalite/politiques-fiscales/base-de-donnees-mondiale-des-statistiques-des-recettes-publiques.htm (consulté le 22 mai 2023). [3]

OCDE (2021), *Administration fiscale 2021 : Informations comparatives sur les pays de l'OCDE et autres économies avancées et émergentes*, https://doi.org/10.1787/a1b690b6-fr. [1]

OCDE (2019), *Tax Administration 2019: Comparative Information on OECD and other Advanced and Emerging Economies*, https://dx.doi.org/10.1787/74d162b6-en. [2]

Annexe 2.A. Liens vers les documents de référence (consultés le 26 mai 2023)

- Encadré 2.3 – Brésil : Lien vers une présentation du cours sur la citoyenneté fiscale : https://www.oecd.org/tax/forum-on-tax-administration/database/b.2.3-brazil-fiscal-citizenship-course.pdf
- Encadré 2.3 – Chili : Lien vers une diapositive présentant l'équipe chargée de la mise en œuvre de la réglementation fiscale : https://www.oecd.org/tax/forum-on-tax-administration/database/b.2.3-chile-regulations-implementation-team.pdf
- Encadré 2.3 – Finlande : Lien vers un site web contenant des informations complémentaires sur le concept du contribuable heureux : https://happytaxpayer.com/
- Encadré 2.3 – Inde : Lien vers un descriptif plus détaillé de la campagne sur la formation des contribuables de demain : https://www.oecd.org/tax/forum-on-tax-administration/database/b.2.3-india-educating-taxpayers-of-the-future.pdf

Note

[1] Pour de plus amples informations sur les systèmes de retenue à la source mis en place dans les juridictions, voir *Tax Administration 2019* (OCDE, 2019[2]), Tableaux A.73 et A.74.

3 Enregistrement et identification

L'enregistrement et l'identification des contribuables sont essentiels au bon fonctionnement d'un système fiscal. Ce chapitre examine certains aspects importants de ces processus.

Introduction

Un système fiscal efficace repose sur un dispositif complet d'enregistrement et d'identification des contribuables. Celui-ci constitue le fondement de toute une série d'activités relevant de l'administration des impôts, telles que les mécanismes d'autoliquidation, les régimes de taxe sur la valeur ajoutée et de retenue à la source, ainsi que les systèmes de déclaration de tiers et de rapprochement. Ce chapitre analyse plusieurs aspects importants des processus d'enregistrement et d'identification des contribuables, notamment les niveaux d'enregistrement, les canaux d'enregistrement, la gestion de l'identité et l'incidence de la transformation numérique sur ces services.

Niveaux d'enregistrement

On ne saurait surestimer l'importance fondamentale d'un système efficace d'enregistrement fiscal. Ces processus doivent permettre à la fois de gérer les contribuables qui « font partie du système » et de repérer ceux qui ne se sont pas encore enregistrés. Ils doivent en outre permettre de suivre et de déterminer les actions et les interventions nécessaires pour calculer l'impôt dû par les personnes physiques et morales, même dans les systèmes où la déclaration n'est pas obligatoire.

Le graphique 3.1 livre des informations sur le taux de contribuables individuels enregistrés en pourcentage de la population totale. Il montre que les taux d'enregistrement sont très variables, ce qui reflète souvent le niveau d'intégration de l'administration fiscale avec d'autres pans de l'administration.

Graphique 3.1. Enregistrement des contribuables redevables de l'impôt sur le revenu, en pourcentage de la population, 2021

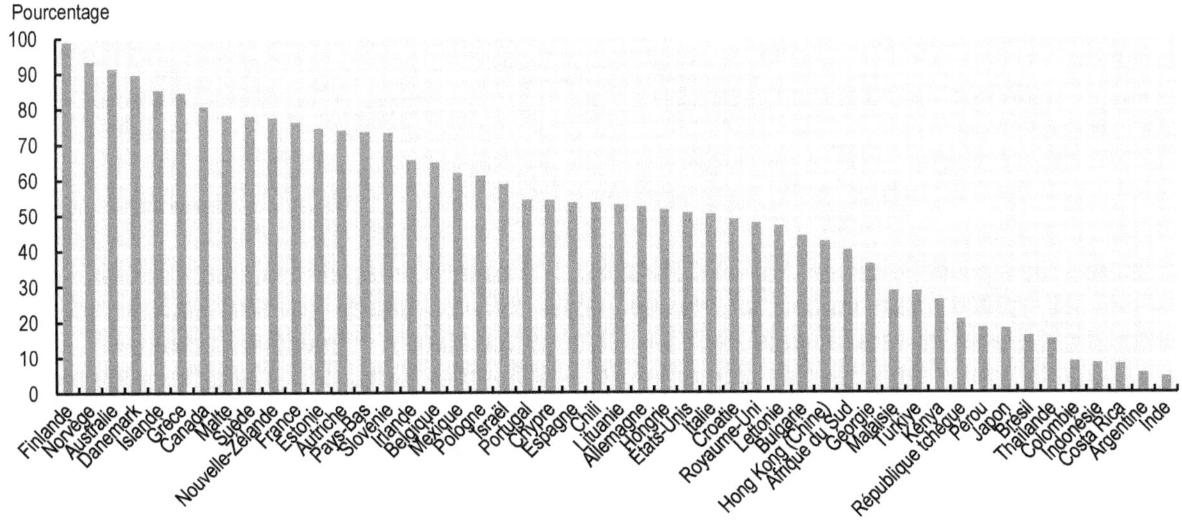

Source : Tableau D.18.

StatLink https://stat.link/xpbaz8

Canaux d'enregistrement

Si la majorité des administrations sont les seules responsables du système d'enregistrement à des fins fiscales dans leur juridiction, les éditions précédentes de cette série ont montré que dans de nombreux pays, les procédures d'enregistrement peuvent aussi être engagées en dehors de l'administration fiscale par l'intermédiaire d'autres organismes publics (OCDE, 2019[1]).

S'agissant des modalités d'enregistrement des contribuables, presque toutes les administrations déclarent proposer plusieurs canaux aux contribuables et 97 % d'entre elles signalent qu'il est possible de s'enregistrer en ligne (voir graphique 3.2). Par rapport aux données de l'édition 2017 de cette série (OCDE, 2017[2]), ce résultat traduit une augmentation de 27 points de pourcentage. L'enregistrement en personne reste un important canal, ou élément du processus d'enregistrement, souvent du fait de la nécessité de fournir des preuves d'identité matérielles, mais la prépondérance des canaux en ligne devrait croître à mesure que les systèmes d'identité numérique deviennent plus élaborés.

Graphique 3.2. Disponibilité des canaux d'enregistrement pour les contribuables, 2021

Pourcentage d'administrations mettant à disposition le canal d'enregistrement concerné

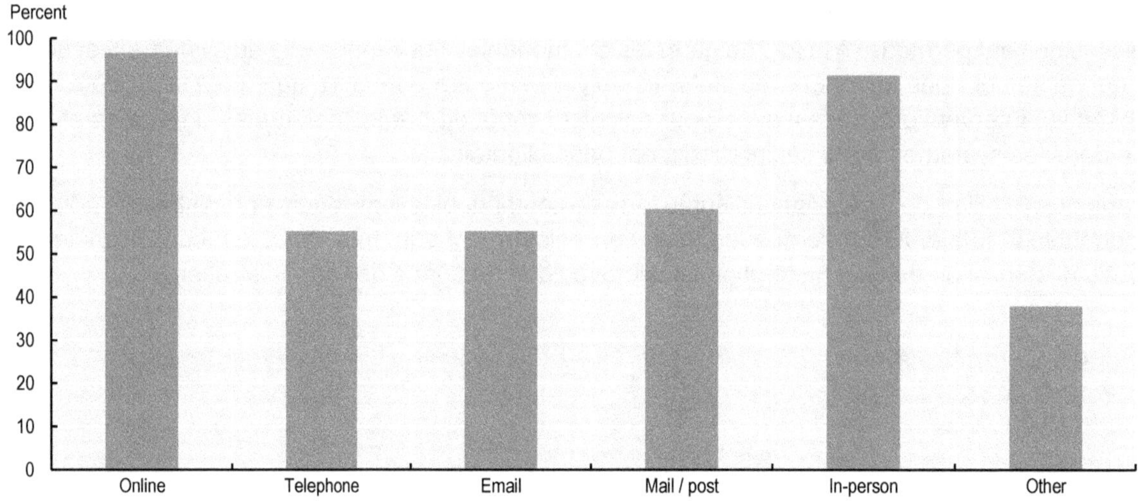

Note : Les canaux d'enregistrement ne sont pas toujours disponibles pour tous les types d'impôts ou pour tous les segments de contribuables.
Source : Tableaux A.74 et A.75

StatLink https://stat.link/ens9ox

L'enquête sous-jacente ne permet pas de déterminer si le canal d'enregistrement en ligne est disponible pour tous les types d'impôts ou pour tous les segments de contribuables, mais les juridictions déclarent réaliser d'importants investissements dans les dispositifs d'identité numérique, notamment en ayant recours à l'intelligence artificielle afin d'en améliorer l'efficience et l'efficacité. Cette pratique contribue à inscrire l'identité numérique au cœur de la réussite du processus de transformation numérique, ainsi qu'il a été souligné dans le rapport *Administration fiscale 3.0* de l'OCDE (OCDE, 2020[3]). De fait, dans une juridiction (l'Arabie saoudite), les contribuables ne peuvent s'enregistrer qu'en ligne (voir tableaux A.74 et A.75).

Cette réorientation vers les canaux numériques pourrait également permettre des gains d'efficience supplémentaires, même si cela suppose, à mesure que le recours au numérique s'accélère, de porter une attention accrue aux personnes qui sont susceptibles de ne pas avoir accès aux services numériques. L'exemple du Canada présenté dans l'encadré 3.1 illustre certains des efforts déployés pour y remédier.

Encadré 3.1. Exemples nationaux : Impact des systèmes numériques sur les systèmes d'identification

Canada : Équipe d'authentification du Programme communautaire des bénévoles en matière d'impôt

Le Programme communautaire des bénévoles en matière d'impôt (PCBMI) a créé une équipe spéciale chargée de procéder à l'authentification des usagers pour les organismes et bénévoles du PCBMI, afin que ceux-ci puissent se concentrer sur la prestation de services. Lorsqu'un bénévole a besoin d'aide pour confirmer l'identité d'un usager, il peut contacter cette équipe spéciale de l'Agence du revenu du Canada (ARC), qui appellera l'usager pour vérifier son identité. Le bénévole envoie une demande d'authentification par courriel, puis un appel est organisé entre l'usager et l'agent de l'ARC. À des fins de confidentialité, l'usager doit fournir dans un premier temps des renseignements de base, tels que son numéro d'assurance sociale, son nom, sa date de naissance et son adresse actuelle. Il doit ensuite répondre à deux questions supplémentaires ; l'agent vérifie les réponses fournies en consultant son « bureau de l'agent des services aux contribuables », tout en se reportant au Guide de soutien technique pour toute précision sur les mesures de confidentialité les plus récentes. Une fois le processus d'authentification terminé, le bénévole en est informé et peut poursuivre la préparation de la déclaration fiscale de l'usager. L'assistance apportée par cette équipe permet de renforcer la capacité générale du PCBMI à fournir une assistance en matière de déclaration fiscale et d'améliorer l'accès des usagers aux prestations et aux crédits auxquels ils ont droit.

L'équipe d'authentification prête également assistance aux individus qui ont du mal à s'authentifier en personne. Certains ne disposent pas de pièce d'identification officielle, ce qui peut compliquer leur accès aux services proposés par le PCBMI. L'équipe d'authentification permet à ces personnes de collaborer directement avec les agents de terrain de l'ARC afin de confirmer leur identité et de pouvoir ainsi bénéficier des services du PCBMI.

Japon : Authentification au moyen d'un smartphone

Pour remplir une déclaration en ligne, les contribuables japonais peuvent s'authentifier soit avec leur identifiant et mot de passe soit, depuis 2019, au moyen de leur carte nationale d'identification « My Number ». Depuis peu, l'authentification par la carte « My Number » est devenue obligatoire pour certains services en ligne. À cette fin, les contribuables doivent utiliser un lecteur de carte à puce.

Afin de faciliter la tâche des contribuables – l'utilisation d'un lecteur de carte à puce pouvant être fastidieuse –, l'authentification au moyen de la carte « My Number » peut désormais se faire sur un smartphone. Pour cela, les contribuables doivent utiliser l'application « Mynaportal », un service en ligne géré par l'administration publique japonaise qui offre la possibilité aux utilisateurs d'accomplir diverses procédures administratives. Cette application permet de lire le code-barres qui s'affiche sur l'ordinateur du contribuable et d'effectuer ainsi l'authentification.

Mexique : Systèmes d'authentification numérique

Le Service d'administration fiscale du Mexique (SAT) a mis en place un Service de certification des données biométriques, qui permet aux contribuables de se connecter à un portail et de valider en toute sécurité leurs données biométriques, notamment leurs empreintes digitales, scan de l'iris, photo et signature. La validité juridique de la signature électronique du contribuable est ainsi garantie.

Le processus de certification de l'identité consiste à valider les données relatives aux contribuables, telles que les informations contenues dans le registre fédéral des contribuables (RFC) et le Code unique du registre de la population (CURP), ainsi que les empreintes digitales et le scan de l'iris. Il existe en outre un mode spécial hors ligne qui permet de soumettre des informations pour validation en cas d'interruption de la communication avec les serveurs centraux.

Toutes ces composantes essentielles fonctionnent harmonieusement pour améliorer l'offre de services aux contribuables, garantissant que chaque document signé électroniquement est attribué à une personne physique ayant une identification valide. Reposant sur 11 serveurs centraux, le service compte 370 centres d'inscription répartis dans tout le pays et traite environ 300 000 inscriptions par mois.

Source : Canada (2023), Japon (2023) et Mexique (2023).

Intégration avec d'autres composantes de l'administration

Compte tenu du rôle central que jouent l'enregistrement et l'identification des contribuables pour étayer le système fiscal, il reste impératif pour la plupart des administrations fiscales de disposer de registres fiscaux actualisés. Comme l'ont montré les éditions précédentes, la grande majorité des administrations ont mis en place des programmes formels pour améliorer la qualité de leur registre fiscal (OCDE, 2019[1]).

Il n'est donc pas surprenant que d'autres organismes publics puissent souhaiter utiliser le registre de l'administration fiscale pour leurs besoins propres, à savoir fournir des services aux citoyens ou veiller au respect des lois et réglementations. Cette demande est à l'origine de la création de bases de données communes à l'ensemble de l'administration. Comme illustré par le graphique 3.3, 70 % des administrations signalent l'existence de différentes bases de données.

L'intégration avec d'autres pans de l'administration progresse à mesure que les États prennent conscience de la possibilité d'utiliser les informations détenues par les administrations fiscales, comme l'adresse des contribuables et leurs coordonnées bancaires, pour contacter les citoyens et les entreprises ou pour verser directement des prestations ou des aides (OCDE, 2020[4]).

La collaboration entre les organismes publics s'en trouve renforcée, et nombre d'entre eux procèdent à l'intégration (partielle) de leurs systèmes informatiques afin que l'enregistrement fiscal fasse partie intégrante des autres démarches entreprises par les contribuables. À titre d'exemple, l'enregistrement fiscal peut être simultané à l'enregistrement d'une société ou à la déclaration de naissance d'un enfant ; et/ou les administrations peuvent utiliser le même identifiant pour permettre aux contribuables d'accéder à d'autres services publics.

Graphique 3.3. Partage de données entre administrations : disponibilité et nature des bases de données, 2022

Pourcentage de juridictions

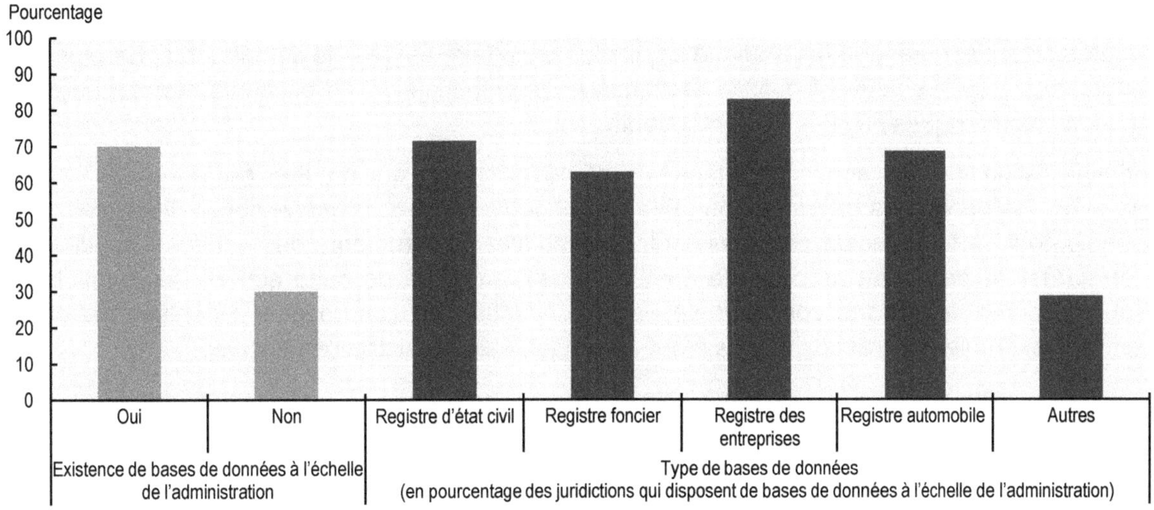

Note : Ce graphique se fonde sur les données provenant de 52 juridictions étudiées dans ce rapport et figurant dans la base de données ITTI.
Source : OCDE et al. (2023), Inventaire multipartenaires des initiatives sur l'utilisation de la technologie à des fins fiscales https://www.oecd.org/tax/forum-on-tax-administration/tax-technology-tools-and-digital-solutions/, tableau DM3 (consulté le 22 mai 2023).

StatLink https://stat.link/fz5o3b

Encadré 3.2. République tchèque : Partage de données entre organismes

En République tchèque, les entreprises sont tenues de déposer leurs états financiers et autres données au registre public, qui est géré par le ministère de la Justice. Toutefois, elles doivent aussi les transmettre en pièce jointe de leur déclaration fiscale. Depuis 2013, le ministère de la Justice, le ministère des Finances et la Direction générale des finances mènent des négociations pour permettre le transfert des données collectées lors de l'administration de l'impôt au tribunal compétent, en vue d'éliminer les doublons.

Les problèmes législatifs et techniques ayant à présent été résolus, certaines entités juridiques peuvent, à compter de 2022, demander à l'administration chargée de l'impôt sur le revenu à ce que leurs états financiers soient transmis au tribunal compétent lorsqu'elles déposent leur déclaration fiscale, se conformant ainsi à leur double exigence déclarative. Le transfert d'informations n'est toutefois pas automatique ; il est subordonné à la décision de l'entreprise.

Cette nouvelle option a contribué à réduire la charge administrative et à simplifier les démarches des contribuables. Elle accroît en outre la fiabilité et la crédibilité des états financiers publiés du fait du lien direct avec les données transmises à l'administration fiscale. Environ 300 000 entreprises devraient pouvoir tirer parti de cette nouvelle option.

Source : République tchèque (2023).

Gestion de l'identité

Toutes les administrations fiscales, par obligation légale ou en vertu de saines pratiques commerciales, déploient des efforts considérables pour assurer la sécurité des renseignements sur les contribuables. Outre les procédures internes visant à empêcher les tentatives illégales d'obtenir des informations et à garantir la protection des droits des contribuables, toutes les administrations ont mis en place des procédures pour s'assurer que la personne à qui elles ont affaire est bien le contribuable. De plus en plus, ces approches, qui très souvent ont été étendues à l'authentification en plusieurs étapes, utilisent des informations biométriques propres au contribuable.

Les administrations fiscales sont confrontées aux mêmes difficultés que d'autres organisations lorsqu'elles traitent avec des personnes physiques ou morales qui peuvent faire un usage abusif de renseignements personnels pour se faire passer pour des contribuables afin de commettre des actes de fraude. Compte tenu du caractère persistant et, dans de nombreux cas, organisé de cette activité, les administrations doivent consacrer des efforts considérables à la prévention de l'usurpation d'identité. L'encadré 3.3 contient des exemples de travaux menés à cet égard par les administrations fiscales.

Encadré 3.3. Exemples nationaux : Gestion de l'identité

Argentine : Authentification à deux facteurs

Chaque service et application numérique disponible sur le portail de l'administration fiscale argentine (AFIP, *Administración Federal de Ingresos Públicos*) est caractérisé par un niveau de sécurité différent. Grâce à l'application mobile « Token AFIP », l'AFIP a mis en place un processus d'authentification à deux facteurs pour les contribuables qui effectuent des transactions sensibles ou qui souhaitent renforcer la sécurité de leurs démarches numériques auprès de l'AFIP.

Les contribuables qui utilisent ce portail doivent procéder de la manière suivante :

- télécharger l'application mobile « Token AFIP » sur leur téléphone portable ;
- se rendre soit au bureau de l'AFIP soit à un distributeur automatique de billets et présenter une preuve d'identité pour activer le jeton « Token AFIP » ;
- se connecter au portail de l'AFIP en utilisant la clé fiscale fournie et le mot de passe unique généré par le jeton « Token AFIP ».

Chine (République populaire de) : Plateforme de gestion centralisée de l'identité

La plateforme de gestion centralisée de l'identité est un centre d'identité numérique destiné à l'ensemble des acteurs du système fiscal, dont les contribuables, les intermédiaires et les agents des services fiscaux. Cette plateforme est l'unique portail d'applications liées à la fiscalité, tous services confondus, et permet une gestion centralisée de l'identité, la vérification de l'identité, le contrôle des accès, la génération de mots de passe et l'émission de certificats.

Elle combine différents moyens d'authentification, tels que le nom, l'adresse de courriel, le numéro de téléphone mobile, le SMS, le mot de passe et les données biométriques, entre autres, en vue de proposer cinq niveaux d'authentification correspondant à des niveaux de risque différents.

Cette méthode d'authentification hiérarchique allie sécurité et facilité d'emploi. Elle répond aux divers besoins de sécurité et de protection de la vie privée de différentes applications mobiles, tout en étant facile à utiliser par les contribuables souhaitant réaliser de simples opérations, ce qui réduit le coût des démarches de vérification pesant sur eux.

Ainsi, pour faire une simple demande, le contribuable peut choisir de s'authentifier au moyen d'un mot de passe statique, plus pratique, ou d'un mot de passe dynamique. S'il a besoin d'émettre des factures, il peut passer directement à l'authentification à deux facteurs avec reconnaissance faciale, ou alors utiliser un mot de passe statique suivi de la reconnaissance faciale. La plateforme peut également appuyer les activités de contrôle interne de l'Administration d'État des impôts de la Chine, dans la mesure où elle permet de vérifier l'identité numérique de chaque individu participant à des projets, y compris celle des agents des services fiscaux.

Source : Argentine (2023) et Chine (République populaire de) (2023).

Approches communes de l'identité numérique

Alors qu'auparavant les entreprises multinationales et celles impliquées dans le commerce international étaient les seules concernées, les petites et moyennes entreprises et les particuliers perçoivent désormais de plus en plus de revenus provenant d'autres pays que leur pays de résidence. Du fait de la multiplication des places de marché en ligne et de l'essor des plateformes d'économie du partage et à la demande, il n'a jamais été aussi simple, par exemple, de louer des maisons de vacances ou de vendre des biens à l'étranger via des plateformes en ligne.

Les administrations fiscales doivent relever de multiples défis pour accompagner cette croissance des activités transnationales et y répondre, y compris en matière de gestion des flux internationaux d'informations sur les contribuables. Les éditions précédentes de la série sur l'administration fiscale (OCDE, 2019[1]) ont mis en lumière deux dispositions internationales visant à aider les administrations à résoudre ces problèmes :

- Le règlement de l'Union européenne sur l'identification électronique et les services de confiance pour les transactions électroniques (eIDAS), adopté en 2014, entend renforcer la confiance que les contribuables et les administrations fiscales peuvent avoir dans le traitement des flux d'informations et permettre de mieux gérer les questions d'identité et d'enregistrement à l'échelle internationale.
- La norme mondiale sur l'échange automatique de renseignements – la Norme commune de déclaration (NCD) –, qui, conjointement avec la Loi relative au respect des obligations fiscales concernant les comptes étrangers adoptée par les États-Unis (loi FATCA), prévoit l'échange de renseignements relatifs aux comptes financiers des non-résidents avec les autorités fiscales de la juridiction de résidence fiscale du titulaire du compte.

Suite au rapport de l'OCDE de 2019 intitulé « The Sharing and Gig Economy: Effective Taxation of Platform Sellers » (Économie du partage et économie à la demande : imposer efficacement les vendeurs sur les plateformes) (OCDE, 2019[5]), l'OCDE a publié en 2020 un ensemble de règles types qui fixent le cadre du recueil, par les plateformes numériques, des informations sur les revenus perçus par ceux qui utilisent ces plateformes pour proposer des services personnels, d'hébergement et de transport, et de communiquer ces informations aux administrations fiscales. L'un des principaux objectifs de ces règles types est d'aider les contribuables à se conformer à leurs obligations fiscales et d'offrir un cadre cohérent pour aider les entreprises à communiquer des informations aux autorités fiscales. Cela va dans le sens de la finalité des règles types, qui est de rationaliser les régimes déclaratifs pour les administrations fiscales et les opérateurs de plateformes (OCDE, 2020[6]).

À peu près à la même période, le rapport *Tax Administration 3.0* de l'OCDE (OCDE, 2020[3]) identifiait la fluidité de l'imposition des vendeurs de plateformes comme une action clé pour la collaboration multilatérale. Des travaux sont en cours afin d'étudier comment accroître la collaboration entre les administrations et les plateformes dans le but d'explorer les possibilités d'intégration des processus d'identification et de déclaration au sein des applications utilisées par les plateformes, l'objectif étant de favoriser le respect des obligations fiscales par les vendeurs tout en allégeant la charge pesant sur l'ensemble des parties.

D'une manière générale, les approches communes de l'identité numérique partagées entre les administrations, et entre les administrations et les tierces parties permettront, de plus en plus, le développement de nouveaux services. Ces services sont susceptibles de réduire les charges qui pèsent sur les contribuables dès lors que des tierces parties sont en mesure de transmettre les informations directement aux administrations fiscales, et de fournir des gisements de données plus précises aux administrations fiscales.

Encadré 3.4. Pays-Bas : Fournisseurs d'informations dignes de confiance

Dans le monde numérique d'aujourd'hui, les besoins de données vérifiées et d'échange de données vérifiées grandissent rapidement. Il appartient donc aux destinataires de ces données de déterminer leur fiabilité et de s'assurer de l'identité des parties concernées. Il est très important pour l'administration fiscale de renforcer, voire de garantir, l'intégrité des données.

En collaboration avec des acteurs publics et privés, l'administration fiscale des Pays-Bas (NTA) s'attache à créer un écosystème permettant l'échange fiable d'informations vérifiées. Cet écosystème vise à établir des normes à l'intention des parties concernées en vue de la mise en place d'un échange de données vérifiées, traçables et sécurisées. Il garantit la fiabilité de la source et l'authenticité des données, ce qui donne confiance aux acteurs participant à l'échange de données. Le but est de faire en sorte que les transactions commerciales numériques soient faciles à réaliser et fiables.

Source : Pays-Bas (2023).

Bibliographie

OCDE (2020), « *Tax administration responses to COVID-19: Assisting wider government* », *Les réponses de l'OCDE face au coronavirus (COVID-19)*, https://dx.doi.org/10.1787/0dc51664-en. [10]

OCDE (2020), *Modèle de maturité en matière d'enquêtes sur les délits fiscaux*, https://www.oecd.org/fr/fiscalite/delits/modele-de-maturite-en-matiere-d-enquetes-sur-les-delits-fiscaux.pdf (consulté le 22 mai 2023). [25]

OCDE (2020), *Règles types de déclaration à l'intention des vendeurs relevant de l'économie du partage et de l'économie*, https://www.oecd.org/fr/fiscalite/echange-de-renseignements-fiscaux/regles-types-de-declaration-a-l-intention-des-vendeurs-relevant-de-l-economie-du-partage-et-de-l-economie-a-la-demande.htm (consulté le 22 mai 2023). [20]

OCDE (2020), *Tax Administration 3.0: The Digital Transformation of Tax Administration*, https://www.oecd.org/tax/forum-on-tax-administration/publications-and-products/tax-administration-3-0-the-digital-transformation-of-tax-administration.htm (consulté le 22 mai 2023). [6]

OECD (2019), *Tax Administration 2019: Comparative Information on OECD and other Advanced and Emerging Economies*, OECD Publishing, Paris, https://doi.org/10.1787/74d162b6-en. [14]

OCDE (2019), The Sharing and Gig Economy: Effective Taxation of Platform Sellers : Forum on Tax Administration, Éditions OCDE, Paris, https://doi.org/10.1787/574b61f8-en.

OCDE (2017), *Tax Administration 2017: Comparative Information on OECD and Other Advanced and Emerging Economies*, https://dx.doi.org/10.1787/tax_admin-2017-en. [9]

4 Liquidation de l'impôt

Ce chapitre examine la fonction de liquidation de l'impôt, qui englobe toutes les activités liées au traitement des déclarations fiscales et aux paiements. Il étudie l'utilisation des canaux électroniques pour le dépôt et le paiement, décrit les efforts déployés par les administrations fiscales pour fournir des déclarations préremplies et examine le taux de respect des délais de dépôt des déclarations et de paiement de l'impôt. Il donne également des exemples de l'impact de la technologie sur les processus de liquidation.

Introduction

La fonction de liquidation de l'impôt englobe toutes les activités liées au traitement des déclarations d'impôt, y compris l'émission des avis d'imposition, les remboursements et les déclarations. Elle inclut également le traitement et la comptabilisation des paiements. Ces activités demeurent un domaine d'intérêt qui connaît des évolutions notables, les administrations cherchant à réduire les coûts des processus faisant intervenir des volumes de données importants.

Comme indiqué dans les éditions précédentes de cette série, l'adoption généralisée du dépôt et du paiement en ligne par les contribuables aide les administrations à réduire leurs coûts et à améliorer les services qu'elles fournissent aux contribuables. Cette tendance se poursuit, et la gamme des services d'appui et d'options désormais proposés ne cesse de s'étendre.

Par ailleurs, les administrations fiscales gèrent un éventail de plus en plus large de données qu'elles collectent par voie électronique, y compris auprès d'un nombre croissant d'organisations tierces. Cette évolution facilite une utilisation plus intelligente des données et des déclarations préremplies plus complètes, grâce à l'usage de l'intelligence artificielle et de l'apprentissage automatique. Elle contribue aussi à élaborer plus en amont des stratégies en matière de discipline fiscale capables de minimiser ou de prévenir les erreurs dans les déclarations. En plus d'actualiser les informations sur l'utilisation des canaux électroniques pour le dépôt et le paiement, ce chapitre :

- décrit les efforts déployés par les administrations pour fournir des déclarations préremplies aux particuliers et aux entreprises, y compris l'élargissement de cette approche aux « régimes sans déclaration » dans certains cas ;
- examine les taux de respect des délais de déclaration et de paiement ; et
- donne des exemples de la façon dont la technologie et l'application des sciences des données améliorent les processus de dépôt, de paiement et de remboursement.

Utilisation de canaux électroniques pour le dépôt et le paiement

Alors que le numérique transforme la vie quotidienne, il n'est pas surprenant que l'adoption des systèmes de dépôt et de paiement par voie électronique continue de progresser. Le tableau 4.1 présente les taux moyens de déclaration électronique dans les juridictions qui ont communiqué des données sur les canaux utilisés par les contribuables pour déposer leurs déclarations entre 2018 et 2021. Au cours de cette période, environ 95 % des entreprises ont déposé leurs déclarations par voie électronique. Pour les déclarations d'impôt sur le revenu des personnes physiques, ce chiffre est supérieur à 85 %. En outre, il convient de noter que, dans un grand nombre d'administrations, 100 % des déclarations sont d'ores et déjà déposées en ligne pour les trois principaux types d'impôts (tableau D.23.).

Tableau 4.1. Taux moyens de déclaration électronique (en pourcentage) par type d'impôt, 2018-21

Type d'impôt	2018	2019	2020	2021
Impôt sur le revenu des personnes physiques (50 juridictions)	81.1	83.4	86.6	87.2
Impôt sur les bénéfices des sociétés (52 juridictions)	92.4	93.5	94.2	94.9
Taxe sur la valeur ajoutée (46 juridictions)	94.4	96.0	97.1	97.5

Note : Le tableau présente les taux moyens de dépôt électronique des déclarations pour les juridictions qui ont été en mesure de fournir ces informations pour les années 2018 à 2021. Le nombre de juridictions pour lesquelles des données étaient disponibles est indiqué entre parenthèses.
Source : Tableau D.23.

Si l'on examine l'évolution des taux de déclaration électronique sur la période 2014-21 ressortant du tableau 4.2, il apparaît clairement que ces taux ont sensiblement augmenté - entre 17 et 21 points de pourcentage - pour les trois principaux types d'impôts. (Il convient de noter que le tableau ne prend en compte que les informations provenant des juridictions pour lesquelles des données étaient disponibles pour les deux années 2014 et 2021, ce qui explique les différences entre les moyennes de 2021 présentées dans les tableaux 4.1 et 4.2.)

Tableau 4.2. Évolution des taux de déclaration électronique (en pourcentage) entre 2014 et 2021 par type d'impôt

Type d'impôt	2014	2021	Différence en points de pourcentage
Impôt sur le revenu des personnes physiques (33 juridictions)	65.0	85.1	+20.1
Impôt sur les bénéfices des sociétés (35 juridictions)	77.2	95.3	+18.1
Taxe sur la valeur ajoutée (32 juridictions)	81.4	98.7	+17.3

Note : Le tableau présente les taux moyens de dépôt électronique des déclarations pour les juridictions qui ont été en mesure de fournir ces informations pour les années 2014 à 2021. Le nombre de juridictions pour lesquelles des données étaient disponibles est indiqué entre parenthèses.
Source : Tableau D.23. et OCDE (2017), *Tax Administration 2017 : Comparative Information on OECD and Other Advanced and Emerging Economies*, tableau A.8., https://doi.org/10.1787/tax_admin-2017-en.

S'agissant des taux de paiement électronique qui ressortent du tableau 4.3, environ 90 % des paiements, mesurés en nombre et en valeur, ont été effectués en ligne en 2021. Cela représente une augmentation significative depuis 2018. Le pourcentage de paiements en ligne en valeur est légèrement supérieur au pourcentage de paiements en ligne en nombre, ce qui laisse penser que ce sont surtout les gros contribuables qui utilisent ce canal de paiement. (En raison d'une modification de la définition de la question de l'enquête sous-jacente, il n'est pas possible de suivre l'évolution des taux de paiement électronique depuis 2014.)

Tableau 4.3. Taux moyens de paiement électronique (en pourcentage) en nombre et en valeur des paiements, 2018-21

Type de mesure	2018	2019	2020	2021
Pourcentage en nombre de paiements (47 juridictions)	79.9	82.1	86.3	88.5
Pourcentage en valeur des paiements (47 juridictions)	84.4	85.8	88.4	90.2

Note : Le tableau présente les taux moyens de paiement électronique pour les juridictions qui ont été en mesure de fournir ces informations pour les années 2018 à 2021. Le nombre de juridictions pour lesquelles des données étaient disponibles est indiqué entre parenthèses.
Source : Tableau D.32.

Dans un certain nombre de juridictions, le volume des déclarations déposées sur formulaire papier et des paiements effectués par des moyens non électroniques demeure élevé. Dans les juridictions qui ont communiqué des données, plus de 57 millions de déclarations (pour l'IRPP, l'IS et la TVA) ont été déposées sur formulaire papier (tableaux A.83, A.85 et A.87). Cela représente toutefois une forte baisse par rapport aux années qui ont précédé la pandémie de COVID-19.

On peut s'attendre à ce que ce chiffre diminue encore au fil du temps, car de plus en plus d'administrations prennent des mesures pour encourager les contribuables à utiliser les plateformes électroniques lorsque c'est possible. Cela permettra non seulement de réduire les coûts administratifs, mais aussi d'alléger la charge administrative pesant sur les contribuables au fil du temps.

Encadré 4.1. Exemples nationaux : Dépôt électronique

Hongrie : Soutien à l'imposition forfaitaire

L'un des objectifs de l'Administration hongroise des impôts et des douanes (NTCA) est de réduire la charge administrative liée aux déclarations de revenu, et la mise au point de l'application web Assistant pour l'imposition forfaitaire constitue l'une des premières mesures en ce sens. En Hongrie, les entrepreneurs indépendants qui remplissent certaines conditions peuvent opter pour une imposition forfaitaire.

L'Assistant aide les contribuables à soumettre leurs déclarations fiscales et sociales mensuelles via une application qui communique avec eux au moyen de questions-réponses.

L'avantage par rapport à une déclaration traditionnelle établie sur la base d'un formulaire est qu'elle peut être utilisée même sans connaissances fiscales, puisque les calculs requis pour la déclaration n'ont pas à être effectués par le contribuable. La déclaration fiscale est préremplie avec des données basées sur les réponses données aux questions et des renseignements contenus dans les registres de la NTCA pertinents pour les déclarations fiscales et sociales du contribuable. En plus de faciliter le respect des obligations, la plateforme aide également à déterminer à l'avance l'acompte trimestriel dû au titre de l'impôt sur le revenu des personnes physiques. La NTCA étudie actuellement la possibilité d'étendre ce service à d'autres groupes de contribuables cibles.

Voir les documents de référence à l'annexe 4.A.

Japon : Fonction de saisie automatique des relevés de retenue à la source via un appareil photo de smartphone

Grâce à l'aide au dépôt fournie via le site web de l'administration fiscale japonaise (NTA), lorsqu'un contribuable saisit les informations nécessaires, les montants de son revenu et de son impôt sont automatiquement calculés et les données peuvent être transmises via l'application « dépôt en ligne (e-tax) ». Au cours de la période de dépôt des déclarations de 2021, 11.71 millions de personnes ont rempli leurs déclarations de revenus en utilisant l'assistance fournie sur le site web de la NTA ; ce chiffre inclut les déclarations établies via des ordinateurs disponibles dans les sites de consultation des centres des impôts. Ce total représente environ 51 % de l'ensemble des contribuables qui ont déposé des déclarations et était environ 17 fois plus élevé qu'en 2004, lorsque ce service d'assistance au dépôt en ligne a été mis en place pour la première fois, ce qui reflète la croissance régulière du nombre d'utilisateurs.

En outre, sur les 11.71 millions de déclarations établies grâce à l'aide au dépôt sur le site web de la NTA, environ 2.56 millions ont été préparées sur un smartphone. La NTA travaille à la création d'un site dédié aux contribuables qui utilisent un smartphone. Dans ce cadre, l'aide au dépôt sur le site web de la NTA a été enrichie d'une nouvelle fonction, qui permet de saisir automatiquement des éléments tels que le montant des revenus d'activité, l'impôt prélevé à la source, les noms et adresses, en utilisant simplement l'appareil photo du smartphone.

Source : Hongrie (2023) et Japon (2023).

Déclarations préremplies

Au cours des deux dernières décennies, la préparation de déclarations préremplies a été l'une des innovations majeures en matière de conception des déclarations fiscales, souvent pour les contribuables soumis à l'impôt sur le revenu. Cette approche consiste pour les administrations à « préremplir » la déclaration ou le compte en ligne du contribuable avec des informations provenant de tiers. La déclaration préremplie peut être vérifiée par le contribuable et déposée par voie électronique ou sur papier. (Le tableau 4.4 montre qu'un nombre croissant d'administrations préremplissent les déclarations au titre de l'IRPP.)

Le volume d'informations prérenseignées étant généralement déterminé par l'éventail des sources de données électroniques dont dispose l'administration, il est essentiel, dans cette approche, que le cadre législatif prévoie la communication de données détaillées et actualisées par des tiers couvrant autant d'informations pertinentes afférentes aux contribuables que possible. La complexité des cadres juridiques qui régissent les obligations fiscales peut faire obstacle à une automatisation plus poussée du calcul de l'impôt ; aussi, certaines administrations fiscales envisagent d'utiliser une législation dans un format lisible par machine afin d'automatiser le processus de calcul au moyen d'algorithmes, avec à la clé une réduction du nombre d'erreurs et moins de contraintes pour les contribuables.

Tableau 4.4. Évolution du taux de préremplissage des déclarations au titre de l'IRPP, 2018-21

En pourcentage des administrations qui préremplissent les déclarations au titre de l'IRPP

2018	2019	2020	2021	Différence en points de pourcentage (2018-21)
77.6	79.3	82.8	87.9	+10.3

Source : Tableau A.79.

Les partisans de la déclaration préremplie ont d'abord encouragé son utilisation dans les régimes fiscaux individuels qui autorisaient relativement peu de déductions et de crédits, et qui se prêtaient à une vérification à l'aide de sources de données tierces. Les progrès des technologies fondées sur des règles, les obligations de communication d'informations et l'application des techniques fondées sur la science des données permettent désormais d'envisager une application plus large de cette approche. Par exemple, les réponses à l'enquête montrent que, dans de nombreux pays, les déclarations au titre de l'IRPP sont préremplies avec différentes informations sur le revenu, ainsi que sur les dépenses déductibles comme les dons, les frais de scolarité et d'études et les primes d'assurance (graphiques 4.1 et 4.2).

Graphique 4.1. Catégories d'informations sur le revenu provenant de tierces parties et utilisées pour préremplir les déclarations ou les avis d'imposition au titre de l'IRPP, 2021

En pourcentage des administrations qui préremplissent les déclarations au titre de l'IRPP

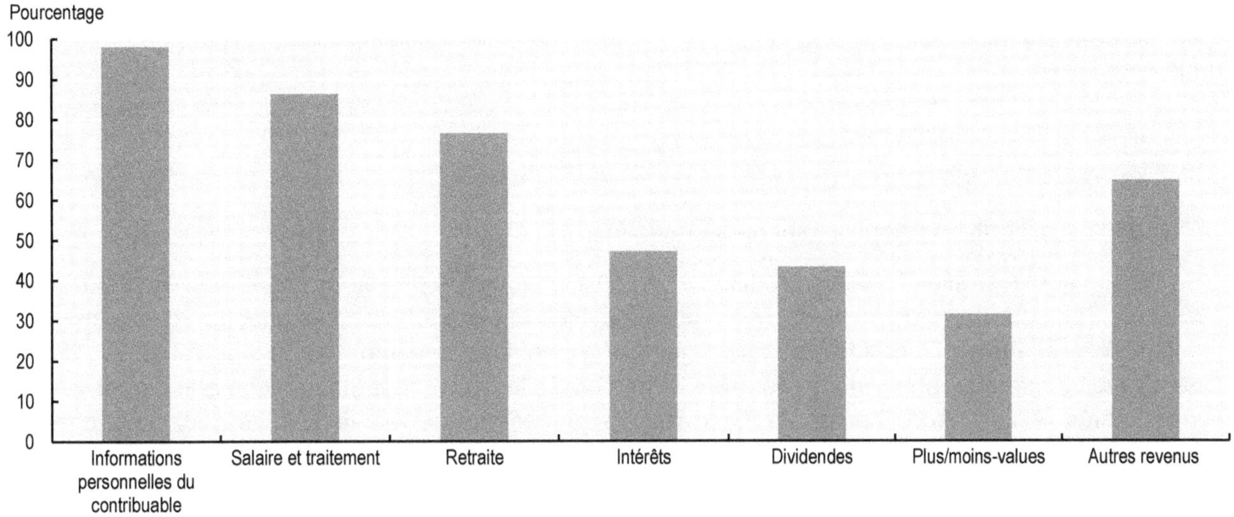

Source : Tableaux A.79 et A.80.

StatLink https://stat.link/059jhu

Graphique 4.2. Catégories de dépenses fiscalement déductibles utilisées pour préremplir les déclarations ou les avis d'imposition au titre de l'IRPP, 2021

En pourcentage des administrations qui préremplissent les déclarations au titre de l'IRPP

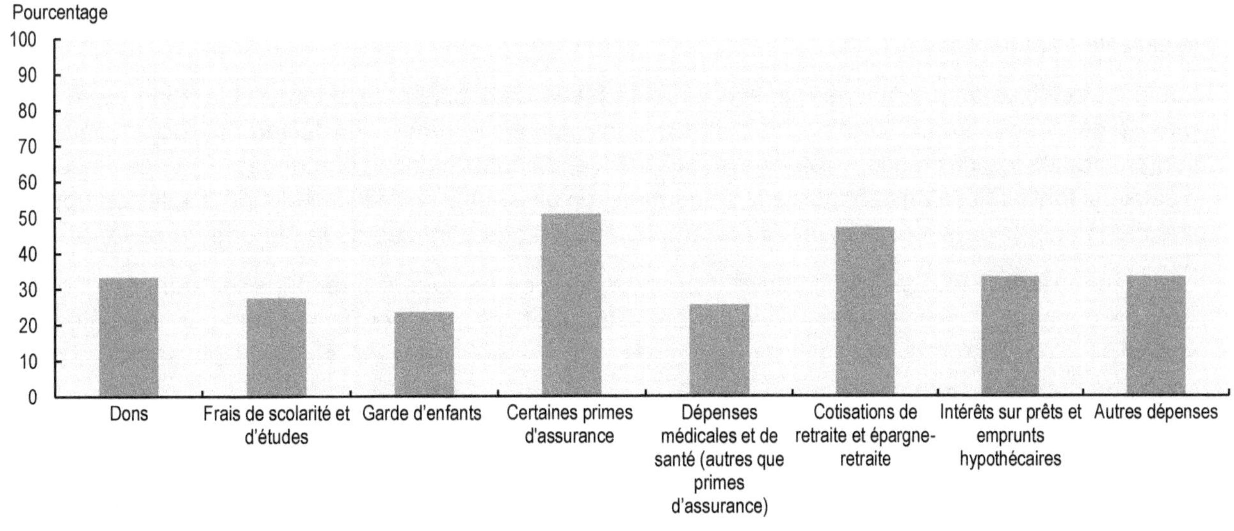

Source : Tableau A.81.

StatLink https://stat.link/wsmvq8

Dans un nombre croissant de pays, la déclaration au titre de l'IRPP est désormais totalement préremplie, et le contribuable doit ensuite soit l'accepter (éventuellement par accord tacite passé un certain délai), soit fournir des informations supplémentaires qui peuvent conduire à un ajustement à la hausse ou à la baisse (tableau A.84.). Dans leur forme la plus aboutie, des déclarations préremplies complètes sont produites pour la majorité des revenus des contribuables. En outre, l'existence de solutions et d'approches technologiques, telles que les systèmes de facturation électronique, permet aux administrations fiscales d'envisager l'utilisation de déclarations préremplies non seulement pour l'IRPP, mais aussi pour l'impôt sur les bénéfices des sociétés (IS) et la taxe sur la valeur ajoutée (TVA) (tableaux A.82. et A.86.).

L'encadré 4.2 décrit les dernières évolutions en matière de préremplissage des déclarations intervenues dans certains pays.

Encadré 4.2. Exemples nationaux : Déclarations préremplies

Australie : Amélioration des déclarations préremplies

En 2022, l'administration fiscale australienne (ATO) a amélioré le préremplissage de la déclaration de revenus des personnes physiques. L'ATO préremplit les déclarations depuis plus de 20 ans, mais les contribuables avaient tendance à supprimer ou à modifier les informations préremplies, ce qui nécessitait d'effectuer un suivi auprès des usagers après le dépôt de la déclaration afin de corriger les irrégularités. À titre expérimental, l'ATO a utilisé ses modèles de risque actuels pour empêcher les contribuables de modifier les informations bancaires préremplies au moment du dépôt de la déclaration, à moins qu'ils puissent justifier la nécessité d'un tel changement. Cela s'est traduit par une baisse de 74 % des activités de contrôle après le dépôt de la déclaration par rapport à l'année précédente. L'ATO envisage de généraliser cette approche au cours des prochaines années.

Voir les documents de référence à l'annexe 4.A.

République tchèque : Préremplissage des déclarations au titre de l'impôt foncier

En 2021, l'administration fiscale tchèque a lancé le projet « MOJE daně » (« Mes impôts »), qui a permis de franchir une étape importante dans la simplification et l'extension des services électroniques accessibles aux contribuables. Les efforts visant à faciliter davantage encore le dépôt des déclarations fiscales se sont poursuivis et, en 2022, ils ont abouti à des avancées significatives dans le domaine de la fiscalité immobilière.

Les contribuables sont tenus de mentionner leurs biens immobiliers dans leur déclaration de revenus en cas de changements, comme un achat ou une vente. Toutefois, la déclaration de revenus doit contenir toutes les informations relatives à tous les biens appartenant au contribuable, et pas seulement à ceux qui font l'objet d'un changement. Désormais, en utilisant le portail « Mes impôts », le contribuable a accès à une déclaration de revenus préremplie à l'aide des données de la période précédente.

Les contribuables ont également accès à un autre service en ligne qui recoupe les données figurant dans la déclaration fiscale avec celles du cadastre. Cet outil permet de vérifier, par exemple, si la superficie d'une parcelle ou le nombre de tantièmes d'une copropriété déclarés par le contribuable concordent avec les informations du cadastre.

Mexique : Préremplissage des déclarations fiscales des entreprises

En 2004, l'administration fiscale mexicaine (SAT) a mis en place le cadre juridique régissant la CFD (acronyme espagnol du justificatif fiscal numérique). En 2010, un nouveau système de facturation a été mis sur pied : le CFDI (acronyme espagnol du justificatif fiscal numérique par Internet), qui exige que les factures soient envoyées via Internet aux PAC (acronyme espagnol des prestataires de certification autorisés) - qui sont des entités agréées par la SAT -, pour validation avant d'être injectées dans le système de la SAT. Le CFDI a remplacé les factures papier et, en 2014, son utilisation est devenue obligatoire pour la comptabilité électronique dans tout le Mexique. Aujourd'hui, le CFDI est utilisé dans 100 % des transactions commerciales. Les renseignements tirés du CFDI sont analysés et alimentent automatiquement la déclaration de revenus du contribuable pour la période correspondante. À des fins d'exactitude, les contribuables ont la possibilité de vérifier et de corriger leurs déclarations via les services proposés sur le portail de l'administration fiscale. La mise en œuvre de ce système a procuré des avantages significatifs. La base d'imposition déclarée a enregistré une augmentation substantielle de 150 %. En outre, entre 2010 et 2016, la fraude fiscale a reculé de 35.7 % à 16.1 %. Enfin, les recettes fiscales générales et les cotisations de sécurité sociale ont sensiblement augmenté, avec une hausse des recettes de 95 % par rapport à l'exercice fiscal de 2010. En particulier, les petites entreprises sont désormais tenues d'utiliser la facturation électronique, ce qui fait entrer les microentreprises dans l'économie formelle. Cette intégration permet à la SAT d'accéder en temps réel aux informations sur les transactions des contribuables enregistrés, ce qui améliore le processus de collecte et de vérification.

Pays-Bas : Préremplissage de la déclaration de bénéfices directement à partir d'un logiciel de comptabilité commerciale

Les travailleurs indépendants jugent difficile et fastidieux le processus de tenue de livres et de registres ainsi que le dépôt des déclarations fiscales. Ce groupe cible de PME commet plus d'erreurs involontaires dans leurs déclarations de revenus que les grandes entreprises. Afin de faciliter le dépôt des déclarations pour les travailleurs indépendants et de réduire l'intensité de main-d'œuvre, l'administration fiscale néerlandaise a noué une collaboration avec des développeurs de logiciels de comptabilité en vue de créer un module qui automatise la transformation de la comptabilité numérique en déclaration de bénéfices préremplie. Le module fait appel à des assistants qui utilisent un langage simple, ce qui facilite la transformation. Ce module rend les interventions manuelles superflues et réduit les erreurs involontaires. L'objectif de ce module est de réduire la charge administrative et d'encourager le respect des obligations fiscales.

Il est basé sur un registre standard et peut être intégré dans le logiciel de comptabilité commerciale. Le module est proposé en tant que service à tous les développeurs de logiciels. Il vérifie les chiffres du bilan et du compte de résultat et génère automatiquement (« préremplit ») la déclaration de bénéfices à l'aide d'un assistant.

En 2022, le module a été intégré dans deux logiciels de comptabilité du commerce et a été utilisé par quelques centaines de contribuables. Une évaluation est prévue et les résultats devraient être diffusés au deuxième trimestre de 2023.

Source : Australie (2023), République tchèque (2023), Mexique (2023) et Pays-Bas (2023).

À mesure que le volume de données disponibles pour renseigner les déclarations augmente, les administrations fiscales peuvent élaborer des techniques prédictives afin de détecter les erreurs commises par les contribuables lorsqu'ils finalisent leur déclaration et prévenir les infractions. Les éditions précédentes illustrent cette évolution par des exemples. Voir, par exemple, l'encadré 4.3. dans l'édition 2022 (OCDE, 2022[1]). Ces mesures peuvent être associées à des techniques incitatives, créant ainsi des approches radicalement nouvelles de la discipline fiscale en intégrant le travail de contrôle « en amont » dans les processus de l'administration fiscale, comme le souligne l'encadré 4.3.

Encadré 4.3. Exemples nationaux : Prévention des cas de non-conformité

Argentine : Avertissements avant infraction

L'administration fiscale argentine (AFIP) mène actuellement un projet de communication qui vise à adresser aux contribuables vulnérables des alertes personnalisées en cas de risque de non-respect des règles, via divers canaux de contact. Lorsqu'un impôt est dû, et avant qu'il ne se transforme en dette fiscale, une stratégie de communication spécifique et systématique est prévue pour aider le contribuable à s'acquitter de ses obligations :

- Avant la date d'échéance, des messages soulignent la nécessité de se conformer à leurs obligations et les démarches nécessaires à cette fin.
- 5 jours après la date d'échéance, un message électronique est envoyé avec un lien pour accéder aux informations sur la dette, les options de paiement et les conséquences d'un arriéré.
- 15 jours après la date d'échéance, un appel téléphonique ou un contact sortant est automatiquement établi par un robot conversationnel.
- 25 jours après la date d'échéance, un agent de l'AFIP contacte le contribuable par téléphone.

Espagne : Modèle prédictif pour les non-déclarants

Chaque année, l'Agence fiscale espagnole (AEAT) reçoit de nombreuses informations de différentes sources concernant la composition des revenus des personnes physiques. Sur la base de ces informations, et conformément à la réglementation en vigueur, la population des contribuables qui sont tenus de déposer une déclaration au titre de l'impôt sur le revenu des personnes physiques est déterminée. Malheureusement, chaque année, certains de ces contribuables ne déposent pas leur déclaration, ce qui déclenche une campagne visant les non-déclarants, dont la première étape consiste à envoyer une relance à tous les contribuables qui n'ont pas déposé de déclaration et dont le montant de l'impôt calculé dépasse un certain seuil.

Pour améliorer l'efficacité de la procédure déclarative, l'AEAT met en œuvre un projet innovant fondé sur des modèles prédictifs visant à identifier et à contacter les contribuables considérés comme les plus à risque de ne pas soumettre leur déclaration au titre de l'IRPP dans les délais.

Avec ce projet, l'AEAT vise à :

- Améliorer l'assistance aux contribuables, en prenant contact avec eux pendant la période de déclaration spontanée, afin d'accroître le pourcentage de déclarations de revenus déposées dans les délais.
- Réduire le nombre de pénalités et de majorations appliquées aux contribuables qui ne déposent pas leur déclaration dans les délais.
- Accroître l'efficacité des systèmes de l'AEAT en réduisant le nombre de non-déclarants, dans le but de réduire le nombre de relances à émettre ainsi que les actions de vérification ultérieures.

Voir les documents de référence à l'annexe 4.A.

Source : Argentine (2023) et Espagne (2023).

Respect des délais pour le dépôt des déclarations

Même en tenant compte des innovations liées aux régimes de déclaration préremplie ou d'absence de déclaration, le dépôt d'une déclaration de revenu reste le principal moyen par lequel l'impôt est calculé et devient exigible. En conséquence, le taux de respect des délais de dépôt des déclarations est considéré comme une mesure efficace de la santé du système fiscal et de la performance de l'administration fiscale proprement dite.

Le tableau 4.4 résume les taux de respect des délais pour les administrations qui sont en mesure de fournir des renseignements ventilés par type d'impôt. Hormis l'IS, les taux avoisinent 85 %. Les taux plus faibles concernant l'IS peuvent s'expliquer par une plus grande complexité du système d'imposition des sociétés et par les délais liés à la préparation des états financiers et des rapports annuels.

Tableau 4.5. Taux moyens de respect des délais de dépôt des déclarations (en pourcentage) par type d'impôt, 2018-21

Type d'impôt	2018	2019	2020	2021
Impôt sur le revenu des personnes physiques (37 juridictions)	85.6	85.1	85.5	85.5
Impôt sur les bénéfices des sociétés (40 juridictions)	78.3	79.2	78.2	76.2
Retenue à la source par les employeurs (28 juridictions)	89.0	88.6	87.1	88.1
Taxe sur la valeur ajoutée (42 juridictions)	87.1	86.3	86.0	85.7

Note : Le tableau présente les taux moyens de respect des délais de dépôt des déclarations pour les juridictions qui ont été en mesure de fournir ces informations pour les années 2018 à 2021. Le nombre de juridictions pour lesquelles des données étaient disponibles est indiqué entre parenthèses.
Source : Tableaux D.21 et D.22.

Le tableau 4.5 montre l'évolution des taux de dépôt dans les délais. En moyenne, ce taux est resté globalement stable entre 2014 et 2021, même si les données sous-jacentes relatives au respect des délais de dépôt révèlent d'importantes variations des taux de dépôt dans les délais entre pays. En ce qui concerne les dernières années, 2020 et 2021, ces variations peuvent aussi refléter les différentes réponses apportées par les juridictions à la pandémie. Le rapport de 2020 intitulé *Réponses des administrations fiscales au COVID-19 : mesures prises pour soutenir les contribuables* souligne que certaines juridictions ont maintenu l'obligation de dépôt dans les délais, par exemple pour le paiement des remboursements ou l'octroi d'autres aides publiques, mais autorisé des reports de paiement, tandis que d'autres ont allégé les pénalités pour dépôt tardif (CIAT, IOTA et OCDE, 2020[2]).

Dans l'ensemble, il est encourageant de constater que, malgré l'impact de la pandémie, les taux de respect des délais de dépôt des déclarations sont restés stables (à l'exception de quelques juridictions, voir les tableaux D.21. et D.22.). Il convient de noter que le tableau ne prend en compte que les informations provenant des juridictions qui ont été en mesure de fournir des données pour les deux années 2014 et 2021, ce qui explique les différences entre les moyennes de 2021 présentées dans les tableaux 4.4 et 4.5.

Tableau 4.6. Évolution des taux de respect des délais de dépôt des déclarations (en pourcentage) entre 2014 et 2021 par type d'impôt

Type d'impôt	2014	2021	Différence en points de pourcentage	Nombre de juridictions dans lesquelles le taux de **respect** des délais de dépôt a **diminué**	Nombre de juridictions dans lesquelles le taux de **respect** des délais de dépôt a **augmenté**
Impôt sur le revenu des personnes physiques (36 juridictions)	85.6	86.4	+0.8	13	23
Impôt sur les bénéfices des sociétés (36 juridictions)	80.0	78.5	-1.5	18	18
Retenue à la source par les employeurs (18 juridictions)	86.7	89.8	+3.1	11	7
Taxe sur la valeur ajoutée (37 juridictions)	86.0 (2016)	84.8	-1.2	18	19

Note : Le tableau présente les taux moyens de respect des délais de dépôt des déclarations pour les juridictions qui ont pu fournir ces informations pour les années 2014 et 2021. Le nombre de juridictions pour lesquelles des données étaient disponibles est indiqué entre parenthèses. Pour la TVA, le tableau compare les informations relatives aux années 2016 et 2021, car la question correspondante a été modifiée dans l'enquête ISORA 2018.
Source : Tableaux D.21. et D.22., OCDE (2017), *Tax Administration 2017: Comparative Information on OECD and Other Advanced and Emerging Economies*, tableau A.6., https://doi.org/10.1787/tax_admin-2017-en et OCDE (2019), *Tax Administration 2019: Comparative Information on OECD and Other Advanced and Emerging Economies*, tableau D.12., https://doi.org/10.1787/74d162b6-en.

Encadré 4.4. Éclairage des sciences comportementales pour améliorer le remplissage des déclarations

Brésil : Améliorer la communication

La simplification peut être considérée comme le facteur incitatif le plus élémentaire : rendre quelque chose plus simple et plus facile à réaliser contribue pour beaucoup à convaincre les personnes d'adopter un certain comportement. Toutefois, comme c'est souvent le cas dans de nombreuses administrations fiscales, les communications adressées par l'administration fiscale brésilienne (RFB) aux contribuables utilisent un langage assez complexe : textes juridiques, acronymes et jargon, et longs paragraphes difficiles à comprendre.

La nécessité d'une communication simple et claire est un défi majeur pour la gestion publique, d'autant qu'au Brésil, d'après la dernière enquête sur les indicateurs de l'alphabétisme fonctionnel (2018), environ 30 % des Brésiliens âgés de 15 à 64 ans sont analphabètes fonctionnels et seulement 12 % comprennent des textes complexes. En outre, un rapport de 2018 a montré que seulement 2 % des élèves de 15 ans au Brésil étaient très performants en lecture, ce qui signifie qu'ils comprennent des textes longs et maîtrisent des concepts abstraits.

Face à ce problème, le Centre national d'économie comportementale (Cecom) a élaboré un guide (« Simplify in 7 Notes ») comportant sept règles de base pour l'utilisation d'un langage simple par la RFB, chacune étant associée à l'une des sept notes de musique (afin de faciliter la mémorisation). Sur la base de ce guide, le Cecom a organisé des ateliers pour diverses équipes de la RFB. Lors de ces ateliers pratiques, chaque équipe reçoit une formation à l'utilisation d'un langage simple et s'efforce de rendre ses propres communications plus efficaces afin de promouvoir la discipline fiscale. D'après le retour d'expérience de ces ateliers, les personnes chargées d'élaborer la communication sont en mesure de changer d'état d'esprit et prennent conscience de l'importance d'une interaction plus transparente avec la société.

République slovaque : Ventes immobilières : campagne épistolaire à visée comportementale

Alors que les ventes de biens immobiliers génèrent un bénéfice net élevé, le vendeur ne déclare souvent aucun revenu. Une personne physique est tenue de déclarer ses revenus lorsqu'elle vend un bien dans les cinq ans suivant la transaction. Or, d'après l'analyse des données de la base de données immobilières de la Slovaquie, un tiers seulement des vendeurs identifiés respectaient spontanément leurs obligations fiscales. Aussi, une campagne a été conçue en faisant appel à des techniques comportementales de sensibilisation au paiement des droits de mutation immobilière et au recouvrement de l'impôt sur le revenu des personnes physiques.

Des courriers ont été envoyés en 2021, juste avant la date limite de dépôt des déclarations fiscales pour l'année fiscale 2020, et deux groupes de vendeurs ont été identifiés. Premièrement, les contribuables non déclarants qui ont vendu un bien entre 2016 et 2019. Leurs dossiers ont été rapprochés des données sur les recettes fiscales et classés comme étant « en retard de paiement ». Deuxièmement, les contribuables potentiels, qui ont vendu un bien immobilier en 2020 et qui devaient déclarer les revenus de cette vente en mars 2021. Un groupe de contrôle a été mis en place et les personnes visés par cette campagne ont reçu un courrier personnalisé les informant de l'obligation de déclarer les revenus de ventes immobilières. Différentes formulations ont été testées pour mesurer l'effet de la lettre elle-même ainsi que des différentes approches.

Les résultats montrent que le taux de déclaration des revenus a augmenté de 27 points de pourcentage pour les contribuables non déclarants et de 14 points pour les contribuables potentiels (par rapport aux contribuables n'ayant pas reçu de lettre). Au total, cette campagne a rapporté 2.5 millions EUR de recettes supplémentaires au budget de l'État et permis une amélioration de 16 points de pourcentage de la discipline fiscale observée moyennant un coût minime pour l'administration fiscale. Cette initiative sera reconduite dans les années à venir.

Voir les documents de référence à l'annexe 4.A.

Source : Brésil (2023) et République slovaque (2023).

Le graphique 4.3 montre également les variations des taux de respect des délais de dépôt par juridiction et illustre la fourchette de résultats pour les principaux types d'impôts. Pour un certain nombre de juridictions, cette fourchette est importante.

Compte tenu de leur impact sur les taux de conformité, de nombreuses administrations fiscales ont recours aux techniques relevant des sciences comportementales pour tenter de réduire les délais et les erreurs lors du remplissage des déclarations. Les résultats sont prometteurs, et l'envoi de messages incitatifs aux étapes clés du processus de remplissage peut améliorer le respect des délais de dépôt. Cela permet non seulement d'améliorer les taux de conformité, mais aussi de libérer des ressources qui peuvent être employées à d'autres usages.

Graphique 4.3. Fourchette de résultats en matière de respect des délais de dépôt des déclarations pour les principaux types d'impôts, 2021

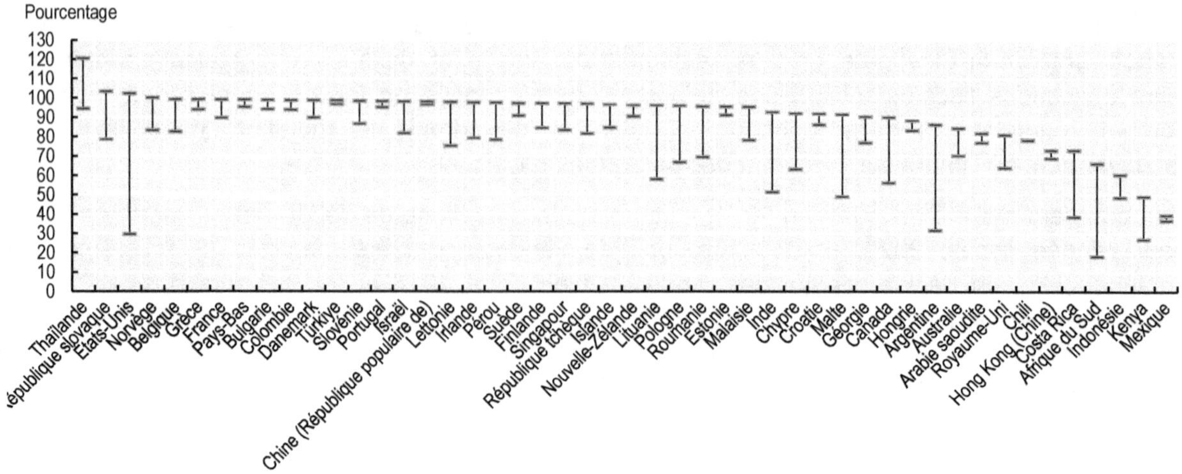

Note : Le respect des délais est exprimé en pourcentage des déclarations attendues et peut donc dépasser 100 %. Le graphique illustre, pour chaque juridiction, la fourchette des résultats en matière de respect des délais de dépôt des déclarations en 2021 pour les quatre types d'impôts suivants : IRPP, IS, retenues à la source par l'employeur et TVA (le cas échéant). Il ne couvre que les juridictions pour lesquelles des informations étaient disponibles pour au moins deux types d'impôts.
Source : Tableaux D.21. et D.22.

StatLink https://stat.link/3slyon

Graphique 4.4. Taux de respect des délais de dépôt des déclarations concernant l'IRPP et l'IS, 2021

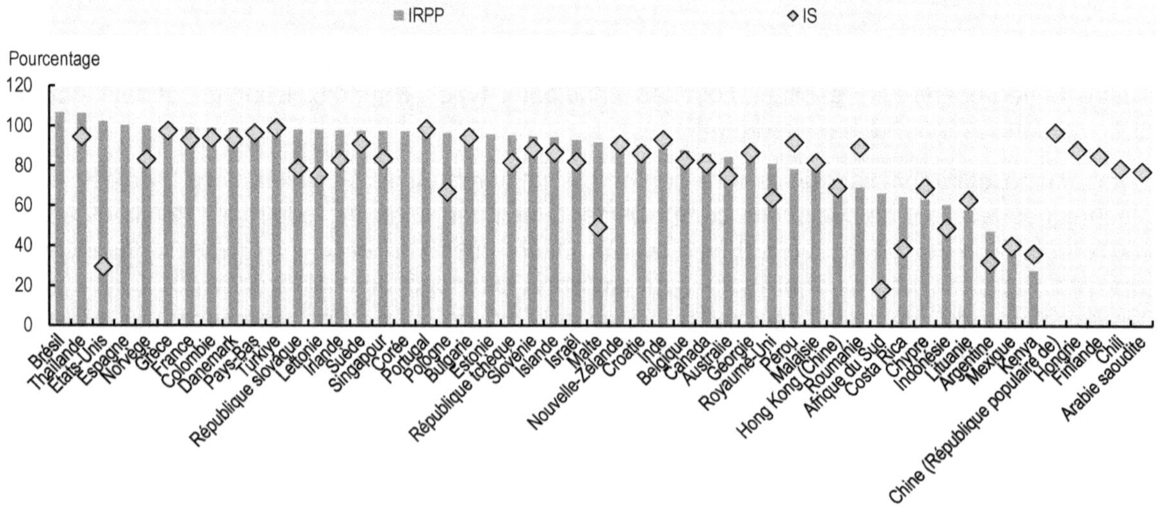

Note : Le respect des délais est exprimé en pourcentage des déclarations attendues et peut donc dépasser 100 %.
Source : Tableau D.21.

StatLink https://stat.link/dres23

Respect des délais de paiement

Le paiement de l'impôt représente l'une des interactions les plus courantes entre les contribuables et les administrations fiscales, en particulier pour les entreprises qui sont généralement tenues d'effectuer divers paiements à intervalles réguliers, couvrant à la fois leurs propres obligations fiscales et celles de leurs salariés. Les administrations continuent d'élargir l'éventail des options de paiement électronique à la disposition des contribuables et d'accroître leur utilisation. Ces progrès font non seulement baisser les coûts pour l'administration, mais peuvent aussi accroître le pourcentage des paiements effectués dans les délais et réduire le nombre d'arriérés de paiement en améliorant l'accès et l'expérience du contribuable. L'intégration croissante d'options de paiement dans les systèmes naturels des contribuables constitue une évolution remarquable. Cette évolution accroît la fluidité du processus de paiement pour les contribuables qui peuvent utiliser leur logiciel bancaire ou comptable existant à cette fin.

Tableau 4.7. Taux moyens de respect des délais de paiement (en pourcentage) par type d'impôt, 2018-21

Type d'impôt	2018	2019	2020	2021
Impôt sur le revenu des personnes physiques (30 juridictions)	81.5	81.2	81.0	77.2
Impôt sur les bénéfices des sociétés (33 juridictions)	84.6	85.1	82.5	83.5
Retenue à la source par les employeurs (29 juridictions)	94.5	94.3	91.6	91.4
Taxe sur la valeur ajoutée (33 juridictions)	87.9	88.0	87.0	86.9

Note : Le tableau présente les taux moyens de respect des délais de paiement pour les juridictions qui ont pu fournir ces informations pour les années 2018 à 2021. Le nombre de juridictions pour lesquelles des données étaient disponibles est indiqué entre parenthèses.
Source : Tableaux D.30. et D.31.

Les tableaux 4.6 et 4.7 résument les taux de respect des délais de paiement pour les administrations qui sont en mesure de fournir des informations par type d'impôt. Le tableau 4.6 montre qu'en 2020 et 2021, les taux de respect des délais de paiement ont chuté par rapport aux années 2018 et 2019. Premièrement, l'éventail des résultats en matière de respect des délais de paiement ressortant du graphique 4.5 met en évidence un écart significatif entre les principaux types d'impôts pour un certain nombre de juridictions, dans certains cas supérieur à 50 points de pourcentage.

Cette dégradation est presque certainement une conséquence de la pandémie, et reflète les difficultés de trésorerie que les entreprises et les particuliers peuvent avoir rencontrées. Elle peut aussi refléter les nombreuses dispositions prises par certaines administrations fiscales pour allonger les délais de paiement afin de faire face à la pandémie, par exemple lorsque les contribuables devaient déposer leur déclaration dans les délais mais disposaient d'un délai de paiement supplémentaire.

Tableau 4.8. Évolution des taux de respect des délais de paiement (en pourcentage) entre 2014 et 2021 par type d'impôt

Type d'impôt	2014	2021	Différence en points de pourcentage	Nombre de juridictions dans lesquelles le taux de **respect** des délais de paiement a **diminué**	Nombre de juridictions dans lesquelles le taux de respect des délais de paiement a **augmenté**
Impôt sur le revenu des personnes physiques (16 juridictions)	80.7	80.3	-0.4	9	7
Impôt sur les bénéfices des sociétés (16 juridictions)	90.1	86.9	-3.2	8	8
Retenue à la source par les employeurs (13 juridictions)	92.8	93.4	+0.6	5	8
Taxe sur la valeur ajoutée (18 juridictions)	88.8	88.7	-0.1	8	10

Note : Le tableau présente les taux moyens de respect des délais de paiement pour les juridictions qui ont pu fournir ces informations pour les années 2014 et 2021. Le nombre de juridictions pour lesquelles des données étaient disponibles est indiqué entre parenthèses. Les données relatives au Costa Rica ont été exclues du calcul car elles fausseraient les ratios moyens.
Source : Tableaux D.30. et D.31., et OCDE (2017), *Tax Administration 2017: Comparative Information on OECD and Other Advanced and Emerging Economies*, tableau A.9., https://doi.org/10.1787/tax_admin-2017-en.

Graphique 4.5. Fourchette de résultats en matière de respect des délais de paiement, 2021

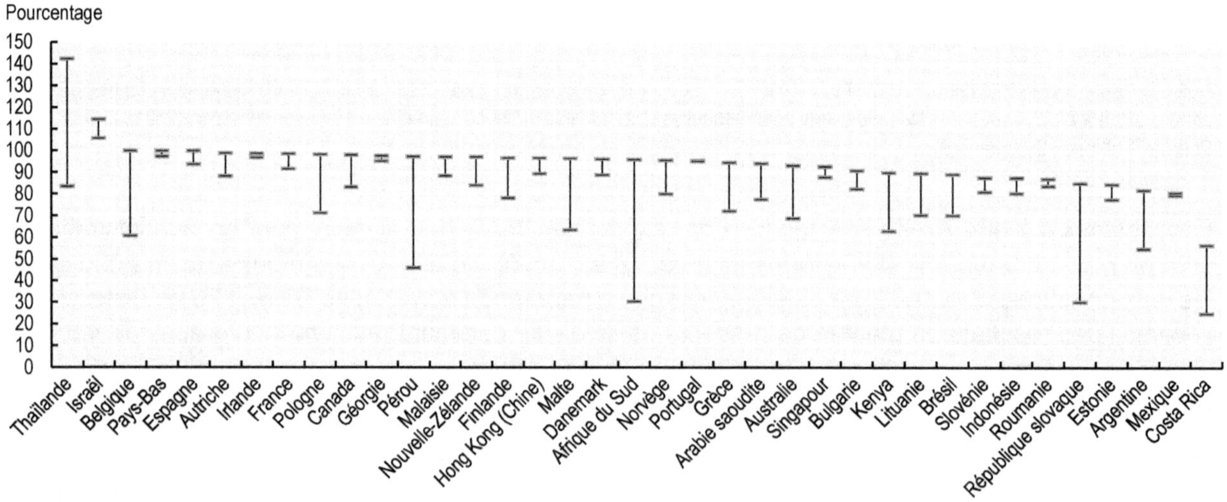

Note : Le respect des délais de paiement est exprimé en pourcentage des paiements estimés attendus à l'échéance et peut donc dépasser 100 %. Le graphique illustre, pour chaque juridiction, la fourchette des résultats en matière de respect des délais de paiement en 2021 pour les quatre types d'impôts suivants : IRPP, IS, retenues à la source par l'employeur et TVA (le cas échéant). Il ne couvre que les juridictions pour lesquelles des informations étaient disponibles pour au moins deux types d'impôts.
Source : Tableaux D.30. et D.31.

StatLink https://stat.link/qbsl1o

Les prochaines éditions de ce rapport continueront de suivre ces tendances, et l'amélioration du respect des délais de paiement doit demeurer une priorité pour les administrations compte tenu des recettes en jeu. C'est pourquoi certaines administrations fiscales déclarent investir des ressources dans ce domaine, afin de faciliter les paiements et de réduire les délais, comme l'illustre l'exemple de l'encadré 4.5.

Encadré 4.5. Royaume-Uni : Paiements fractionnés de TVA

Le gouvernement britannique a annoncé son intention d'étudier plus avant le concept de paiement fractionné de la TVA, une méthode alternative de collecte de la TVA qui implique que la taxe due au titre d'un paiement numérique soit prélevée et payée directement à l'administration fiscale britannique (HMRC).

Moderniser ainsi le recouvrement de la taxe permettrait de s'attaquer au problème de la perte de recettes fiscales résultant du non-respect des obligations en matière de TVA par les opérateurs étrangers. Des pertes de recettes se produisent lorsque les vendeurs en ligne ne déclarent pas à HMRC la TVA due sur les ventes de biens ou de services à des consommateurs au Royaume-Uni, ce qui leur permet également de pratiquer des prix inférieurs aux vendeurs respectueux des obligations en matière de TVA qui se retrouvent pénalisés.

HMRC travaille déjà avec des universitaires et des collaborateurs de FinTech sur une technique de transfert de données de paiement qui ne repose pas sur les normes de messagerie financière. Cette technique pourrait permettre de transmettre de nouvelles données sur une transaction de paiement à une administration fiscale (à des fins de rapprochement avec les contribuables) en dehors des canaux de traitement des paiements existants.

À l'avenir, HMRC a l'intention de s'appuyer sur le secteur des paiements et les entreprises de la FinTech pour sonder la viabilité conceptuelle d'un prélèvement de TVA sur un paiement en temps réel avant que l'argent n'échappe à la compétence du Royaume-Uni, tout en respectant les règles fixées par divers réseaux de paiement. Cela ouvre la voie à un recouvrement de la taxe en temps réel, réduisant la nécessité de procédures administratives supplémentaires.

L'objectif est de combler le manque à gagner dû au non-respect des obligations fiscales d'opérateurs étrangers et d'offrir une plus grande équité aux vendeurs qui respectent les règles en matière de TVA.

Source : Royaume-Uni (2023)

Remboursements et crédits

Au regard de la conception des principaux impôts administrés (IRPP, IS et TVA), il est inévitable qu'un certain nombre de contribuables paient un montant d'impôt supérieur à ce qu'ils doivent. Les versements d'impôt excédentaires représentent une charge pour les contribuables en termes de « coût d'opportunité », et un problème lancinant pour les entreprises dont les marges sont étroites et pour qui les flux de trésorerie sont primordiaux. Tout retard dans le remboursement d'impôts légitimement trop payés peut donc entraîner des « coûts » importants pour les contribuables.

Le tableau 4.8 illustre les différences de traitement des remboursements de TVA, et révèle que la majorité des administrations remboursent immédiatement les trop-versés. Cette rapidité est bénéfique aux entreprises mais les administrations fiscales doivent rester attentives aux risques de fraude. Les régimes fiscaux dans lesquels les remboursements d'impôt sont fréquents revêtent un attrait particulier pour les fraudeurs (notamment par le biais d'attaques criminelles organisées), ce qui nécessite des approches efficaces fondées sur les risques pour identifier les demandes de remboursement potentiellement frauduleuses.

Pendant la crise du COVID-19, l'importance du remboursement rapide des trop-versés était un enjeu majeur pour de nombreux gouvernements, car de nombreux contribuables étaient confrontés à de graves problèmes de trésorerie. Les administrations fiscales y ont répondu en hiérarchisant les demandes de remboursement ou en adaptant les procédures de remboursement, voire en les automatisant totalement dans certains cas. (CIAT, IOTA et OCDE, 2020[2])

Tableau 4.9. Traitement des remboursements de TVA, 2021

Pourcentage de juridictions dans lesquelles...			
les remboursements de TVA sont effectués de façon automatique et immédiate	les remboursements de TVA sont effectués immédiatement sous réserve de disponibilité des fonds	les remboursements de TVA sont portés au crédit du compte du contribuable, jusqu'au moment où le contribuable peut légalement en demander le paiement	les remboursements de TVA sont portés au crédit du compte du contribuable, jusqu'au moment où le contribuable peut légalement en demander le paiement, sous réserve de disponibilité des fonds
60	5	35	0

Source : Tableau A.53.

Combinés aux progrès technologiques et de la science des données, les enseignements tirés de la pandémie et des approches antérieures offrent aux administrations fiscales de nouvelles options pour atténuer les risques et simplifier les processus. Cela peut permettre de réduire les charges administratives et de discipline, et conduire à l'émergence d'approches novatrices, comme l'illustre l'encadré 4.6.

Encadré 4.6. Pays-Bas : Modèle de sélection pour le remboursement de la TVA

Le remboursement de la TVA est un processus qui mobilise beaucoup de ressources au sein de l'administration fiscale néerlandaise (NTA). Chaque année, quelque 2.5 millions de demandes de remboursement de TVA sont soumises. Les restrictions de ressources ne permettent pas de contrôler manuellement ce flux important. Même une analyse manuelle rapide est pratiquement impossible face à un tel nombre de demandes.

En 2015, la NTA a conçu un logiciel permettant de sélectionner les demandes à inspecter manuellement. Ce logiciel prend largement en charge l'examen de ce volume considérable de remboursements de TVA, tout en multipliant par deux l'efficacité de la sélection, selon une enquête publiée par la Cour des comptes des Pays-Bas en 2019. Il applique des règles commerciales et plusieurs procédures statistiques (relativement) simples. Ces règles et procédures statistiques ont été élaborées en étroite coopération avec des experts des fonctions opérationnelles. Le logiciel comporte un système de gestion des flux qui facilite le contrôle manuel par les vérificateurs. Une fonctionnalité permet également de bloquer les paiements pendant la durée du contrôle.

Au nombre des derniers développements figurent une plus grande clarté des explications, la modernisation du processus de sélection, l'extension du logiciel aux entreprises étrangères qui demandent un remboursement de TVA aux Pays-Bas, et une tournée dans le pays pour recueillir de nouvelles idées d'amélioration auprès des utilisateurs finals.

Source : Pays-Bas (2023).

Bibliographie

CIAT/IOTA/OCDE (2020), « Réponses de l'administration fiscale au COVID-19 : Mesures prises pour soutenir les contribuables », *Les réponses de l'OCDE face au coronavirus (COVID-19)*, Éditions OCDE, Paris, https://doi.org/10.1787/69d26e77-fr. [2]

OCDE (2022), *Administration fiscale 2022 : Informations comparatives sur les pays de l'OCDE et autres économies avancées et émergentes*, Éditions OCDE, Paris, https://doi.org/10.1787/6f55a020-fr. [1]

OCDE (2019), *Tax Administration 2019: Comparative Information on OECD and other Advanced and Emerging Economies*, Éditions OCDE, Paris, https://doi.org/10.1787/74d162b6-en. [3]

OCDE (2017), *Tax Administration 2017: Comparative Information on OECD and Other Advanced and Emerging Economies*, Éditions OCDE, Paris, https://doi.org/10.1787/tax_admin-2017-en. [4]

Annexe 4.A. Liens vers les documents de référence (consultés le 26 mai 2023)

- Encadré 4.1 – Hongrie : Lien vers une vidéo qui explique plus en détail l'application web Assistant pour l'imposition forfaitaire : https://youtu.be/hSaKYhponBY
- Encadré 4.2. – Australie : Lien vers un descriptif détaillé de la solution d'amélioration des déclarations préremplies : https://www.oecd.org/tax/forum-on-tax-administration/database/b.4.2-australia-enhanced-prefill.pdf
- Encadré 4.3 – Espagne : Lien vers une présentation du modèle prédictif pour les non-déclarants : https://www.oecd.org/tax/forum-on-tax-administration/database/b.4.3-spain-predictive-model-for-non-filers.pdf
- Encadré 4.4. – République slovaque : Lien vers un descriptif détaillé de la campagne épistolaire à visée comportementale : https://www.oecd.org/tax/forum-on-tax-administration/database/b.4.4-slovak-republic-real-estate-letters.pdf

5 Services

Ce chapitre examine comment les administrations fiscales atteignent leurs objectifs en matière de discipline fiscale en proposant des services efficaces et efficients aux contribuables, le plus souvent au moyen de la technologie.

Introduction

L'accès pour le contribuable à tout un éventail de services efficaces et faciles à utiliser tels que des orientations précises, des messages appropriés ou des outils de calcul est essentiel pour favoriser le respect des obligations. Les administrations fiscales déclarent investir de manière croissante dans des services axés sur une plus grande personnalisation en fonction de la situation particulière de chaque contribuable.

Cette gamme étendue de services contribue à favoriser l'adoption des services en libre accès, en temps réel, 24 heures sur 24 et 7 jours sur 7. Les administrations fiscales indiquent par ailleurs utiliser de plus en plus la technologie pour transformer leurs modèles opérationnels. Le recours aux techniques de pointe dans le domaine de l'intelligence artificielle, de l'apprentissage automatique et des communications de machine à machine crée de nouvelles possibilités de services pour les administrations fiscales qui permettent l'accès à un plus grand nombre d'approches fondées sur le principe de la conformité dès la conception. Cette tendance croissante devrait s'accélérer à mesure que les administrations fiscales continuent d'exploiter pleinement le potentiel de la transformation numérique. L'encadré 5.1. donne un exemple de transformation numérique permettant l'introduction de nouveaux services et canaux d'accès.

Encadré 5.1. Italie : Améliorer l'aide aux contribuables

Le cadre pour l'innovation de l'administration publique italienne accorde un rôle central à l'amélioration des services numériques proposés aux citoyens. La possibilité d'offrir des services personnalisés, fiables et faciles à utiliser représente un objectif stratégique de première importance dans le contexte de la modernisation et de la numérisation de l'administration nationale.

Tous ces résultats ont été obtenus grâce au processus de migration de la gestion de la relation client, dans le cadre duquel l'administration fiscale italienne a entrepris sa transformation numérique. L'objectif était d'actualiser les outils technologiques utilisés pour gérer les demandes d'assistance et de garantir une plus grande efficacité du soutien apporté aux contribuables qui demandent de l'aide ou des informations. Plusieurs services et canaux de communication en ligne ont été mis en œuvre afin de :

- Gérer l'assistance apportée aux contribuables à travers différents canaux (téléphone, messagerie web, sms) ;
- Réaliser des enquêtes pour évaluer la satisfaction des utilisateurs à l'issue d'un service ayant fait l'objet d'un suivi ; et
- Gérer les enquêtes de synthèse ou analytiques afin de connaître la satisfaction des citoyens à l'égard d'un service donné.

Voir les documents de référence à l'annexe 5.A.

Source : Italie (2023).

Comportement du contribuable

Dans ce contexte d'utilisation croissante de la technologie et de services plus personnalisés, les administrations fiscales ont fait davantage porter leurs efforts sur l'expérience d'utilisation des contribuables. Cette démarche s'est également accompagnée d'une amélioration des services centrés sur le contribuable qui permet d'obtenir de meilleurs résultats pour les administrations comme pour les contribuables. L'encadré 5.2 ci-après contient des exemples d'avis des contribuables utilisés pour améliorer les services.

Le recours aux approches comportementales a souvent contribué à l'amélioration des services. Il s'agit d'un domaine de recherche interdisciplinaire qui utilise des principes issus des sciences comportementales telles que la psychologie, les neurosciences et l'économie comportementale pour comprendre comment les individus intègrent les informations, les traitent et y réagissent. Ces principes peuvent être utilisés pour concevoir des politiques et des interventions pratiques basées sur le comportement humain. Ils peuvent s'avérer particulièrement puissants lorsqu'ils sont conjugués aux enseignements tirés de l'analyse des volumes de plus en plus importants de données dont dispose l'administration fiscale, générées en interne et en externe.

Dans les précédentes éditions de cette publication, un nombre croissant d'administrations fiscales déclaraient employer des chercheurs en sciences comportementales et mettre à profit les enseignements de ces disciplines dans certains domaines pour influer sur le respect volontaire des obligations. Cette tendance s'est poursuivie, les trois quarts des administrations déclarant avoir eu recours à des méthodes ou techniques relevant des sciences comportementales en 2021 (voir le graphique 6.1 au chapitre 6). Le rapport 2021 de la Communauté d'intérêts sur les approches comportementales du Forum sur l'administration fiscale de l'OCDE contient également plusieurs exemples de cette pratique (OCDE, 2021[1]).

Encadré 5.2. Exemples nationaux : Approche comportementale du contribuable

Australie – Choix délibéré de courriers à l'approche comportementale

En 2022, l'administration fiscale australienne (Australian Taxation Office [ATO]) a entrepris des recherches pour mieux comprendre les raisons pour lesquels les contribuables ne s'acquittent pas de leurs obligations de paiement après avoir reçu un courrier de rappel de l'ATO. L'ATO a effectué deux essais randomisés et contrôlés (ECR) pour tester l'impact sur le taux de discipline fiscale :

- de la combinaison d'une lettre de rappel du dépôt de la déclaration avec une lettre de rappel de la dette fiscale – une première pour l'ATO qui envoie généralement des lettres séparées pour ces deux motifs, et
- du recours à des leviers comportementaux qui transfèrent la responsabilité de l'action au contribuable, notamment : l'impact de la surveillance, les normes sociales, les principales conséquences et les messages d'aide.

L'ATO a constaté que :

- la méthode associant un courrier de rappel du dépôt et un rappel de la dette n'avait pas d'incidence significative sur la dette totale du client, mais qu'elle améliorait nettement le taux de résultat des plans de paiement, et
- l'utilisation des leviers comportementaux améliorait les taux de respect des obligations de dépôt par rapport à un courrier de contrôle moins contraignant et donnait des taux similaires à ceux d'une lettre d'avertissement juridique plus ferme.

Ces résultats permettent à l'ATO de quantifier la valeur ajoutée obtenue en modifiant sa série de courriers pour y inclure des leviers comportementaux, des rappels de paiement et la promotion de canaux de paiement en libre accès.

L'ATO a pu également exploiter les solides ensembles de données à la base des ECR pour comprendre les caractéristiques et particularités des sous-populations qui réagissent plus ou moins favorablement à cette approche, notamment : Le fait d'avoir un représentant auprès de l'administration a-t-il une influence sur le résultat ? Cette meilleure compréhension du contribuable est ensuite mise à profit concrètement dans le cadre de l'élaboration des futures stratégies personnalisées afin que les contribuables reprennent contact avec les systèmes des impôts et de la retraite.

Brésil : Améliorer la citoyenneté fiscale

L'administration fiscale du Brésil (Receita Federal do Brasil [RFB]) a constaté la nécessité d'investir dans des programmes visant à sensibiliser les contribuables à l'importance économique des impôts et à la contribution de ces derniers aux ressources nécessaires pour soutenir les services publics.

Pour évaluer la réussite de cette action, elle a défini un indicateur permettant de mesurer de quelle manière les activités en faveur de la citoyenneté fiscale influent sur la perception qu'a la population de la fiscalité. À cet effet, elle a analysé les commentaires publiés par les citoyens sur les réseaux sociaux de la RFB, où un commentaire positif, neutre ou négatif est associé à chaque activité. Les membres de l'équipe de la RFB affectée à la citoyenneté fiscale sont ainsi en mesure de déterminer si le programme aborde des questions importantes pour les citoyens.

Géorgie : Mécanisme de recueil des avis

Dans le document sur sa stratégie pour la période 2021-2024 et son plan d'action 2022, l'administration fiscale de la Géorgie (Georgia Revenue Service) s'engage à faciliter l'accès des contribuables aux services électroniques, en prévoyant un système de recueil des avis qui leur permettra de partager leurs avis et expériences sur l'utilisation de ces services.

Depuis 2021, les utilisateurs ont donc la possibilité d'évaluer les informations/services reçus via le site web, le centre de contact, le dialogue en ligne, les courriers électroniques, le portail web, etc. En 2022, les contribuables ont ainsi exprimé en moyenne 1 644 avis par mois, ce qui témoigne de leur utilisation active de ce dispositif.

Il en a été tenu compte pour apporter des changements, tels que l'affectation d'employés anglophones au centre d'appels et à la fonction de discussion en ligne ainsi que le changement des thèmes de discussion possibles de la fonction de dialogue. Le taux de satisfaction des utilisateurs de ces fonctions a progressé, passant de 45 % en mars 2022 à 95 % à la fin de 2022. Portés par ce succès, d'autres services bénéficieront de ce système pour recueillir les avis des contribuables.

Italie : Améliorer les services aux contribuables

Les enquêtes de satisfaction des clients (SC) sont un rouage essentiel du dispositif pour « donner la parole au contribuable » utilisé par l'administration fiscale italienne (Italian Revenue Agency [IRA]) afin de déterminer dans quelle mesure les services, les initiatives et les outils disponibles répondent aux besoins des utilisateurs.

Des études qualitatives menées dans le domaine de la SC (groupes de réflexion, entretiens) permettent de mesurer la satisfaction des clients, mais aussi de tester les exigences d'un nouveau service. Cela permet de mettre en évidence les problèmes d'utilisation dès la phase d'essai et de développer de nouveaux services selon une approche personnalisée.

Plus précisément, l'IRA réalise à la fois des enquêtes approfondies pour suivre l'expérience des contribuables par rapport aux services essentiels et des enquêtes plus générales (SC globale) pour connaître la satisfaction des clients à l'égard d'un plus grand nombre de services. Ces dernières permettent au responsable du processus de repérer les domaines où les contribuables ne sont pas satisfaits, de prendre rapidement des mesures d'amélioration et de réaliser des analyses plus détaillées pour reconstituer le « parcours » de l'utilisateur à travers le service.

Le contribuable a accès à l'enquête de satisfaction générale, dont les questions sont peu nombreuses, mais essentielles, via un lien disponible à la fin du service. Elle se présente sous la forme d'une échelle de notation à cinq points, qui permet à l'utilisateur d'ajouter des commentaires ou remarques relatives aux valeurs extrêmes sélectionnées. Outre le niveau de satisfaction global, le système utilise deux indicateurs de référence pour comparer la fonctionnalité des services : le score d'effort du client et le score de probabilité de recommandation. En outre, un tableau de bord d'enquête procure une plus large autonomie pour gérer les campagnes d'enquête sur la satisfaction des usagers à l'égard des services désignés. De ce manière, l'administration réalise une enquête en continu pour recueillir les avis des usagers, dont les données viennent compléter les autres éléments du système « Donner la parole aux citoyens » (suivi des plaintes et charte de services).

Voir les documents de référence à l'annexe 5.A.

Nouvelle-Zélande : Groupe représentatif des contribuables « IR Connection »

Lorsque l'administration fiscale irlandaise (Inland Revenue [IR]) s'est réorganisée pour mettre en place un système de perception des recettes numérique et moderne qui facilite l'impôt et les paiements des contribuables, elle ne s'est plus posé la question suivante : « Les contribuables doivent-il avoir voix au chapitre dans le processus décisionnel ? », mais plutôt : « Comment y parvenir plus vite et mieux ? ». En octobre 2021, l'administration a lancé en interne son premier groupe représentatif des contribuables sous le titre « IR Connection ». Il permet d'échanger avec les contribuables en temps utile et de manière flexible et ainsi de mieux connaître leurs expériences, leurs motivations et leurs émotions. Les avis des usagers sont disponibles en temps réel et servent de fondement à la prise de décisions éclairées et rapides.

Une communauté de 7 000 personnes a souhaité participer au développement des stratégies, des politiques, des produits et des services de l'IR. Le groupe « IR Connection » est représentatif des principaux produits et segments de clientèle et il permet également à l'IR de toucher des usagers habituellement difficilement accessibles, comme les nouveaux migrants et les personnes en situation de handicap et d'entrer en contact avec eux. Cette communauté a été conçue pour être inclusive et représentative de la diversité, en adoptant une stratégie d'image multilingue afin prendre en compte la plupart des communautés spécifiques de la Nouvelle-Zélande.

Depuis son lancement, le groupe « IR Connection » a contribué à plusieurs initiatives de l'administration, notamment des essais de communication sur l'imposition annuelle, des essais de concept de produits et services et la collecte d'idées en vue d'une réorientation stratégique.

« IR Connection » est un moyen qui permet réellement aux contribuables d'avoir voix au chapitre dans le processus décisionnel de l'administration et qui montre l'engagement de cette dernière à adopter une approche centrée sur le contribuable et sur les renseignements à son sujet. Dans la mesure où ce dispositif continue d'apporter des informations utiles, l'IR sera mieux armée pour fournir des solutions et services intégrés et centrés sur le contribuable qui améliorent le respect volontaire des obligations.

Espagne : Améliorations du portail d'aide aux contribuables

Le portail d'assistance intégrale aux contribuables (Portal de Asistencia al Contribuyente [PACO]) est un nouveau programme qui rassemble des documents d'orientation et de soutien dans tous les domaines fonctionnels et les met à la disposition des fonctionnaires chargés de l'assistance aux contribuables. Ce programme facilite la recherche de contenus afin d'aider les agents de l'administration à répondre aux besoins particuliers des contribuables, par voie électronique, par téléphone ou sur place, et il est conçu pour être actualisé en continu.

PACO repose principalement sur le mécanisme de recueil des avis des contribuables et d'aide qui apparaît au bas de chaque page. Trois icônes guident l'utilisateur :

- Un point d'interrogation ouvre une fenêtre à partir de laquelle les agents de l'administration peuvent envoyer des suggestions d'amélioration ou signaler des erreurs.
- Un bouton « Afficher plus/moins » permet d'accéder à toutes les informations concernant une fonctionnalité ou à une version restreinte contenant exclusivement les informations les plus pertinentes.
- Un bouton « PACO » donne accès à une nouvelle fenêtre contenant un résumé des données utiles pour aider un contribuable précis et à des contenus informatifs sur les impôts et d'autres sujets comme l'impôt sur le revenu des personnes physiques, la TVA, l'enregistrement, l'assistance téléphonique, les notifications, le cadre juridique et les décisions, les questions fréquemment posées et les espaces réservés aux contribuables. Chaque section regroupe les principaux outils d'information et d'assistance sur un thème afin de faciliter la tâche des fonctionnaires de l'administration fiscale.

Voir les documents de référence à l'annexe 5.A.

Türkiye : Appliquer l'approche comportementale

L'administration fiscale turque a examiné et évalué l'ensemble des pratiques et services qu'elle apporte aux contribuables afin de déterminer comment mettre en œuvre une approche stratégique comportementale, l'objectif étant de sensibiliser davantage les contribuables à l'impôt et d'améliorer leur respect volontaire des obligations. Cette démarche s'est concrétisée par un programme stratégique comportemental à moyen et long terme, étayé par des études expérimentales. Elle a nécessité la création d'un service chargé de l'élaboration et de la mise en œuvre de la stratégie comportementale, composé d'une équipe de 141 personnes issues de 17 départements du siège et de 30 directions d'administrations fiscales dans les provinces. Les études portaient notamment sur :

- la sensibilisation au système de dépôt de la déclaration préremplie, et
- la progression des paiements de la dette fiscale sur les véhicules à moteur.

Pour plus de précisions sur les méthodes employées et sur les résultats de ces études, voir l'annexe 5.A.

Source : Australie (2023), Brésil (2023), Géorgie (2023), Italie (2023), Nouvelle-Zélande (2023), Espagne (2023) et Türkiye (2023).

Gestion de la demande de services

Pour répondre aux préférences des contribuables, il est important de bien diversifier les canaux proposés. Bien entendu, ces stratégies doivent reposer sur une évaluation correcte et une bonne compréhension des besoins et des contraintes. Le tableau 5.1 met clairement en évidence la transition vers le numérique qui s'est opérée depuis la pandémie, avec une augmentation significative persistante de l'utilisation des canaux de communication en ligne, Le déclin rapide des visites en personne dans les locaux de l'administration fiscale s'est maintenu en 2021, l'utilisation du courrier postal retrouvant ses volumes d'avant la pandémie. L'assistance numérique, par le biais notamment de robots conversationnels, est devenue un canal de communication important dans bon nombre de juridictions. Les données révèlent une évolution structurelle se traduisant par l'abandon progressif des visites en personne, à la fois longues et coûteuses, au profit des échanges en ligne.

Tableau 5.1. Évolution de la demande de services par canal entre 2018 et 2021

Type de canal		Nombre de juridictions fournissant des données	2018	2019	2020	2021
En ligne via le compte du contribuable	Nombre	31	1 130 253 409	1 310 985 136	1 731 456 863	2 292 638 417
	Variation en points de pourcentage par rapport à l'année précédente			+16.0	+32.1	+32.4
Appels téléphoniques	Nombre	52	328 816 038	314 207 157	333 302 424	366 456 409
	Variation en points de pourcentage par rapport à l'année précédente			-4.4	+6.1	+9.9
En personne	Nombre	35	109 620 990	109 052 857	48 699 279	41 594 555
	Variation en points de pourcentage par rapport à l'année précédente			-0.5	-55.3	-14.6
Courrier postal	Nombre	19	35 045 875	35 167 199	31 998 546	35 602 576
	Variation en points de pourcentage par rapport à l'année précédente			+0.3	-9.0	+11.3
Courriel	Nombre	29	11 996 438	13 396 755	18 533 129	20 297 619
	Variation en points de pourcentage par rapport à l'année précédente			+11.7	+38.3	+9.5
Assistance numérique	Nombre	28	11 071 830	21 405 307	30 933 041	53 271 347
	Variation en points de pourcentage par rapport à l'année précédente			+93.3	+44.5	+72.2

Note : Le tableau ne reprend que les juridictions pour lesquelles des données étaient disponibles pour 2018 à 2021.
Source : Tableaux A.76 à A.78.

Favoriser le libre-service

Les administrations fiscales poursuivent le développement de leur offre en libre-service et élargissent leur éventail de services en accès libre, dont, par exemple, la possibilité de s'enregistrer, d'effectuer ses déclarations et de payer en ligne, ainsi qu'une gamme d'outils interactifs. Il en résulte des gains d'efficience au sein des administrations fiscales, ainsi que la possibilité d'offrir aux contribuables des services se rapprochant d'une disponibilité 24 heures sur 24 et 7 jours sur 7. Plusieurs administrations fiscales appliquent également les techniques de l'intelligence artificielle à la gestion des vastes quantités de données recueillies afin de poursuivre le développement de ces outils et ainsi de mieux répondre aux besoins des contribuables.

Encadré 5.3. Exemples nationaux : Améliorer les services en libre accès

Canada : Service « Suivre mon dossier »

La fonction « Suivre mon dossier » est un nouveau service numérique accessible à partir de pages web sécurisées (Mon dossier et Mon dossier d'entreprise). Les contribuables disposent ainsi d'une solution librement accessible et pratique pour suivre l'état d'avancement des demandes adressées à l'Agence du revenu du Canada (ARC) à des fins de traitement. Elle indique également aux utilisateurs une date d'achèvement prévue pour le traitement de leur demande et envoie des notifications électroniques à chaque modification de l'état d'avancement du dossier.

Le service « Suivre mon dossier » a été mis en œuvre avec succès en février 2022 dans la rubrique « Mon compte » du premier groupe de personnes concernées par :

- Le crédit d'impôt pour les personnes handicapées.
- Les recours relatifs à des avis d'opposition (numériques) de particuliers et à des demandes d'allègement des pénalités et intérêts, et
- Le bureau de l'agent des services aux contribuables chargé de répondre aux demandes de renseignements des usagers.

La version de mai 2022 a permis au deuxième groupe d'utilisateurs du portail « Mon dossier d'entreprise » d'accéder au service de suivi.

- Organismes de bienfaisance : demande d'enregistrement et déclaration, et
- Services de recours sur support papier pour les différends formels et demandes d'allègements formulées par les contribuables.

Les versions suivantes ont encore élargi ces possibilités afin de prendre en compte d'autres recours des entreprises ainsi que l'imposition initiale et les ajustements de l'impôt sur les sociétés. L'ARC ajoutera encore d'autres options pour les particuliers, les entreprises et leurs représentants aux versions ultérieures du système.

Japon : Service pour l'amélioration des paiements

L'administration fiscale japonaise (Japanese National Tax Agency [NTA]) fait en sorte de faciliter la vie des contribuables en adoptant diverses mesures pour le paiement de l'impôt national. Elle encourage les paiements scripturaux et coopère avec les établissements financiers et d'autres entités similaires pour proposer de nouveaux services. Les services concernés par les paiements scripturaux sont les suivants :

- Le paiement de l'impôt par virement bancaire : Procédure de paiement de l'impôt par débit automatique du compte courant ou d'un compte d'épargne.
- Le paiement direct en ligne de l'impôt national : Procédure de paiement de l'impôt dans laquelle les montants d'impôt sont débités d'un compte bancaire désigné via une simple opération après avoir utilisé le portail de « télédéclaration (impôts en ligne) ».
- Paiement de l'impôt en ligne via une banque en ligne ou un DAB.
- Le paiement par carte de crédit : Procédure de paiement consistant à saisir sur un site web dédié les renseignements demandés concernant la carte de crédit d'un contribuable.
- Le paiement via une application sur smartphone : Procédure de paiement de l'impôt nécessitant l'utilisation d'une application de paiement pour smartphone via un site web dédié.

Ceux qui souhaitent payer en espèces peuvent s'acquitter de leur impôt aux guichets des établissements financiers et dans les services des impôts à l'aide des bordereaux de paiement ou bien auprès de magasins de proximité en utilisant le bordereau de paiement ou un code-barres 2D.

Pour des informations plus détaillées, voir l'annexe 5.A.

Pays-Bas : Service de paiement numérique par formulaire prérempli

Il ressort de l'expérience de l'administration fiscale néerlandaise (NTA) que les contribuables commettent diverses erreurs involontaires lors du paiement de leurs impôts. Aux Pays-Bas, le montant dû, le numéro de compte bancaire et la référence du paiement sont fréquemment à l'origine d'erreurs involontaires. En outre, le processus de paiement en lui-même est laborieux pour les PME et entraîne de nombreux retards de paiement assortis de pénalités. La NTA déploie beaucoup d'efforts pour corriger ces erreurs involontaires. La résolution de ce problème entraînera une diminution significative du fardeau administratif pesant sur les deux parties.

En 2018, la NTA a lancé un projet pilote qui permet aux PME d'effectuer des paiements numériques en ligne à l'aide d'un formulaire prérempli. Dans sa phase d'essai, ce service a été proposé à quatre développeurs de logiciels. Le service préremplit le montant dû, le numéro de compte bancaire et la référence de paiement. Son utilisation a permis de ramener le taux d'erreurs de paiement de 4 % à 0 %. Le pourcentage de retards de paiement a reculé de 8 % à 5 %.

Selon une enquête menée auprès des utilisateurs, 99 % d'entre eux estiment que ce service facilite les paiements et lui attribuent la note de 9.2 (sur une échelle de 1 à 10). Il est démontré que ce service améliore la discipline fiscale en raison de sa facilité d'utilisation. Dans un proche avenir, l'objectif est de proposer ce service de paiement numérique prérempli pour tous les types d'impôts. En outre, la NTA encourage son utilisation auprès d'un plus grand nombre de développeurs de logiciels.

Royaume-Uni : Technologie de système bancaire ouvert

En mars 2021, l'administration fiscale du Royaume-Uni (Her Majesty's Revenue and Customs [HMRC]) s'est distinguée par la mise en œuvre d'un processus de paiement par virement bancaire utilisant la technologie bancaire ouverte via un prestataire de services d'initiation de paiement (PSIP).

Le PSIP est un moyen pour les contribuables de s'acquitter en quelques clics de la plupart de leurs impôts directement depuis leur compte bancaire, en utilisant des informations de paiement préremplies, ce qui évite les erreurs de destinataire.

Depuis son lancement, 4.4 millions de paiements (12 milliards de livres sterling) ont été transférés via le PSIP, les volumes ayant augmenté de manière exponentielle (50 %) sur la période de 12 mois terminée en janvier 2023. Ce système a permis de réduire considérablement les erreurs commises par les contribuables et les contacts de suivi qui en découlent. En février 2022, il a été étendu aux utilisateurs de l'application de téléphonie mobile de la HRMC, qui a enregistré des paiements à hauteur de 200 millions GBP, dont le montant le plus élevé réglé à l'administration via l'application de la HMRC, soit 9 millions GBP en janvier 2023.

L'utilisation de méthodes d'authentification biométriques, qui ont la préférence des utilisateurs et leur sont familières, notamment les empreintes digitales et la reconnaissance faciale, est plébiscitée par les contribuables, avec plus de 600 000 QR codes scannés en 12 mois. La solution du QR code a été mise au point pour les contribuables connectés à leur compte en ligne. Ils peuvent ainsi commencer la procédure de paiement à partir d'un ordinateur personnel et la terminer sans difficulté et en toute sécurité sur un téléphone mobile.

En 2023, l'administration adoptera une fonctionnalité permettant aux usagers connectés à leurs comptes en ligne de fixer un paiement à effectuer à une date ultérieure, ce qui les aidera à gérer leurs responsabilités fiscales avec plus d'efficacité.

Source : Canada (2023), Japon (2023), Pays-Bas (2023) et Royaume-Uni (2023).

Assistants virtuels

L'édition précédente de cette série soulignait que les administrations sont de plus en plus nombreuses à déclarer utiliser des assistants virtuels ou numériques pour répondre aux questions des contribuables et favoriser l'utilisation des services en libre accès. Comme l'indique le tableau 5.2, cette croissance a été importante et ces services sont désormais courants dans de nombreuses administrations.

Tableau 5.2. Évolution de l'utilisation des assistants virtuels, de l'intelligence artificielle et des interfaces de programmation d'applications entre 2018 et 2020

Pourcentage des administrations utilisant cette technologie

	Assistants virtuels (p. ex. robots conversationnels)			Intelligence artificielle (IA), y compris apprentissage automatique			Interfaces de programmation d'applications (API)		
État d'avancement de la mise en œuvre et de l'utilisation	2018	2021	Différence en points de pourcentage	2018	2021	Différence en points de pourcentage	2018	2021	Différence en points de pourcentage
La technologie est mise en œuvre et utilisée	34.5	63.8	+29.3	31.6	54.4	+22.8	79.0	93.0	+14.0
La technologie en est au stade de la mise en œuvre pour une utilisation future	13.8	12.1	-1.7	15.8	28.1	+12.3	7.0	5.3	-1.7
La technologie n'est pas utilisée, y compris dans les situations où la mise en œuvre n'a pas débuté	51.7	24.1	-27.6	52.6	17.5	-35.1	14.0	1.7	-12.3

Source : Tableaux A.91 à A.93.

Compte tenu de leur succès, le développement de ces services se poursuit, les juridictions étudiant de quelle manière utiliser les progrès de l'intelligence artificielle (IA) pour offrir des niveaux de services toujours plus élevés. Le graphique 5.1 montre que 40 % des administrations qui ont mis en place un assistant virtuel utilisent l'IA, sous une forme ou une autre, pour améliorer le service. Le système est ainsi en mesure de répondre aux questions plus complexes posées par les contribuables et/ou d'apporter des réponses plus personnalisées. Comme on le constate tout au long de ce rapport, cette fonction s'inscrit dans une tendance plus générale consistant à utiliser l'IA au sein des administrations fiscales.

Graphique 5.1. Type d'assistants virtuels, 2022

Pourcentage d'administrations

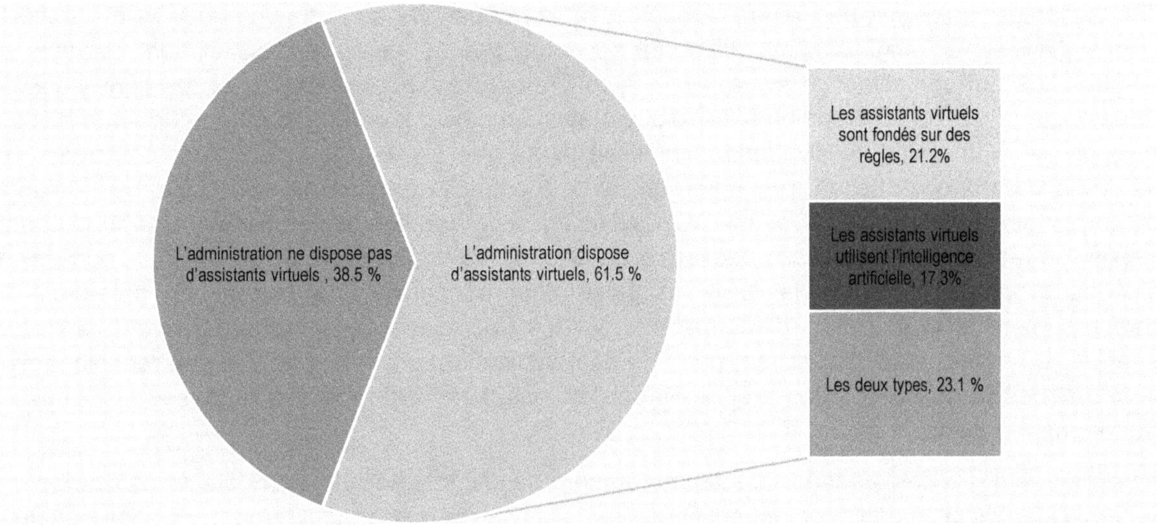

Note : Ce graphique se fonde sur les données ITTI provenant de 52 juridictions étudiées dans ce rapport et qui ont répondu à l'enquête mondiale sur la transformation numérique.
Source : OECD et al. (2023), Inventaire multipartenaires des initiatives sur l'utilisation de la technologie à des fins fiscales, https://www.oecd.org/tax/forum-on-tax-administration/tax-technology-tools-and-digital-solutions/, tableau TT5 (consulté le 22 mai 2023).

StatLink https://stat.link/ukx7gj

Encadré 5.4. Exemples nationaux : Assistants virtuels

Portugal : Assistant virtuel perfectionné

L'assistant virtuel de l'administration fiscale portugaise, dénommé « cATia » et disponible 24 heures sur 24 et 7 jours sur 7 sur le site de l'administration fiscale et les réseaux sociaux, utilise un langage simple et clair pour répondre aux questions les plus fréquentes des contribuables. Il est assisté par de vrais agents les jours ouvrables, de 9h00 à 17h00.

L'un des avantages de « cATia » est que, tout en préservant la confidentialité et la sécurité des données des utilisateurs, il permet à l'administration fiscale d'orienter les contacts des services face à face et téléphoniques vers un service de réponse automatisé, ce qui permet d'uniformiser les réponses entre les différentes plateformes de médias sociaux. Ce dispositif permet également les interactions entre le robot conversationnel et les médias sociaux.

Il est prévu de compléter l'assistant virtuel par l'ajout de la reconnaissance vocale au robot conversationnel, ce qui permettra une conversation voix-robot et le rendra accessible sur d'autres plateformes de réseaux sociaux.

États-Unis : Robot conversationnel

Les robots conversationnels, qui ont traité 2 millions de dialogue concernant le recouvrement au cours des 6 dernières années, sont actuellement disponibles en anglais et en espagnol sur le site internet de l'administration fiscale fédérale (Internal Revenue Service [IRS]). Ils offrent aux contribuables des solutions en accès libre pour régler leurs avis de mise en recouvrement sans avoir à contacter l'IRS.

Les services proposés comprennent des informations sur le paiement, des précisions sur les avis et des réponses aux questions fréquemment posées ainsi que la possibilité de faire remonter la demande à un agent de l'administration chargé de l'assistance.

L'IRS propose également des robots vocaux pour les questions de recouvrement. Ils ont traité 8.2 millions d'appels en anglais et en espagnol au cours des 12 derniers mois et sont destinés aux contribuables qui contactent le système de recouvrement automatisé (ACS) et les lignes d'appels gratuits pour la gestion des comptes. Ils peuvent ainsi employer leur langage naturel pour parler avec un robot, selon un mode de simulation simplifiée plutôt que d'utiliser les indications d'un menu. Les assistants vocaux ont joué un rôle important dans la capacité de l'IRS à répondre à 30 % d'appels supplémentaires adressés au système ACS au cours de la dernière année fiscale. Les contribuables remplissant les conditions requises peuvent s'identifier en quelques étapes simples afin d'accéder aux solutions proposées, comme la mise en place d'un échéancier de paiement, l'obtention d'un remboursement et la réception d'informations sur les opérations du compte. En outre, ils peuvent bénéficier de services ne nécessitant pas une authentification, donnant accès à des renseignements sur les modes de paiement, des précisions sur les avis d'imposition et des réponses aux questions fréquemment posées.

Les contribuables s'identifient à l'aide de leur numéro de sécurité sociale, leur date de naissance et du numéro d'identification de l'appelant qui figure sur l'avis de mise en recouvrement. Le contribuable est ensuite invité à créer un numéro d'identification personnel qui l'accompagnera tout au long de ce processus.

Source : Portugal (2023) et États-Unis (2023).

Applications mobiles

On constate une poursuite de la tendance récente à l'utilisation croissante des applications mobiles par les administrations fiscales, observée dans d'autres éditions de cette publication. Les applications mobiles permettent aux contribuables d'accéder aux services lorsqu'ils sont en déplacement et offrent ainsi une flexibilité supplémentaire et des services en libre accès.

Elles sont principalement employées pour la communication d'informations et d'instructions, mais deviennent aussi de plus en plus capables de traiter des opérations, et sont le principal moyen pour les contribuables d'accéder aux documents qui les concernent et à leurs comptes fiscaux personnels, de communiquer avec l'administration fiscale, de transmettre des informations et des déclarations de revenus ainsi que d'effectuer des paiements. L'encadré 5.5 présente les dernières évolutions dans ce domaine.

Encadré 5.5. Exemples nationaux : Applications mobiles

Argentine : Authentification biométrique

L'authentification biométrique faciale a été intégrée dans l'application mobile « Mi AFIP » de l'administration fiscale argentine (AFIP), ce qui permet aux contribuables de valider leur identité sans être présents physiquement dans un service.

Avant la mise en place de l'authentification biométrique faciale, les citoyens devaient se rendre dans un service de l'AFIP et présenter un justificatif d'identité pour obtenir leur code d'identification fiscal, qui permettrait ensuite des interactions numériques avec l'AFIP.

Désormais, les citoyens peuvent certifier leur identité à partir de leur téléphone mobile, obtenir leur code d'identification fiscale et, depuis ce même appareil mobile, déclarer leurs activités économiques et s'enregistrer par eux-mêmes pour tous les impôts concernés afin d'être autorisés à émettre des factures électroniques et à exercer leur activité.

Cette évolution rationalise les services procurés aux citoyens, diminue le temps consacré aux formalités et procédures et simplifie le respect des obligations fiscales. Elle permet également aux contribuables qui résident à distance d'un service de l'AFIP de réaliser des économies considérables.

Allemagne : Application de portail en ligne des impôts

L'administration fiscale allemande propose une application mobile qui permet de numériser certains documents et de les télécharger dans le compte personnel du contribuable sur le portail en ligne des impôts ELSTER.

Grâce à cette application, les contribuables peuvent photographier les documents avec l'appareil photo de leur smartphone immédiatement après les avoir reçus. Ils sont ensuite numérisés (à l'aide d'un OCR ou éventuellement d'un code QR) et les montants requis en sont extraits. L'utilisateur peut également classer ces documents dans différentes catégories. Lors de la préparation de la déclaration d'impôt sur le revenu, l'application insère automatiquement les métadonnées dans les champs de saisie correspondants de la déclaration d'impôt.

Ce dispositif facilitera nettement la tâche des contribuables lors de l'établissement de leur déclaration d'impôt sur le revenu. Ils peuvent numériser efficacement différents documents pertinents pour leur déclaration de revenus et les gérer dans leur compte personnel en ligne ELSTER.

Comme l'application enregistre les métadonnées (montants, date, catégorie), il ne sera plus nécessaire d'effectuer des recherches fastidieuses de documents lors de l'établissement de la déclaration de revenus. En outre, ce système évitera les difficultés et les erreurs résultant de transferts entre différents formats de médias, car toutes les informations fiscales seront disponibles sous forme électronique et pourront être consultées en ligne à tout moment à partir du compte de l'utilisateur. Les utilisateurs gagneront ainsi un temps précieux et l'administration fiscale élargira sa gamme de services en ligne conviviaux.

Cette application réduira également la charge de travail de l'administration fiscale. Une fois archivés dans le compte en ligne du contribuable, les documents numérisés peuvent être aisément rendus accessibles à l'agent de l'administration responsable du dossier, si besoin est, sans nécessiter de laborieuses démarches par écrit. Ce dispositif évitera les interruptions de traitement des déclarations de revenus.

Hongrie : Règlement de la taxe sur les véhicules via une application mobile

En 2021, l'administration fiscale hongroise (National Tax and Customs Administration [NTCA]) a repris l'imposition de la taxe sur les véhicules à moteur qui relevait auparavant de la compétence des administrations locales. Pour faciliter le calcul de la taxe et son paiement par les contribuables, il a été nécessaire de développer de nouvelles solutions informatiques. Durant le processus de conception, la NTCA s'est attachée à proposer des solutions de paiement simples et gratuites qui permettent aux contribuables de s'acquitter plus facilement de leurs obligations et garantissent ainsi le recouvrement des recettes de l'État. Deux nouveaux services de paiement ont été mis en place afin que chaque contribuable puisse trouver la solution la mieux appropriée :

- Un **lien de paiement** personnalisé est mentionné dans les courriers électroniques et redirige le contribuable vers une interface de paiement en ligne par carte bancaire. Ce service de paiement nécessite l'authentification du contribuable ainsi que les données de la carte de crédit/débit.
- L'**application mobile de la NTCA** sur laquelle les contribuables reçoivent un message d'alerte. Dans l'application, une rubrique séparée du menu facilite l'affichage et le règlement de la taxe sur les véhicules à moteur.

L'avantage de ce nouveau moyen de paiement est qu'il permet de régler la taxe sur les véhicules en quelques clics au moyen d'un paiement électronique. De ce fait, le nombre de chèques envoyés par la poste a diminué de plus de 50 %.

Voir les documents de référence à l'annexe 5.A.

Pologne : Reçus électroniques

Le ministère des Finances polonais s'emploie actuellement à mettre en place un service accessible au public permettant à chaque citoyen de télécharger le reçu d'une caisse enregistreuse électronique vers un smartphone, à partir d'une application mobile ouverte à tout fournisseur de logiciel. Ce service sera totalement anonyme grâce à un identifiant unique. Lorsqu'il effectue un achat, le client présente le code-barres d'identification au caissier qui le scanne et envoie le reçu au système du vendeur. En quelques secondes, le client peut télécharger son reçu dans son smartphone. Les données d'identification du client ne sont pas nécessaires pour recevoir l'identification par code-barres. Ce service apportera de nombreux avantages, notamment la possibilité d'accéder à un reçu électronique à tout moment, la réduction de la consommation de papier et la lutte contre l'économie souterraine.

Portugal : Soutien aux contribuables travailleurs indépendants

ATGO est une application mobile développée récemment et lancée par l'Administration fiscale portugaise (AT) qui permet aux contribuables qui travaillent à leur compte et n'ont pas l'aide d'un comptable rémunéré, de respecter facilement leurs obligations fiscales et de gérer leur activité professionnelle à partir d'un point d'accès unique.

En accédant à l'application ATGO, les contribuables peuvent consulter les données relatives à leur activité professionnelle, notamment les régimes de TVA et d'IRPP ; ils peuvent également émettre des reçus et les envoyer immédiatement à leurs clients par voie électronique. Ils ont également la possibilité de sauvegarder des modèles pour compléter plus facilement les formulaires et d'analyser les recettes et dépenses antérieures afin de les comparer avec la même période de l'année précédente. Ils disposent également d'une fonction « Cinq premiers clients », qui prend pour base soit le montant des recettes perçues, soit le nombre de reçus délivrés.

Des tutoriels et l'aide d'agents de l'administration ont été prévus afin de guider les contribuables dans l'utilisation de toutes les fonctionnalités. L'application sera complétée prochainement par de nouvelles fonctions telles qu'un calendrier fiscal numérique, des alertes sur le respect des obligations fiscales, la possibilité d'effectuer des paiements électroniques via l'application, la reconnaissance vocale pour la recherche et l'émission de factures et elle sera également disponible en anglais.

Le développement de solutions telles que l'application ATGO renforce les programmes d'innovation technologique de l'administration fiscale portugaise. L'objectif est de consolider la communication et les relations avec les contribuables et de réduire au minimum les coûts associés au respect des obligations en proposant un service utile et de meilleure qualité.

Voir les documents de référence à l'annexe 5.A.

Espagne : Application de paiement des dettes fiscales

À l'issue d'un travail d'analyse complexe visant à présenter aux contribuables des interfaces remaniées pour le paiement de leurs dettes fiscales et pour demander un report ou des versements échelonnés, l'Administration fiscale espagnole (Spanish Tax Agency [AEAT]) a mis en œuvre un projet ayant pour objet d'aider les contribuables à s'acquitter de leurs dettes fiscales via une application. Ce système permet de régler plusieurs dettes au moyen d'un paiement unique en ligne par débit d'un compte ou en payant par carte dans l'un des établissements financiers partenaires de l'AEAT.

En outre, grâce à l'option « Consulter mes dettes », à laquelle peut accéder le contribuable ou son mandataire, les contribuables peuvent consulter le montant de leurs dettes fiscales totales ou partielles ainsi que toutes les informations détaillées les concernant. En outre, l'administration a mis en place un système automatisé pour le traitement des demandes de report ou d'échelonnement des dettes, qui permet le règlement presque instantané d'un pourcentage élevé de dossiers. Ainsi, en quelques minutes à peine, le contribuable reçoit un SMS de l'AEAT l'informant du résultat de sa demande.

L'application comprend également un « calculateur du taux d'intérêt légal et des intérêts de report », un outil personnalisé que l'AEAT met à la disposition de tous les citoyens afin qu'ils puissent calculer le taux d'intérêt légal et le taux des intérêts de retard applicables à leurs dettes fiscales ou non fiscales ainsi qu'aux reports et paiements échelonnés de la dette fiscale. À l'issue du processus de paiement, les contribuables ont la possibilité de demander la délivrance d'une attestation fiscale certifiant qu'ils sont à jour de leurs obligations fiscales.

Voir les documents de référence à l'annexe 5.A.

Source : Argentine (2023), Allemagne (2023), Hongrie (2023), Pologne (2023), Portugal (2023) et Espagne (2023).

Inclusion numérique

Les services numériques sont essentiels pour permettre aux administrations fiscales d'offrir des services optimisés aux usagers, et de créer de nouvelles possibilités de services. Bien que l'on constate une transition de plus en plus marquée vers les services électroniques pour des raisons de commodité et de rentabilité, une partie des contribuables n'y ont pas accès ou ne savent pas bien les utiliser. Il faut donc réfléchir à des stratégies permettant d'encourager la transition vers ces canaux pour les usagers auxquels ils offriraient de meilleurs résultats sans effets délétères sur les services proposés aux autres contribuables.

Le graphique 5.2 montre que 80 % des administrations proposent des services spécifiques pour aider les personnes qui n'ont pas d'accès en ligne et plus de 60 % s'assurent que les personnes atteintes d'une déficience peuvent accéder à leurs services. S'il reste encore beaucoup de progrès à accomplir à cet égard, ces programmes commencent à garantir que l'administration fiscale apporte une contribution efficace à l'ensemble des contribuables. Les administrations fiscales continuent donc d'investir dans des études détaillées pour comprendre les besoins et les facteurs déterminants pour ces groupes de contribuables et approfondir les stratégies envisagées pour répondre le mieux possible aux attentes de ces contribuables.

Graphique 5.2. Services non numériques et services aux utilisateurs atteints de déficiences visuelles, auditives, motrices ou cognitives, 2022

Pourcentage d'administrations

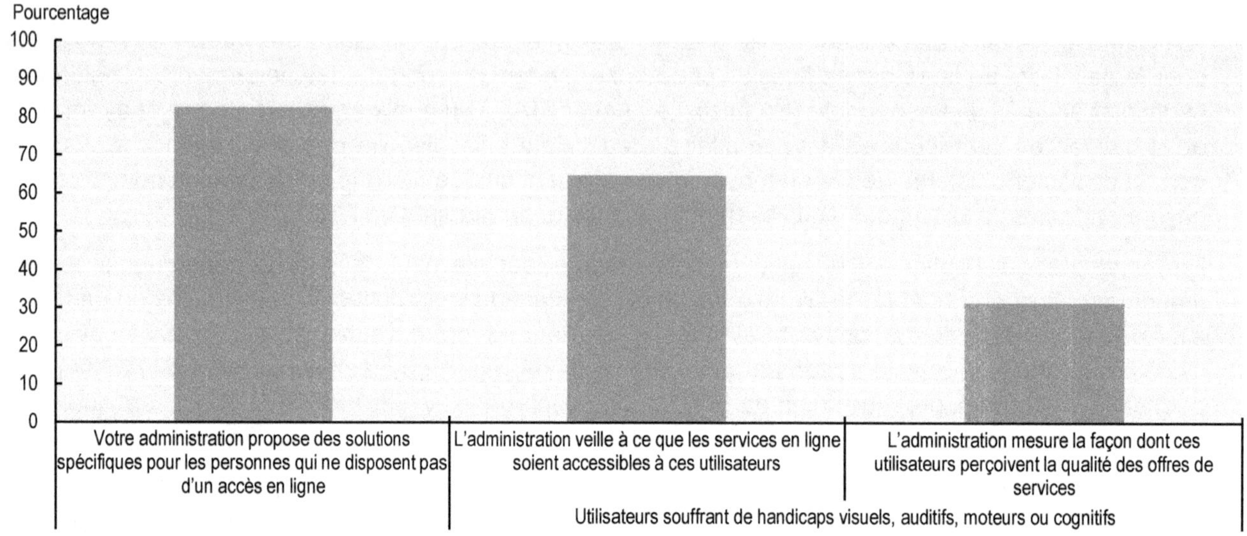

Note : Ce graphique se fonde sur les données ITTI provenant de 52 juridictions étudiées dans ce rapport et qui ont répondu à l'enquête mondiale sur la transformation numérique.
Source : OECD et al. (2023), Inventaire multipartenaires des initiatives sur l'utilisation de la technologie à des fins fiscales, https://www.oecd.org/tax/forum-on-tax-administration/tax-technology-tools-and-digital-solutions/, tableau TT4 (consulté le 22 mai 2023).

StatLink https://stat.link/1c3brp

Encadré 5.6. Exemples nationaux : Inclusion numérique

Canada : Aide pour remplir les déclarations des particuliers

Dans le cadre de l'aide pour remplir les déclarations des particuliers, des employés spécialisés de l'ARC peuvent contacter les contribuables qui y sont admissibles pour les orienter vers les diverses solutions qui leur sont offertes afin de satisfaire à leurs obligations fiscales et les aider à accéder à leurs prestations et crédits d'impôts. Les agents de l'administration commencent par promouvoir les services du Programme communautaire des bénévoles en matière d'impôt (PCBMI), notamment les comptoirs d'impôts virtuels, puis d'autres méthodes pour remplir sa déclaration, notamment les logiciels homologués par l'administration fiscale. Ils peuvent également remplir la déclaration d'un contribuable par téléphone. Ce service d'aide ne remplace pas les services proposés par les centres du PCBMI, mais il est présenté comme une solution alternative viable pour les personnes qui éprouvent des difficultés à accéder à un centre ou à remplir leur déclaration par elles-mêmes.

Durant la pandémie, la CRA a reconnu que les personnes vulnérables peuvent rencontrer des obstacles qui les empêchent d'accéder au PCBMI. Elle a donc mis en place un nouveau modèle d'organisation dans le cadre duquel les personnes admissibles reçoivent une lettre de l'administration qui leur propose son assistance pour accéder à d'autres moyens leur permettant de remplir leur déclaration de revenus et de prestations. Pour en bénéficier, les contribuables doivent avoir un revenu modeste, être dans une situation fiscale simple et avoir eu recours aux services d'un comptoir d'impôt gratuit pour remplir leur déclaration ou y être actuellement admissibles. Ils doivent répondre au questionnaire de confidentialité avant qu'un agent du service d'aide remplisse la déclaration par téléphone.

L'ARC a mis en place des mesures de sécurité renforcées, notamment des mots de passe permettant aux fonctionnaires de vérifier l'identité des appelants, une page web dédiée sur Canada.ca et l'envoi de lettres personnalisées aux contribuables, afin d'anticiper les besoins et préoccupations des usagers en matière d'escroqueries et de fraudes. Les efforts de l'ARC ont contribué à renforcer la confiance dans l'éthique de l'administration.

Lettonie : Nouveaux services d'aide aux contribuables sans accès en ligne

Le système de déclaration en ligne (EDS) a été déployé en 2019 à titre de moyen sûr et simple pour envoyer toutes les déclarations, notamment de revenus et les autres documents à l'administration fiscale (State Revenue Service [SRS]). L'EDS est accessible à tous les contribuables et ses principaux avantages sont le gain de temps, la précision accrue et une meilleure sécurité des données.

Une « autorisation d'accès aux services en ligne EDS » a été créée afin que les personnes qui n'ont pas de connexion à internet puissent continuer à échanger avec l'administration fiscale et soumettre des renseignements par voie électronique. Deux types de services sont actuellement proposés : l'envoi de la déclaration de revenus annuelle et les modifications apportées de l'enregistrement électronique du salaire.

Les particuliers peuvent se rendre dans un centre de services aux contribuables de la SRS munis de leurs documents sur papier et demander à un agent agréé par l'administration de saisir les informations par voie électronique. La saisie des données s'effectue à partir de la solution « lieu de travail de l'agent » créée dans le système EDS.

Espagne : Soutien aux personnes âgées

En 2022, l'AEAT et la Plateforme de soutien aux personnes âgées et aux retraités (PMP), un organisme représentant ce groupe de personnes, ont signé un accord établissant des lignes directrices de base sur l'assistance offerte par l'AEAT aux personnes âgées et un cadre général de collaboration pour leurs actions à venir.

La PMP rassemble les principales organisations, fédérations et confédérations de personnes âgées et de retraités du pays, et représente 15 079 associations totalisant plus de 5 746 000 membres.

Cet accord souligne l'engagement de l'AEAT à faire bénéficier les personnes âgées d'une assistance personnalisée, par la promotion d'actions garantissant leur accès à des informations complètes et actualisées. Cet accord prévoit :

- la création d'un comité mixte, composé de membres de l'AEAT et de la plateforme, qui a pour mission de définir et d'analyser les problèmes spécifiques aux personnes âgées ;
- un plan annuel pour l'assistance aux personnes âgées ;
- l'élaboration de protocoles d'accord particuliers pour l'assistance aux personnes âgées ; et
- la simplification des formulaires.

Source : Canada (2023), Lettonie (2023) et Espagne (2023).

Services collaboratifs

Face à la croissance des services numériques développés par les administrations fiscales, ces dernières sont de plus en plus nombreuses à admettre que ces services créent des possibilités de raccordement aux systèmes de développeurs tiers, le plus souvent au moyen d'interfaces de programmation d'applications. Les API permettent d'assurer la connectivité entre les systèmes, les personnes et les objets sans donner un accès direct et il s'agit de dispositifs clés pour favoriser les nombreux services innovants décrits dans ce rapport. Dans ce contexte, 80 % des administrations fiscales créent aujourd'hui des API et les trois quarts d'entre elles les mettent à la disposition de développeurs tiers. Voir l'encadré 5.7. qui présente des exemples des dernières évolutions enregistrées dans l'administration en ce qui concerne les API et le chapitre 10 qui contient plus de détails sur le rôle des API dans la transformation numérique.

Le rapport de l'OCDE intitulé *Unlocking the digital economy — a guide to unlocking application programming interfaces in government* (OCDE, 2019[2]) donne un aperçu des pratiques, techniques et normes utilisées pour offrir aux contribuables des services numériques efficaces qui répondent aux besoins actuels en utilisant des API. À mesure que ces services se sophistiquent et jouent un rôle plus déterminant pour fournir aux contribuables des services de qualité, les administrations fiscales doivent investir davantage dans la gestion et le contrôle de leurs API.

Encadré 5.7. Exemples nationaux : Utiliser des API pour améliorer les services fournis

Lettonie : API pour le système de déclaration électronique

Le recours au système de déclaration en ligne (EDS) mis au point pour transmettre des informations à l'administration fiscale (SRS) permet de réduire au minimum la saisie manuelle. En effet, les informations provenant du système de comptabilité d'une entreprise sont transmises à l'administration fiscale via une interface entièrement automatisée fonctionnant selon le principe de système à système et elles sont placées dans la base de données du système EDS. La solution utilise des normes et protocoles reconnus afin de préserver la structure des données et le contenu des documents EDS existants. Les documents reçus via le système EDS font l'objet de contrôles logiques et mathématiques, les résultats étant mis en évidence pour que le contribuable ait connaissance des éventuelles erreurs pouvant être résolues.

Une fonction supplémentaire intitulée « Taximètre » a été créée pour compléter le service EDS. Les taximètres permettent d'envoyer des informations sur le transport de passagers à l'administration en utilisant un système d'authentification et d'autorisation pour les utilisateurs, qui permet d'enregistrer les courses en taxi dans le système EDS.

Mexique : Gestion des API

L'administration fiscale mexicaine (Mexican Tax Administration Service [SAT]) met en œuvre actuellement une plateforme de gestion des API qui facilitera l'échange de renseignements entre la SAT et les entités extérieures. Cette plateforme a pour objet de simplifier l'administration des API par les utilisateurs en établissant des catégories et un classement des services disponibles. Elle permettra également à l'institution de mieux surveiller le développement et la publication des API. Dans le cadre de cette initiative en cours, chacune des API déployées sera enregistrée sur la plateforme. Le portail publiera également des documents explicatifs et servira de point d'accès principal pour se procurer des API, en proposant des exemples de code à adapter. La plateforme permettra à la SAT d'effectuer un contrôle complet tout au long du cycle de vie des API, notamment lors de leur conception, leur mise en œuvre et leur retrait. En outre, elle permettra de gérer les versions des API et de générer des rapports détaillés sur leur utilisation, en précisant quels sont les contribuables ou applications utilisant chaque API, leur fréquence d'utilisation et le nombre d'appels ayant abouti ou manqués.

Avec ce projet appelé à évoluer, la SAT vise à fournir des services d'API qui amélioreront l'accès aux informations sur les contribuables. Ils permettront aux utilisateurs de vérifier la situation d'un contribuable enregistré et de déterminer s'ils est à jour de ses obligations fiscales. Les travaux sur la mise en œuvre de ces services sont en cours, ce qui témoigne de l'engagement de l'administration à améliorer l'échange de renseignements et à simplifier les processus.

Royaume-Uni : Développement des API

Dans le cadre du programme pour rendre l'impôt numérique (« Making Tax Digital » [MTD]) du Royaume-Uni, les contribuables sont tenus de saisir numériquement les données relatives aux transactions d'une entreprise, puis de transmettre les informations récentes ou les déclarations effectuées à partir de ces données à l'administration fiscale (HMRC), en utilisant un logiciel compatible avec le MTD.

Grâce aux API sophistiquées développées par l'administration fiscale en collaboration avec l'industrie du logiciel, un simple clic suffit pour que les entreprises transmettent, directement et de manière sécurisée, les informations fiscales de leurs dossiers à la HMRC. La HMRC définit les normes techniques que les fournisseurs de logiciels doivent respecter en matière de cybersécurité et de sécurité, de stockage, de gestion et de traitement des données personnelles des contribuables, s'ils veulent que leurs produits logiciels soient autorisés à fonctionner avec les systèmes du HMRC.

Ces API permettent aux contribuables d'envoyer des données sommaires (dérivées des données par opération sous-jacentes) à l'administration fiscale et à cette dernière d'envoyer des messages incitatifs appropriés au contribuable. La HRMC reçoit déjà, via ce canal et de manière sécurisée, des informations financières concernant plus de 2.4 millions d'entreprises enregistrées aux fins de la TVA au Royaume-Uni et elle étend progressivement cette obligation à d'autres impôts et contribuables.

En ce qui concerne l'impôt sur le revenu, qui est calculé sur une base annuelle au Royaume-Uni, les mises à jour en cours d'année recueillies par l'intermédiaire des API permettront à l'administration de donner au contribuable une estimation théorique de l'impôt qu'il sera amené à acquitter à la fin de l'année. Ces estimations présentent des avantages potentiels considérables pour les contribuables, car elles permettent aux entreprises de mieux anticiper leurs futures obligations fiscales et de mieux gérer leur trésorerie.

Voir les documents de référence à l'annexe 5.A.

Source : Lettonie (2023), Mexique (2023) et Royaume-Uni (2023).

Les nouvelles possibilités de développement de services offertes par les API signifient que les administrations fiscales renforcent leur collaboration avec un plus grand nombre d'organisations non gouvernementales, notamment pour le développement de nouveaux services décloisonnés. Cette tendance devrait s'accélérer et prendre de l'ampleur à mesure que les administrations fiscales assurent la transformation numérique de leurs modèles opérationnels et que les systèmes traditionnels des contribuables et des administrations fiscales sont de plus en plus connectés. L'encadré 5.8 illustre ce propos.

Encadré 5.8. Exemples nationaux : Développement de nouveaux services collaboratifs

Finlande : Plateforme numérique des transactions immobilières

Ce projet a numérisé les transactions immobilières par le biais de la « plateforme numérique des transactions immobilières » (DIAS) et a été développé en Finlande avec la collaboration de l'ensemble de l'écosystème immobilier, notamment les agences immobilières et les banques. L'administration fiscale finlandaise a également participé à la plateforme qui permet de réaliser des transactions immobilières électroniques.

L'initiative consistant à numériser les transactions dans le domaine de l'immobilier résidentiel revient aux acteurs clés du marché qui ont estimé que l'efficacité de leurs processus réciproques devait être améliorée. Ce projet est notamment parti du constat par les opérateurs commerciaux de l'inefficacité des formalités administratives et des possibilités offertes par la technologie actuelle. Pour leur part, les autorités publiques avaient déjà constaté des possibilités de coopération dans le cadre du projet « économie en temps réel », mais il manquait le moteur véritable de la coopération.

Cette coopération a permis d'améliorer l'efficacité et la rapidité du processus entre les banques et les courtiers, mais aussi l'expérience des acquéreurs et elle a automatisé la déclaration et le paiement des droits de mutation. La définition d'informations et de processus communs a également permis de franchir une étape vers la numérisation des parts sociales au niveau national, dont la mise en œuvre a débuté le 1er janvier 2023.

Voir les documents de référence à l'annexe 5.A.

Singapour : Refonte du système de rendez-vous avec les agents pour les banques

Dans le cadre plus large de ses efforts en faveur de la numérisation, l'Administration fiscale de Singapour (Inland Revenue Authority of Singapore [IRAS]) a conclu des partenariats avec les banques pour l'adoption d'une liste numérique cryptée afin d'améliorer l'efficacité des opérations et d'éliminer de nombreuses tâches manuelles. Auparavant, la plupart des avis de rendez-vous avec des agents étaient transmis automatiquement aux grandes banques via un protocole de transfert de fichiers, tandis que les autres banques recevaient un avis de rendez-vous sur papier. Cette nouvelle approche offre une solution numérique simple, sécurisée et peu coûteuse aux banques, qui peuvent désormais recevoir un avis de rendez-vous se présentant sous la forme d'une liste numérique cryptée transmise par courrier électronique. Ce système a été accueilli favorablement par les banques en raison de la simplicité de sa mise en œuvre et de son rapport cout-efficacité et il a pu être mis en place en six mois.

La numérisation des avis de rendez-vous qui étaient auparavant imprimés a permis aux banques de réaliser des gains de productivité en supprimant les processus de tri et de distribution. Les contribuables ont également bénéficié d'un confort accru puisque leurs comptes bancaires peuvent désormais être débloqués rapidement. L'IRAS a aussi apporté des améliorations ultérieures par le recours à l'automatisation robotisée des processus (ARP) pour générer les listes et mettre à jour les statuts des rendez-vous après avoir reçu les réponses des banques, ce qui a permis des gains d'efficience supplémentaires.

L'adoption des listes numériques a également permis de repérer plus facilement les paiements numériques effectués par les banques par rapport à ceux d'autres organismes. Le classement des paiements dans des catégories distinctes a été utile à l'IRAS et lui a donné la possibilité de désigner l'agent le plus efficace à l'avenir. Près de 97 % des rendez-vous bancaires sont désormais numérisés.

République slovaque : Saisie électronique de comptes bancaires

En République slovaque, la stratégie de recouvrement des créances met l'accent sur le lancement du processus aussitôt que possible, sans laisser aux débiteurs la possibilité de devenir insolvables. Cette démarche est tributaire de la rapidité des interactions et de l'outil informatique - l'IPEX (support informatif pour l'agent chargé du recouvrement) peut rassembler, en quelques clics, des informations provenant des banques, de l'organisme de sécurité sociale, ainsi que du cadastre des biens immobiliers et du registre des véhicules à moteur. Il est ainsi possible de communiquer très rapidement, en quelques heures à peine, les données provenant d'institutions comme les banques. Lorsque ces recherches indiquent que des actifs peuvent être recouvrés, la procédure de recouvrement peut démarrer.

Elle est réalisée en ligne, ce qui permet d'accélérer son traitement et de prévenir tout comportement frauduleux de la part des débiteurs. Le règlement rapide de la situation des débiteurs les aide à comprendre clairement leur situation sans qu'un gel de leurs avoirs à long terme soit nécessaire.

Royaume-Uni : Services collaboratifs par l'intermédiaire d'API

« Rendre l'impôt numérique » (MTD) a été l'un des premiers grands programmes de l'administration fiscale britannique (HMRC) à adopter les API.

Le programme de vérification aléatoire de la HMRC a montré que les erreurs dans les déclarations fiscales des petites entreprises sont plus susceptibles d'entraîner une insuffisance de paiement de l'impôt plutôt qu'un trop-perçu. Le fait de demander aux contribuables de conserver des documents numériques et de les archiver sous la forme numérique par l'intermédiaire d'un logiciel compatible avec l'API réduit notamment les erreurs de transposition et de calcul, ce qui devrait se traduire, selon l'administration, par une plus grande discipline fiscale.

Selon une étude, le programme MTD a diminué les erreurs et a permis de générer 115 millions GBP de recettes fiscales supplémentaires au cours de la première année, conformément aux prévisions du Bureau de responsabilité budgétaire, l'organisme fiscal indépendant du Royaume-Uni.

La stratégie de l'administration fiscale en faveur des API permet au secteur des logiciels commerciaux d'intégrer des fonctionnalités standard dans les produits, ce qui garantit le respect de la législation relative au MTD, tout en offrant la flexibilité requise pour personnaliser la conception et ainsi mieux répondre aux divers besoins et budgets du public visé. Les développeurs de logiciels ont réagi en produisant plus de 500 solutions logicielles compatibles avec le MTD. Elles vont de simples produits gratuits ou peu coûteux à des logiciels de comptabilité en nuage entièrement intégrés.

Selon bon nombre d'utilisateurs, le programme MTD accélère la préparation et la transmission des déclarations de revenus. Des études ont également montré qu'il a renforcé la confiance des entreprises dans l'utilisation de la technologie. Les entreprises qui satisfont aux nouvelles obligations du MTD en numérisant davantage leurs opérations liées au respect des obligations fiscales peuvent enregistrer des gains de productivité considérables.

Voir les documents de référence à l'annexe 5.A.

Source : Finlande (2023), Singapour (2023), République slovaque (2023) et Royaume-Uni (2023).

Bibliographie

OCDE (2021), *Behavioural Insights for Better Tax Administration: A Brief Guide*, https://www.oecd.org/tax/forum-on-tax-administration/publications-and-products/behavioural-insights-for-better-tax-administration-a-brief-guide.htm. [1]

OCDE (2019), *Unlocking the Digital Economy - A guide to implementing application programming interfaces in Government*, http://www.oecd.org/tax/forum-on-tax-administration/publications-and-products/unlocking-the-digital-economy-guide-to-implementing-application-programming-interfaces-in-government.htm (consulté le 22 mai 2023). [2]

OCDE et al. (2023), Inventory of Tax Technology Initiatives, https://www.oecd.org/tax/forum-on-tax-administration/tax-technology-tools-and-digital-solutions/ (consulté le 22 mai 2023). [3]

Annexe 5.A. Liens vers des documents de référence (consultés le 26 mai 2023)

- Encadré 5.1. – Italie : Lien vers des informations complémentaires sur le système de gestion de la relation client de l'Italie : https://www.oecd.org/tax/forum-on-tax-administration/database/b.5.1-italy-crm-system.pdf
- Encadré 5.2.– Italie : Lien vers des informations complémentaires relatives à l'enquête sur l'expérience des contribuables : https://www.oecd.org/tax/forum-on-tax-administration/database/b.5.1-italy-crm-system.pdf
- Encadré 5.2. – Espagne : Liens vers des présentations donnant des informations complémentaires relatives au Portail d'assistance intégrale aux contribuables.
- Version anglaise : https://www.oecd.org/tax/forum-on-tax-administration/database/b.5.2-spain-paco-english.pdf
- Version espagnole : https://www.oecd.org/tax/forum-on-tax-administration/database/b.5.2-spain-paco-spanish.pdf
- Encadré 5.2. – Türkiye : Lien vers des informations complémentaires sur les méthodes employées et les résultats des études comportementales : https://www.oecd.org/tax/forum-on-tax-administration/database/b.5.2-turkiye-behavioral-insight-studies.pdf
- Encadré 5.3. – Japon : Pour des informations complémentaires sur les solutions de paiement scripturales, voir les pages 21 et 22 du Rapport annuel 2022 de la NTA : https://www.nta.go.jp/english/Report_pdf/2022.htm
- Encadré 5.5 – Hongrie : Lien vers une vidéo donnant des précisions sur l'application mobile pour le règlement de la taxe sur les véhicules : https://youtu.be/dtbxc5sT31M
- Encadré 5.5 – Portugal : Lien vers une présentation de l'application ATGO : https://www.oecd.org/tax/forum-on-tax-administration/database/b.5.1-italy-crm-system.pdf
- Encadré 5.5. – Espagne : Lien vers des vidéos, une présentation et un dépliant sur l'application de paiement des dettes fiscales :
- Vidéo : https://youtu.be/RbQ40o8gvJI (anglais) et https://youtu.be/RutCSyTm61c (espagnol)
- Présentation : https://www.oecd.org/tax/forum-on-tax-administration/database/b.5.5-spain-debt-app.pdf
- Dépliant : https://www.oecd.org/tax/forum-on-tax-administration/database/b.5.5-spain-debt-app-flyer.pdf
- Encadré 5.7. – Royaume-Uni : Liens vers des documents complémentaires sur l'utilisation des API :
- https://www.gov.uk/government/publications/making-tax-digital-review
- https://www.gov.uk/government/publications/hmrc-third-party-tax-software-and-api-strategy
- https://developer.service.hmrc.gov.uk/api-documentation
- Encadré 5.8. – Finlande : Lien vers des informations complémentaires sur la « Plateforme numérique de transactions immobilières » : https://dias.fi/tiedote-29-11-2018.html
- Encadré 5.8. – République slovaque : Lien vers des informations complémentaires sur le approches en matière de recouvrement de créances : https://www.oecd.org/tax/forum-on-tax-administration/database/b.5.1-italy-crm-system.pdf

- Encadré 5.8 – Royaume-Uni : Liens vers des informations complémentaires sur le programme « Rendre l'impôt numérique » et sur son impact :
- https://www.gov.uk/government/publications/making-tax-digital/overview-of-making-tax-digital
- https://www.gov.uk/government/publications/evaluating-additional-tax-revenue-from-making-tax-digital-for-vat
- https://www.gov.uk/government/publications/impact-of-making-tax-digital-for-vat

6 Gestion des vérifications et de la discipline fiscale

Évaluer l'exactitude et l'exhaustivité des informations déclarées par le contribuable est l'une des principales fonctions des administrations fiscales. Ce chapitre examine de plus près les activités des administrations fiscales dans ce domaine, notamment la manière dont elles gèrent le respect des obligations fiscales.

Introduction

La fonction de contrôle, de vérification et d'enquête évalue l'exactitude et l'exhaustivité des informations déclarées par le contribuable. Elle mobilise en moyenne trente pour cent des effectifs de l'administration fiscale et vérifie que les obligations fiscales ont été respectées. Bien qu'elle consiste généralement à mener des vérifications fiscales sur place ou sur pièces, le recours aux contrôles, validations et croisements automatisés des informations des contribuables est de plus en plus fréquent. L'exécution et la visibilité de ces mesures et des autres activités liées à la discipline fiscale sont essentielles pour favoriser le respect volontaire des obligations fiscales, notamment grâce à leurs effets sur la perception de l'équité du système fiscal et à leur caractère dissuasif. Ce chapitre examine donc :

- Comment les administrations fiscales gèrent les risques d'indiscipline fiscale, notamment l'utilisation d'ensembles de données à la fois vastes et intégrés ;
- Les activités liées à la discipline fiscale entreprises par les administrations fiscales, notamment pour basculer leurs vérifications sur place vers un environnement virtuel ; et
- Les travaux sur la fiscalité et la délinquance.

La gestion des risques d'indiscipline fiscale

Le rapport de l'OCDE *The Changing Tax Compliance Environment and the Role of Audit* (OCDE, 2017[1]) analyse les changements successifs intervenus au sein des administrations fiscales qui, pris dans leur ensemble, ont changé la nature de l'environnement de respect des obligations, et ont ainsi permis une gestion plus ciblée de la discipline fiscale.

Ils reposent en grande partie sur l'amélioration de la disponibilité des données. Avec la montée en puissance continue du numérique, les données fiscales des contribuables et de tiers seront encore plus accessibles (données de facturation électronique, des caisses enregistreuses en ligne et informations sur les états financiers), ce qui contribuera à mieux comprendre les déficits fiscaux. La plupart des administrations fiscales appliquent désormais des techniques fondées sur la science des données et utilisent des outils analytiques pour leurs procédures visant à améliorer la discipline fiscale (voir le tableau 6.1) ; cette question est abordée de façon plus approfondie plus loin dans ce chapitre. L'encadré 6.1 contient également des exemples des diverses techniques d'exploration de données employées par les administrations fiscales, notamment l'analyse de données non structurées.

On observe également une tendance croissante à associer l'analyse et l'étude comportementale afin d'avoir une compréhension plus globale des risques, des modèles de comportement et des activités propices à la discipline fiscale Le graphique 6.1 ci-après indique le pourcentage d'administrations fiscales qui utilisent ces approches comportementales pour leurs travaux. Cette proportion est passée de 62 % des administrations en 2018 à 76 % en 2021 (voir également le tableau A.89).

Graphique 6.1. Utilisation de techniques et méthodologies pour améliorer la discipline fiscale, 2021

Pourcentage d'administrations qui utilisent ces techniques et méthodologies

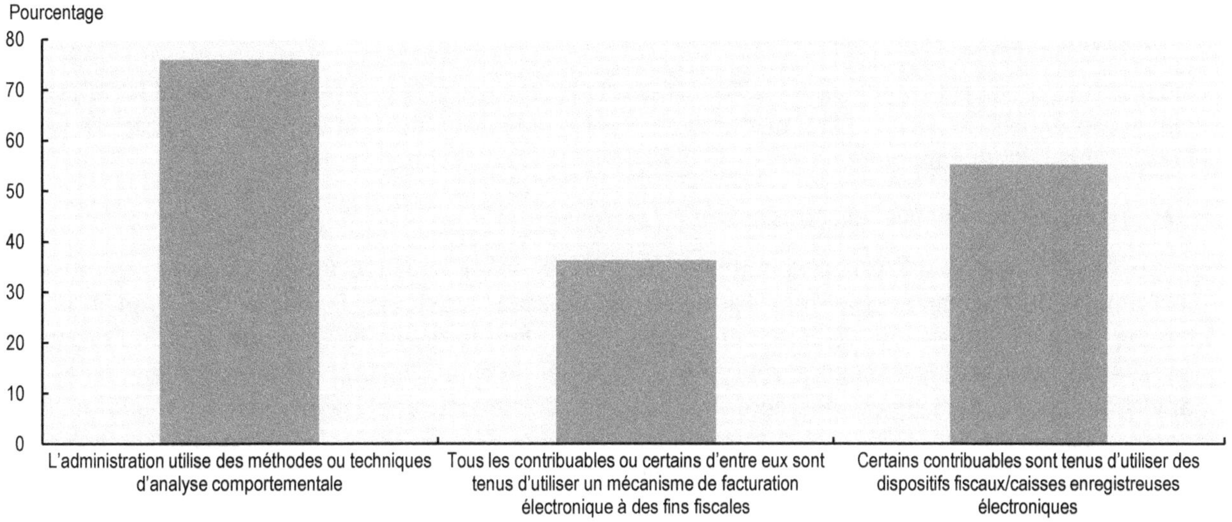

Source : Tableau A.89.

StatLink https://stat.link/9rfq8p

Encadré 6.1. Exemples nationaux : Exploration de données

Canada : Modèles prédictifs

L'Agence du revenu du Canada (ARC) recherche sans cesse de nouveaux moyens innovants pour mieux cibler le non-respect des obligations déclaratives. L'analytique avancée, notamment l'apprentissage automatique et l'apprentissage profond, sont actuellement mis à l'essai pour repérer les petites et moyennes entreprises à haut risque potentiel afin de les contrôler.

- Des systèmes de gestion de base de données orientées graphe et des algorithmes sont utilisés pour relier automatiquement tous les contribuables en fonction de leurs intérêts communs et pour repérer les entités économiques à des fins d'analyse de la population, d'évaluation des risques et de sélection de la charge de travail.
- L'analyse des réseaux sociaux en fait partie afin de discerner les entités juridiques influentes au sein des structures organisationnelles et de mettre au jour différents modèles et caractéristiques de ces entités en vue d'améliorer l'évaluation des risques.
- La détection d'anomalies dans un ensemble (forêt d'isolement [« isolation forest »]), facteur local d'anomalie, regroupement par décalage moyen) et les méthodes d'apprentissage non supervisées (k-moyennes, modèle de mélange gaussien, regroupement agglomératif) sont employées pour repérer les segments à haut risque et anormaux parmi la population des petites et moyennes entreprises.
- Des techniques avancées sont utilisées pour générer de puissants prédicteurs, en intégrant notamment des méthodes d'auto-encodage de l'intelligence artificielle pour compresser des données en grande dimension et un réseau neuronal à mémoire à court terme pour extraire des informations provenant de données financières et économiques longitudinales (séquence)

sur les entités et de la structure des entités économiques, qui sont utilisées par la suite pour améliorer la prédiction relate au non-respect des obligations.

- L'analytique avancée, notamment l'apprentissage profond et les réseaux neuronaux graphiques, est utilisée pour repérer les petites et moyennes entreprises à haut risque ainsi que leurs entités économiques liées.

Ces modèles prédictifs complèteront les outils que l'ARC utilise déjà pour mettre au point l'analyse du volume de travail et l'évaluation des risques, en y intégrant notamment des facteurs liés aux conséquences de la pandémie.

Suède : Analyse de données non structurées

En Suède, les particuliers et les entreprises peuvent déposer leur déclaration de revenus par voie électronique ou sur papier. Bien que l'administration fiscale suédoise (Swedish Tax Agency [STA]) cherche à encourager les déclarations numériques, les formulaires sur papier seront encore nécessaires pendant les années à venir. La STA reçoit près de 150 000 déclarations annuelles sur papier, qui contiennent des textes libres manuscrits. Ce service analyse et classe les informations contenues dans les textes libres des déclarations de revenus et améliore ainsi la capacité de la STA à traiter des données non structurées pour différents types d'analyses (évaluation des risques, vérifications, etc.).

Le service utilise l'intelligence artificielle de deux manières. Premièrement, pour interpréter et convertir le texte manuscrit en texte numérique et deuxièmement, pour classer le texte dans l'une des 60 catégories thématiques. Le texte est interprété à l'aide d'un modèle d'apprentissage profond qui a été mis au point et expérimenté par la STA. Des modèles d'intelligence artificielle existent sur le marché, mais ils sont peu nombreux à intégrer la langue suédoise ou à être capables d'interpréter des millions d'échantillons manuscrits différents.

La capacité à interpréter un texte manuscrit peut également être utile à diverses applications de la STA, mais aussi des autres autorités publiques, municipalités, etc.

Principaux avantages de l'interprétation et de la catégorisation automatisées d'un texte manuscrit :

- Les informations atteignent la compétence concernée beaucoup plus rapidement qu'auparavant.
- Capacité accrue à quantifier et à analyse le contenu d'un texte libre.
- Automatisation de certains dossiers.

Source : Canada (2023) et Suède (2023).

Améliorer la disponibilité des données

Face au nombre croissant de données stocké par voie électronique et au recours à de nouveaux processus et techniques pour faciliter le transfert, le stockage et l'intégration des données, la quantité de données dont disposent les administrations fiscales pour faire respecter les obligations a considérablement augmenté. Les sources de données fréquemment utilisées sont notamment :

- ***Les données provenant de dispositifs*** : Les données peuvent être recueillies auprès de dispositifs qui enregistrent les transactions comme les caisses enregistreuses en ligne et les ordinateurs de bord des taxis et poids lourds ainsi que les enregistrements des barrières et ponts-bascules.
- ***Les données des banques, commerçants ou services de paiement intermédiaires et prestataires de services*** : Elles permettent de vérifier directement les revenus ou actifs déclarés

par le contribuable. Certains pays reçoivent déjà régulièrement les détails ou les totaux des transactions des contribuables.

- ***Les données des fournisseurs*** : La collecte de données auprès des fournisseurs, directement ou par l'intermédiaire du contribuable, permet de dresser un tableau plus complet des activités et revenus du contribuable. Cela est rendu possible grâce à l'utilisation accrue de systèmes de facturation électronique qui, ainsi que le souligne le chapitre 4, permettent à certaines administrations fiscales de préremplir les déclarations.
- ***Les données des clients*** : Cette démarche est plus facile dans les circonstances où le nombre de clients est limité et connu, mais des mécanismes pour stimuler la discipline fiscale des clients sont de plus en plus souvent utilisés, notamment pour la vérification des recettes en espèces.
- ***Les données non structurées relatives au contribuable*** : On observe sur Internet et sur les réseaux sociaux un nombre croissant de traces électroniques relatives à des activités et transactions d'entreprises.
- ***Les données d'autres organismes publics*** : Les données détenues par d'autres organismes publics, notamment pour l'octroi de permis, à des fins réglementaires ou de sécurité sociale peuvent être utiles pour vérifier les déclarations fiscales ou évaluer les risques.
- ***Les données des partenaires internationaux*** : Les nouveaux échanges internationaux de données, entamés dans le cadre de la Norme commune de déclaration (NCD) et des déclarations pays par pays, augmentent considérablement la quantité de données disponibles sur les activités internationales, procurent des informations utiles pour les processus de sélection des dossiers et de vérification et, dans certains cas, pour préremplir les déclarations.

Encadré 6.2. Exemples nationaux : Améliorer la disponibilité des données pour soutenir l'innovation

Chili : Tableau de bord pour l'impôt sur le revenu

Le volume important de données disponibles représente un défi de taille pour les administrations fiscales, en particulier lorsqu'il s'agit de mettre au point des indicateurs pertinents et des mécanismes de suivi. Le suivi des indicateurs pertinents et de leur évolution a son importance, car il permet de mieux utiliser les ressources disponibles en les concentrant sur les activités de contrôle de la discipline fiscale qui présentent le plus de risques de perte de recettes fiscales.

L'administration fiscale (Servicio de Impuestos Internos [SII]) a mis au point des rapports interactifs permettant l'analyse du comportement du contribuable à partir des informations détenues par le SII, des incohérences relevées dans les déclarations de revenus et des attestations sur l'honneur de tiers reçues pendant le processus déclaratif. Ces rapports permettent aux agents de l'administration de suivre et d'appréhender un grand nombre de questions sous plusieurs angles, notamment les incohérences les plus fréquentes, les montants concernés, l'emplacement géographique, la catégorie du contribuable et son évolution au cours des trois dernières années fiscales.

La visualisation des déclarations de revenus et des incohérences relevées permet de concevoir des mesures correctives à appliquer en fonction du degré d'indiscipline fiscale. Ces actions peuvent inclure des mesures préventives visant à garantir l'exactitude du processus de déclaration de revenus dans le futur.

La plateforme choisie pour mettre en œuvre cet outil de déclaration interactif garantit sa disponibilité à l'échelle de l'ensemble de l'institution, les informations pouvant être échangées entre les agents de l'administration et consultées simultanément par plusieurs utilisateurs, ce qui améliore le processus décisionnel.

Voir les documents de référence à l'annexe 6.A.

Finlande : Le « Registre des revenus »

Le « Registre des revenus » est une base de données nationale centralisée qui renferme des informations sur les revenus au niveau individuel. Elle contient des données exhaustives sur les revenus, pensions et prestations perçus et met en œuvre le principe de la déclaration unique.

Après chaque paiement, le « Registre des revenus » reçoit des informations sur les salaires payés par les employeurs, les pensions, les prestations versées par les organismes payeurs, etc. Les informations communiquées au « Registre des revenus » sont ensuite accessibles en temps réel lorsqu'un salarié demande une nouvelle carte d'imposition et lorsque le « National Pension Institute » (régime de retraite national) et d'autres organismes accordent des prestations et des pensions. Ces données servent de base au traitement des demandes d'assurance. Elles sont également utilisées dans le domaine de la santé et de la sécurité au travail, des statistiques et pour déterminer les divers montants à acquitter par les contribuables.

Du côté du contribuable, une déclaration unique suffit et il a la certitude que les données sont parvenues à toutes les parties concernées. Quant aux utilisateurs des données, ils ont accès en temps réel à des informations plus précises.

En 2021, près de 50 millions de déclarations de revenus/paiements contenant les montants des salaires, 2 millions de déclarations d'employeurs et 65 millions de déclarations de prestations ont été enregistrées par le « Registre des revenus ». Au total, 250 000 organismes payeurs différents ont communiqué des renseignements sur les salaires. Quelque 400 organismes payeurs ont déclaré des prestations. Des renseignements sur les revenus ont été partagés plus de 800 millions de fois avec les 380 utilisateurs autorisés à accéder à ces informations. Les informations sur les salaires sont stockées dans le « Registre des revenus » depuis 2019 et celles qui concernent les pensions et prestations depuis 2021. Les données concernant les salaires et les prestations de 4,7 millions de personnes au total ont été transmises au « Registre des revenus ».

Pologne : Système de facturation électronique national

Depuis le 1er janvier 2022, les entrepreneurs polonais peuvent utiliser le système de facturation électronique national (KSeF). Le KSeF est une plateforme d'échange de factures aisément accessible qui permet aux contribuables d'émettre, d'envoyer, de recevoir et de sauvegarder des documents électroniques (factures électroniques) dans un format structuré. À ce jour, le recours à la facturation électronique est facultatif, mais il deviendra obligatoire en Pologne à partir du 1er janvier 2024.

La plateforme KSeF accélèrera les échanges de données dans le cadre des relations entre les entreprises et des règlements mutuels. Elle facilitera nettement les opérations de facturation, la facture étant mise à la disposition du bénéficiaire quasiment en temps réel, ce qui permet d'automatiser les processus de comptabilité. Par ailleurs, elle permettra aux contribuables de réduire les erreurs de saisie manuelle des données et de gagner du temps. Les entreprises économiseront également les coûts liés au traitement du processus de facturation. La plateforme KSeF améliorera également les processus analytiques utilisés par l'administration fiscale pour lutter contre la fraude fiscale.

Suède : Impôt sur la propriété

L'administration fiscale suédoise (Swedish Tax Agency [STA]) s'emploie constamment à améliorer et à simplifier les méthodes de calcul de la valeur de la propriété. L'analyse des évaluations antérieures de la propriété agricole montre que les des stocks de bois ont été l'un des éléments dont l'estimation s'écartait le plus de la réalité.

Pour remédier à cette situation, les données proviennent désormais de cartes qui procurent diverses informations, notamment sur les stocks de bois. Ces cartes sont réalisées en combinant les données provenant de l'Autorité suédoise de cartographie, de cadastre et d'enregistrement foncier (« Lantmäteriet ») et les données de terrain extraites de l'Inventaire forestier national suédois (« Riksskogstaxeringen »).

Cette nouvelle méthode permettra de garantir une estimation plus juste et plus équitable des propriétés forestières, tout en améliorant la qualité des registres de la STA. Cette analyse est réalisée en continu, car il faut près de sept ans pour numériser toutes les forêts de la Suède. Selon la STA, cette nouvelle méthode contribuera à optimiser le service fourni aux propriétaires fonciers en améliorant la qualité des données.

Lorsqu'elle a mis au point cette méthode, la STA a constaté qu'elle pourrait être appliquée à d'autres domaines où l'utilisation de données externes permettrait d'accroître l'efficacité et la simplicité du processus d'évaluation pour les propriétaires. C'est le cas, par exemple, du type de terrain associé à un bien immobilier.

Voir les documents de référence à l'annexe 6.A.

Source : Chili (2023), Finlande (2023), Pologne (2023) et Suède (2023).

L'accès à de vastes ensembles de données s'accompagne cependant de quelques risques nouveaux. Il est notamment de plus en plus probable que des données intéressant l'administration fiscale d'une juridiction soient détenues sur le territoire d'une autre juridiction. Dans ces circonstances, il est parfois difficile de se procurer automatiquement les données auprès de leur détenteur situé dans une autre juridiction. Cela complique parfois l'évaluation des risques, ainsi que le préremplissage des déclarations ou l'élaboration plus poussée de processus mettant la discipline fiscale au cœur du système.

Prenons, par exemple, la croissance de l'économie du partage et à la demande que facilitent les plateformes en ligne dont le fonctionnement dépasse les frontières. Ce risque peut croître parallèlement au développement de l'économie en ligne, en particulier s'il va de pair avec le remplacement de l'emploi salarié (et de la déclaration des revenus par les employeurs) par le travail indépendant. Le rapport de l'OCDE *The Sharing and Gig Economy : Effective Taxation of Platform Sellers* se penche sur cette question (OECD, 2019[2]). Il examine un certain nombre de stratégies adoptées actuellement par les administrations fiscales ainsi que leurs limites et recommande de définir un cadre normalisé de déclaration pour faciliter à l'avenir les éventuels échanges automatiques de renseignements entre les administrations fiscales. Il s'est également concrétisé par l'élaboration des documents suivants :

- Un ensemble de règles types qui, une fois transposées dans le droit, imposent aux plateformes numériques de recueillir des informations sur les revenus perçus par ceux qui utilisent ces plateformes pour proposer des services personnels, d'hébergement et de transport, et de communiquer ces informations aux administrations fiscales (OCDE, 2020[3]).
- Un code de conduite pour faciliter l'adoption d'une approche standard de la coopération entre les administrations et les plateformes en vue de fournir des informations aux vendeurs en ligne et de leur procurer un soutien pour les aider à se conformer à leurs obligations fiscales tout en minimisant la charge liée à la discipline fiscale (OCDE, 2020[4]).
- Un rapport qui examine les questions pratiques posées par les connexions en temps réel entre les administrations fiscales et les plateformes d'économie du partage et à la demande (OCDE, 2022[5]).

Un autre risque relevé a trait aux actifs financiers numériques comme les cryptomonnaies. Il peut être très difficile de retrouver les propriétaires d'actifs numériques même s'ils ont un lien avec la création d'un portefeuille numérique spécifique (sensiblement similaire à un compte en banque). Retrouver les personnes ou les entités qui se cachent derrière certaines adresses de portefeuilles numériques est difficile, voire impossible et mobilise des ressources importantes. En août 2022, l'OCDE a approuvé le Cadre de déclaration des crypto-actifs (CDC) qui prévoit la déclaration des informations fiscales sur les transactions employant des crypto-actifs de manière standardisée, en vue d'échanger ces informations automatiquement. (OCDE, 2022[6])

Bien qu'il ne s'agisse pas d'un risque en tant que tel, il convient de noter que les règles de protection des données pourraient limiter les circonstances dans lesquelles il est possible de conserver, traiter ou partager des données. Les administrations doivent tenir compte de cet aspect crucial lorsqu'elles conçoivent des systèmes qui reposent sur de vastes ensembles de données et sur la conservation des données.

Ciblage plus précis des risques

Science des données

Ces dernières années, l'application de l'analyse avancée à la gestion des risques s'est beaucoup développée et le ciblage des risques est de plus en plus utilisé.

- Le graphique 6.3 indique que 80 % des administrations fiscales déclarent utiliser les données massives dans le cadre de leurs activités et que celles qui les utilisent le font la plupart du temps pour améliorer leurs activités liées à la discipline fiscale.
- Sur les 58 administrations fiscales couvertes par ce rapport, 55 déclarent utiliser la science des données/des outils analytiques, tandis que les administrations restantes se préparent actuellement à les utiliser à l'avenir (voir le tableau 6.1).
- De même, la plupart des administrations couvertes par cette publication ont déjà adopté l'intelligence artificielle, notamment l'apprentissage automatique pour l'évaluation des risques ou la détection des fraudes, ou sont en train de le faire (voir le tableau 6.1 et le graphique 6.4).

Le recours à des techniques analytiques de plus en plus sophistiquées pour développer les ensembles de données permet une gestion plus ciblée des risques et l'élaboration de mesures d'intervention, y compris par des processus automatisés. L'encadré 6.3 présente quelques exemples. Par ailleurs, le rapport de l'OCDE *Advanced Analytics for Better Tax Administration : Putting data to work* (OCDE, 2016[7]) donne des orientations pratiques sur la manière dont les administrations fiscales peuvent utiliser l'analyse pour favoriser la discipline fiscale et la prestation de services publics.

Tableau 6.1. Évolution du recours aux outils de la science des données, à l'intelligence artificielle et à la robotisation des processus automatisés entre 2018 et 2021

Pourcentage d'administrations

État d'avancement de la mise en œuvre et de l'utilisation	Science des données/ outils analytiques			Intelligence artificielle, dont l'apprentissage automatique			Robotisation des processus automatisés		
	2018	2021	Différence en points de pourcentage	2018	2021	Différence en points de pourcentage	2018	2021	Différence en points de pourcentage
Technologie mise en œuvre et utilisée	71.9	94.8	+22.9	31.6	54.4	+22.8	22.8	50.0	+27.2
Technologie dans la phase de mise en œuvre en vue d'un usage ultérieur	19.3	5.2	-14.1	15.8	28.1	+12.3	14.0	8.6	-5.4
Technologie non utilisée, y compris les circonstances dans lesquelles la mise en œuvre n'a pas commencé	8.8	0.0	-8.8	52.6	17.5	-35.1	63.2	41.4	-21.8

Source : Tableaux A.91 et A.92.

L'analytique de données est de plus en plus couramment employée et fait partie intégrante des administrations fiscales à travers le monde, tant dans les pays développés que dans les pays en développement, étant appliquée dans des domaines d'utilisation stratégiques et opérationnels. Le Forum sur l'administration fiscale de l'OCDE a donc mis au point le *Modèle de maturité de l'analytique de données* (OCDE, 2022[8]). Il permet aux administrations fiscales d'auto-évaluer leur niveau actuel de maturité en matière d'utilisation et de capacité d'analyse, en les éclairant sur leur situation actuelle et en identifiant leurs points faibles ainsi que leurs points forts. Comme l'indique le graphique 6.2, plus de 40 administrations fiscales ont effectué cette auto-évaluation et ses résultats orientent et soutiennent les administrations dans le cadre de leurs stratégies d'analyse.

Graphique 6.2. Résultat des auto-évaluations du Modèle de maturité de l'analytique de données

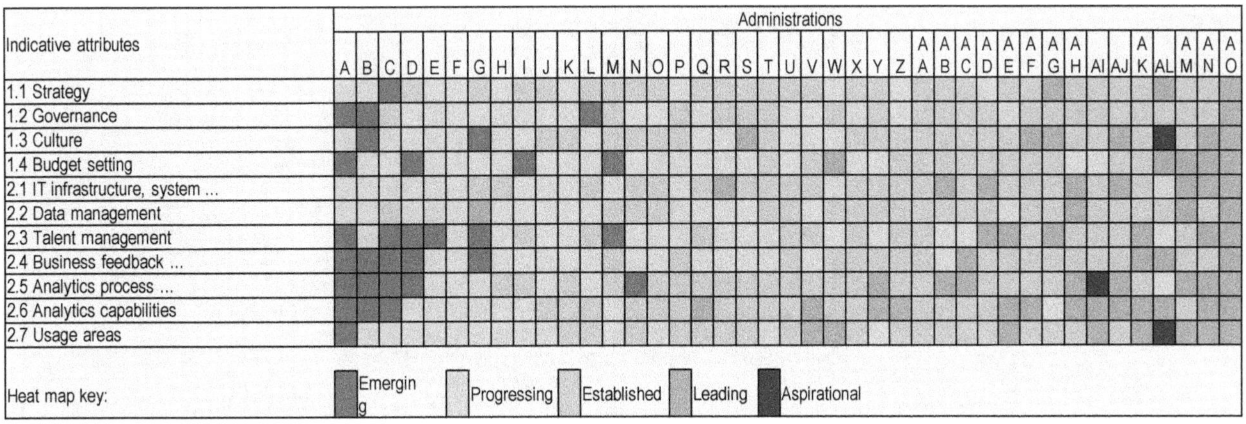

Source : OCDE (2022), Modèle de maturité de l'analytique de données, https://www.oecd.org/tax/forum-on-tax-administration/publications-and-products/analytics-maturity-model.htm (consulté le 22 mai 2023).

Graphique 6.3. Utilisation des données massives à des fins analytiques, 2022

Pourcentage d'administrations

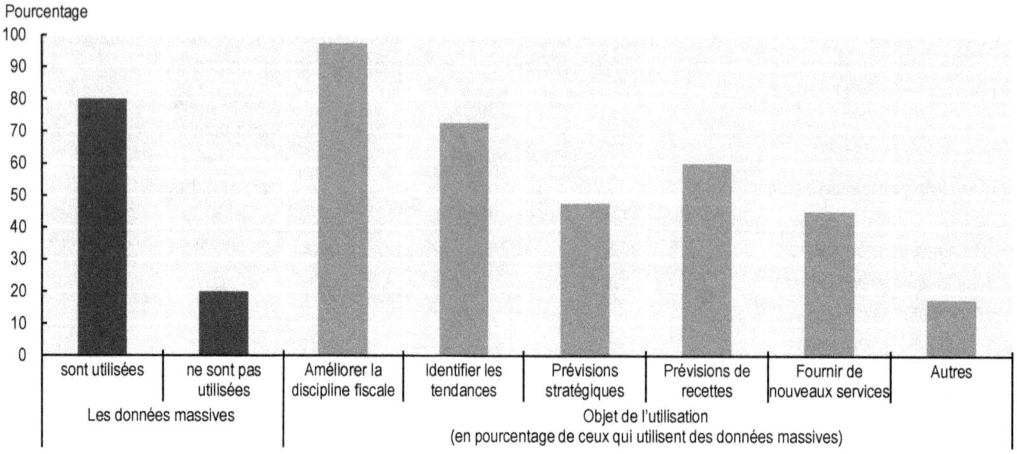

Note : Ce graphique repose sur les données de l'Inventaire des initiatives technologiques en matière fiscale (ITTI) portant sur 52 juridictions qui sont couvertes par ce rapport et ont répondu à l'enquête mondiale sur la numérisation.
Source : OECD et al. (2023), Inventaire multipartenaires des initiatives sur l'utilisation de la technologie à des fins fiscales, https://www.oecd.org/tax/forum-on-tax-administration/tax-technology-tools-and-digital-solutions/, tableau DM3 (consulté le 22 mai 2023).

StatLink https://stat.link/ru9opi

Graphique 6.4. Utilisation de l'intelligence artificielle, 2022

Pourcentage d'administrations

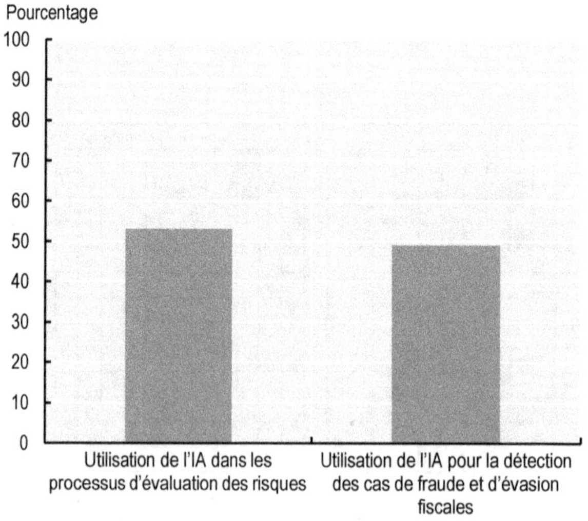

Note : Ce graphique repose sur les données de l'Inventaire des initiatives technologiques en matière fiscale (ITTI) portant sur 52 juridictions qui sont couvertes par ce rapport et ont répondu à l'enquête mondiale sur la numérisation.
Source : OECD et al. (2023), Inventaire multipartenaires des initiatives sur l'utilisation de la technologie à des fins fiscales, https://www.oecd.org/tax/forum-on-tax-administration/tax-technology-tools-and-digital-solutions/, tableau TRM3 (consulté le 22 mai 2023).

StatLink https://stat.link/93t7le

Encadré 6.3. Exemples nationaux : Utiliser l'analytique de données

Australie : Recours à la science des données et à la modélisation analytique

La pandémie de COVID-19 a donné lieu à un contexte économique difficile qui a eu des conséquences sur de nombreuses entreprises et communautés en Australie. Entre 2019 et 2022, l'administration fiscale australienne (Australian Taxation Office [ATO]) a enregistré une hausse de 16 % des comptes débiteurs et une augmentation substantielle de 70 % des créances à recouvrer. Après avoir suspendu plusieurs activités pendant la pandémie, l'ATO a repris ses activités de recouvrement en 2022.

Les modèles analytiques et les enseignements tirés des données font partie intégrante de la mise en œuvre des stratégies et des traitements différenciés de l'ATO. En 2022, l'administration a :

- amélioré la série de modèles analytiques sur les Enseignements de la résilience financière (FRI) afin de mieux regrouper les contribuables semblables et de prendre en compte leurs actifs et flux de revenus ;
- déployé des gadgets informatiques sur le « profil de l'entreprise contribuable » qui présentent ces informations analytiques sur la résilience financière au personnel et leur permettent de connaître la santé financière des contribuables. Les contribuables en bonne santé financière qui sont mieux à même d'alléger leur dette sont invités à s'en acquitter en totalité ou à conclure des plans de paiement optimaux (plus courts) tandis que ceux qui sont moins à l'aise financièrement peuvent bénéficier de délais de remboursement plus longs que l'analytique estime plus tenables ;
- repensé la combinaison des modèles analytiques qui signalent au personnel les contribuables pour lesquels des mesures plus fermes peuvent être justifiées, en renonçant à certains modèles dont la performance s'était dégradée (précision des prédictions), faute de données d'entraînement suffisantes en raison de la suspension des mesures plus fermes ;
- évalué les perspectives de recouvrement de plusieurs groupes présentant un intérêt particulier, comme les contribuables qui n'ont pas acquitté les cotisations de retraite, les petites entreprises débitrices et les demandes de remboursement frauduleuses.

Chili : Risque de fraude : Contribuables disposant de dossiers fiscaux ou de documents justificatifs

Un « contribuable au comportement fiscal agressif » désigne un contribuable qui, après avoir informé le SII du début de son activité et avoir été autorisé par la suite à émettre des documents mentionnant la TVA, fait naître des doutes quant à la réalisation effective des opérations commerciales correspondantes. Afin de remédier à cette situation, le SII a lancé une initiative pour repérer, à partir d'un modèle prédictif, les contribuables qui peuvent se livrer à de telles pratiques et pour élaborer des mesures de traitement préventives, correctives ou structurelles.

Des modèles de ce type sont utilisés dans le cadre de la stratégie de l'administration fiscale pour lutter contre les comportements non respectueux des obligations au cours des trois premiers mois suivant l'enregistrement du contribuable, et ils emploient différents types d'algorithmes pour détecter les anomalies. Les données utilisées sont extraites des déclarations fiscales, des documents fiscaux relatifs aux achats et aux ventes et des relations avec les autres acteurs associés aux opérations commerciales du contribuable.

Israël : Centre d'analytique

Le Centre d'analytique est une plateforme qui optimise le rendement horaire d'un processus de l'administration fiscale en donnant accès à plusieurs produits facilitant l'analytique. Il est constitué de deux éléments clés innovants :

- Un atelier d'analytique pour créer rapidement divers modèles d'analyse tels que des modèles d'IA, des modèles d'analytique graphique, des moteurs de règles, des générateurs de rapports statistiques, etc. et
- Un modèle de nuage pour le déploiement évolutif de ces modèles.

Après avoir été généré dans l'atelier et enregistré dans le nuage, un modèle est prêt à être utilisé simultanément par plusieurs utilisateurs par le biais d'applications dédiées, quelle que soit la personne qui en est à l'origine. Cette plateforme globale favorise la progression continue du recours à l'analytique en l'étendant à l'ensemble de l'entreprise, et améliore ainsi la productivité globale des organisations. Ce système a notamment créé des modèles pour sélectionner les dossiers de vérification fiscale des entreprises, des particuliers ou de la TVA.

Au début de l'année 2022, ce modèle de sélection a fourni une liste de 131 entreprises pour lesquelles une vérification était recommandée. À la fin de l'année, le processus de vérification fiscale de 43 entreprises était achevé. Ce processus direct s'est traduit, en moyenne, par une augmentation de l'impôt à payer par chaque entreprise.

Un modèle d'intelligence artificielle utilisé pour repérer les propriétaires de biens immobiliers qui ne déclarent pas leurs revenus locatifs a été également mis au point. Ce modèle a recensé un ensemble de 425 contribuables soupçonnés pour lesquels le taux de précision était de 50 %, 227 personnes soupçonnées ayant répondu en moins de deux mois et généré un impôt annuel supplémentaire.

Suède : Améliorer l'identification et l'appariement

La STA a mis en place un service chargé d'identifier les particuliers et les entreprises enregistrées dans le registre fiscal suédois et de les mettre en correspondance avec des données incomplètes communiquées dans le cadre des initiatives d'échange automatique de renseignements. L'objectif de ce service est le suivant :

- Accroître la capacité à repérer des correspondances éventuelles ;
- Augmenter le degré de sécurité juridique quant à l'exactitude d'une correspondance, et
- Améliorer la capacité à gérer les changements apportés aux données et les évolutions technologiques afin de préserver la qualité des données dans le temps.

Pour y parvenir, la STA a mis au point un outil s'appuyant sur la technologie des moteurs de recherche, qui permet :

- Une meilleure efficacité des recherches par le biais de l'indexation des données de la source, ce qui permet d'indexer des termes isolés ou des variantes de termes ;
- L'utilisation de requêtes complexes sans passer l'opération laborieuse de création manuelle d'un index ;
- Une méthode avancée d'attribution d'un score pour classer les résultats de recherche.

Cette méthode s'est révélée très efficace, le pourcentage de contribuables identifiés étant passé de 75 % à 90 % et la précision des identifications ayant progressé de 95.2 % à 99.9 %.

Source : Australie (2023), Chili (2023), Israël (2023) et Suède (2023).

Programmes d'éducation des contribuables

Une autre approche de la gestion ciblée des risques consiste à créer des unités chargées d'examiner les dossiers fiscaux de certains segments de contribuables. Les deux domaines dans lesquels l'administration fiscale a jugé utile de gérer certains groupes de contribuables de manière segmentée sont les grandes entreprises et les contribuables fortunés. La concentration des ressources de l'administration sur la gestion de ces catégories s'explique par les raisons suivantes :

- ***Importance des risques d'indiscipline fiscale*** : en raison de la nature et du type de transactions, des activités à l'étranger, des possibilités et stratégies visant à réduire les créances fiscales et, dans le cas des grandes entreprises, des différences entre les bénéfices comptables et les bénéfices calculés à des fins fiscales.
- ***Complexité des transactions et de la fiscalité*** : compte tenu, en particulier, de l'importance des intérêts en jeu et, dans le cas des contribuables fortunés, de la combinaison entre leurs affaires publiques et privées.
- ***Intégrité du système fiscal*** : importance de pouvoir donner aux parties prenantes des garanties sur les activités entreprises à l'égard de ces groupes de contribuables.

En outre, en ce qui concerne les gros contribuables, un petit nombre d'entre eux sont généralement redevables d'une part disproportionnée des recettes fiscales recouvrées. Selon les données collectées, entre 30 % et 60 % des recettes totales nettes collectées par la plupart des juridictions, y compris les retenues à la source sur les revenus des employés, proviennent de contribuables concernés par les programmes dédiés aux gros contribuables (voir le graphique 6.5). En moyenne, 2.4 % environ des entreprises concernées par ces programmes représentent 44 % des recettes totales recouvrées (voir le tableau 6.2).

Tableau 6.2. Importance des services/programmes dédiés aux gros contribuables, 2021

ETP consacrés aux dossiers des gros contribuables en pourcentage des ETP totaux	Entreprises contribuables gérées par des bureaux/programmes dédiés aux gros contribuables en pourcentage des entreprises actives redevables de l'impôt sur les sociétés	Part des recettes nettes gérées par des bureaux/programmes dédiés aux gros contribuables par rapport aux recettes nettes totales recouvrées par l'administration fiscale	ETP consacrés aux contrôles, enquêtes et autres fonctions de vérification au sein des bureaux/programmes dédiés aux gros contribuables en pourcentage des ETP totaux de ces bureaux/programmes	Montant total des redressements établis par les bureaux/programmes dédiés aux gros contribuables en pourcentage du montant total des redressements établis à la suite de vérifications
4.0	2.4	43.6	62.8	31.3

Note : Le tableau présente les pourcentages moyens dans les juridictions qui ont été en mesure de communiquer les renseignements.
Source : Tableaux D.16 et D.17.

Si la gestion de ces groupes de contribuables est souvent prise en charge dans le cadre d'un programme, bon nombre de juridictions les intègrent dans une structure, qui nécessite un service dédié aux gros contribuables ou une unité responsable des contribuables très fortunés. Le périmètre d'activité de ces unités varie considérablement et va des activités traditionnelles de contrôle aux approches multiservices (voir le graphique 6.6). Cependant, en moyenne, les deux tiers des membres du personnel de l'administration fiscale employé dans les services ou par les programmes dédiés aux gros contribuables effectuent des travaux de contrôle, d'enquête et d'autres missions de vérification (voir le tableau 6.2).

Encadré 6.4. Exemples nationaux : Soutenir les entreprises contribuables

Chine (République populaire de) : Système informatique intégré pour les grandes entreprises

Auparavant, les services provinciaux et municipaux de l'Administration d'État des impôts (STA) de la République populaire de Chine avaient accès exclusivement aux informations sur les entreprises relevant de leur juridiction et ne disposaient donc pas d'une vision d'ensemble d'une entreprise exerçant ses activités dans plusieurs provinces ou municipalités. La STA met en place actuellement un système d'information intégré concernant les grandes entreprises, afin de surveiller les sources de revenus imposables, de mieux contrôler les risques, de fournir des services mieux adaptés et d'améliorer l'analyse économique.

Les services des impôts aux niveaux central, provincial et municipal peuvent ainsi dûment accéder aux informations sur une entreprise, lesquelles sont regroupées en 11 catégories, notamment les impôts acquittés, les cotisations de sécurité sociale, les états financiers, etc. En quelques clics seulement, le système est capable de générer automatiquement 7 rapports thématiques comprenant une vue d'ensemble, la répartition géographique, le paiement des impôts et des cotisations, les activités de l'entreprise, le dossier sur le respect des obligations fiscales, la situation relative à la source de l'imposition et les demandes de renseignements particuliers. À partir d'une combinaison différente de jeux de données et de logique d'administration, la STA peut également élaborer 24 scénarios pour une entreprise, qui couvrent les principaux risques possibles. Le système permet également d'utiliser un ensemble spécial d'indicateurs de risque afin de repérer un groupe de grandes entreprises à examiner de plus près.

Il s'agit d'un outil d'analyse économique performant. À partir de données et d'informations présentant différents niveaux de granularité, les analystes peuvent observer la situation économique dans différents domaines, secteurs et industries et ainsi apporter leur concours à l'élaboration et l'ajustement des politiques.

Géorgie : Administration des gros contribuables

Les gros contribuables apportent une contribution importante au budget national de la Géorgie, mais les risques fiscaux qui leur sont associés sont beaucoup plus élevés et complexes que ceux des autres catégories de contribuables, et peuvent donc mettre en péril les recettes fiscales. Leurs activités nécessitent donc une étroite surveillance.

À cet effet, un service dédié aux gros contribuables a été créé au sein de l'administration fiscale géorgienne (Georgia Revenue Service). En proposant des services hautement qualifiés et une réponse rapide aux risques fiscaux, il s'efforce de favoriser au maximum le respect spontané des obligations fiscales par les contribuables.

La Stratégie de gestion des gros contribuables a été actualisée pour la période 2022-2024 afin d'améliorer la gestion de cette catégorie de contribuables. Elle s'appuie sur un système normalisé de notification grâce auquel un suivi de différents types d'informations est assuré sur une base quotidienne. Cette stratégie vise à améliorer l'administration fiscale des gros contribuables en adoptant des approches centralisées, équitables et transparentes. Pour réaliser cet objectif, les tâches suivantes ont été prévues :

- Développer des services adaptés aux besoins des gros contribuables ;
- Renforcer le processus de gestion des risques de non-respect des obligations fiscales ; et
- Améliorer les capacités des ressources humaines.

Source : Source : Chine (République populaire de) (2023) et Géorgie (2023).

Graphique 6.5. Part des recettes fiscales gérées dans le cadre des services/programmes dédiés aux gros contribuables, 2021

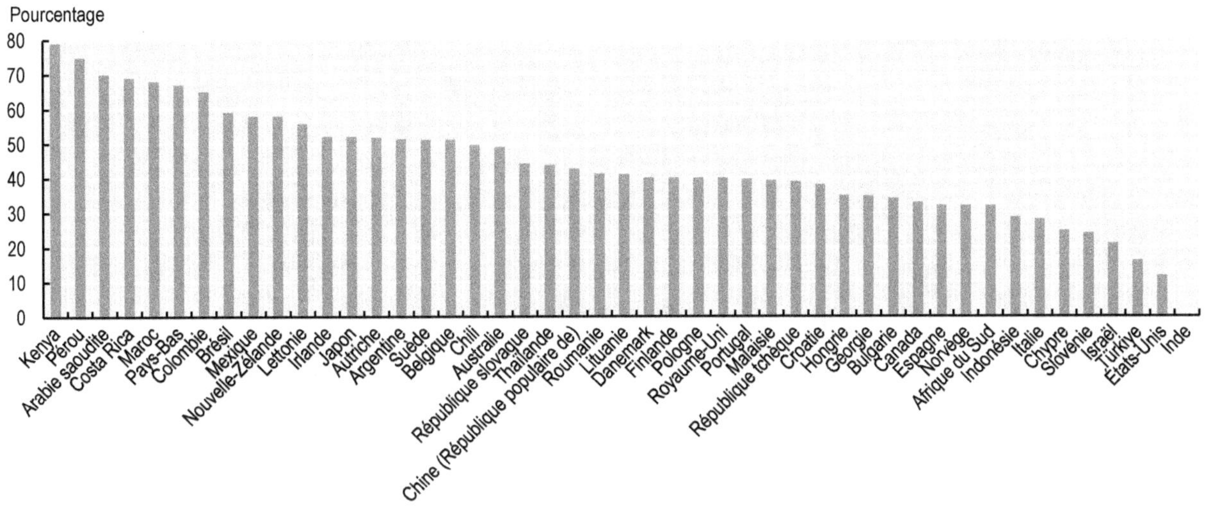

Source : Tableau D.17.

StatLink https://stat.link/6cup4t

Graphique 6.6. Bureaux/programmes dédiés aux gros contribuables : existence et fonctions exercées, 2021

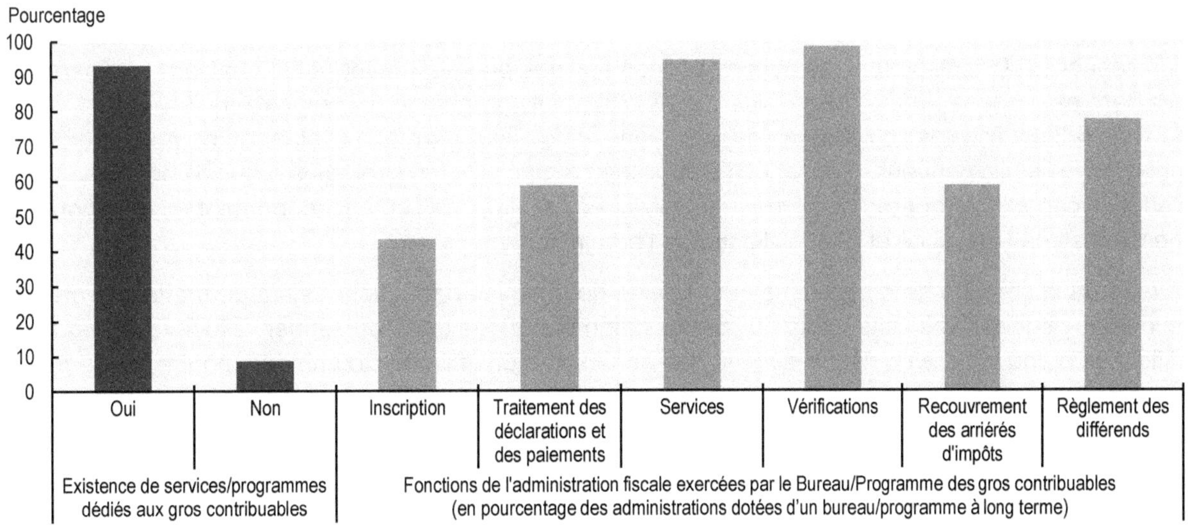

Source : Tableaux A.32 et A.34.

StatLink https://stat.link/umfnzh

Graphique 6.7. Programmes de gestion des particuliers fortunés, 2021

Pourcentage d'administrations

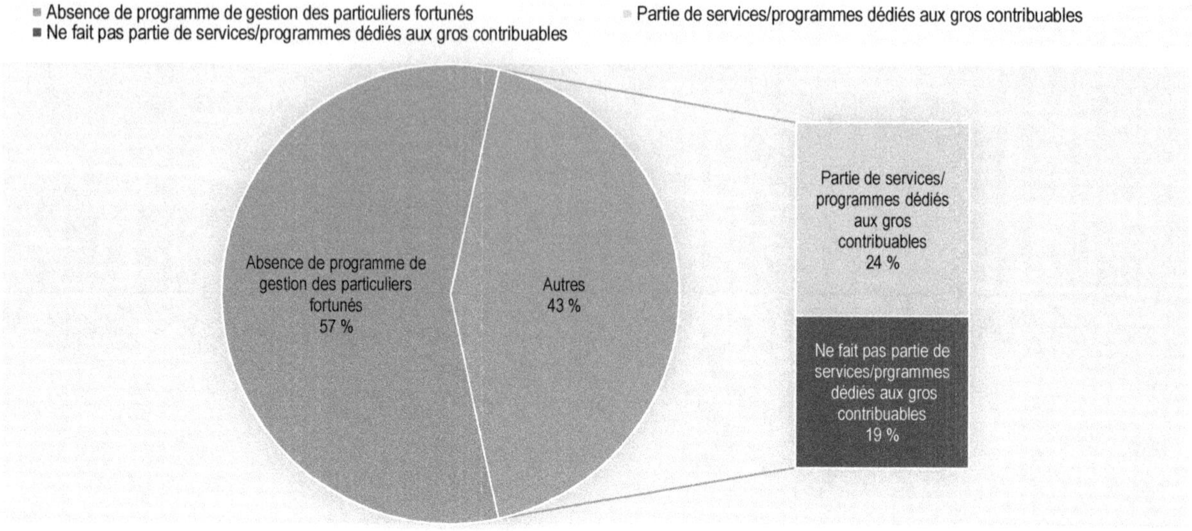

Source : Tableau A.38.

StatLink https://stat.link/p6tagz

Planification des risques futurs

S'il est essentiel que les administrations fiscales soient conscientes des risques actuels d'indiscipline fiscale et préparent des stratégies de réponse appropriées, il est également important qu'elles comprennent quels peuvent être les risques futurs et qu'elles les préviennent. L'accès accru aux données et les capacités dont disposent les administrations fiscales pour les traiter et les analyser leur permettent d'évaluer les risques futurs avec plus de fiabilité. Le graphique 6.3 montre qu'un grand nombre d'administrations fiscales se livrent à des prévisions, ce qui leur permet d'évaluer où de nouveaux risques d'indiscipline fiscale peuvent se poser et d'élaborer en temps utile les stratégies requises pour les atténuer. En effet, la capacité à repérer, comprendre et gérer les risques dans un environnement en mutation rapide est essentielle à l'efficacité et à la résilience de l'administration fiscale.

Elle mène à la création de programmes de gestion des risques perfectionnés qui permettent d'intégrer la gestion des risques dans l'ensemble de l'organisation plutôt que de la cloisonner. Elle favorise également l'édification d'une culture du risque au sein des administrations fiscales, comme le montre l'encadré 6.5.

Encadré 6.5. Exemples nationaux : Risques émergents

Brésil : Programme intégré de gestion des risques

Dans le passé, l'administration fiscale brésilienne (Receita Federal do Brasil [RFB]) gérait les risques institutionnels sur la base de sa structure organisationnelle et de son cadre de fonctionnement alors que les risques liés à l'indiscipline fiscale étaient abordés de manière cloisonnée par les différents services en fonction de leurs propres critères et de leurs connaissances en la matière.

Depuis 2021, avec l'appui technique des organisations internationales, un programme stratégique a été mis sur pied afin de restructurer le modèle de gestion des risques de l'institution selon une approche intégrée et multidimensionnelle. Les étapes du programme comprenaient une nouvelle politique de gestion des risques, la création d'un Bureau national de gestion des risques avec l'appui de points de contact régionaux et la révision des rôles, des responsabilités, des délégations de pouvoir et des structures de gouvernance.

Le nouveau modèle sera appliqué dans tous les domaines d'activité et à tous les niveaux de l'organisation. Il a pour objet de mieux coordonner les initiatives de la RFB en matière de gestion des risques, ces derniers étant recensés à l'aide un système intégré d'évaluation des risques faisant appel à des outils technologiques avancés. Les résultats produits par ce cadre sont totalement intégrés dans les rapports de performance en temps réel.

L'analytique avancée des données est utilisée pour recueillir, traiter et convertir les grandes quantités de données stockées dans les bases de données de l'administration en informations claires et aisément compréhensibles sur la gestion des risques, et ainsi éclairer en amont le processus décisionnel. L'enjeu est de faire en sorte que ces informations soient de plus en plus accessibles en temps réel au personnel de l'ensemble de l'institution. L'objectif ultime de la RFB est d'ancrer son modèle de gestion des risques dans les valeurs fondamentales de l'administration et d'en tenir compte dans ses comportements au jour le jour et sa culture institutionnelle.

Nouvelle-Zélande : Risque d'entreprise

L'administration fiscale de la Nouvelle-Zélande (New Zealand Inland Revenue [IR]) a simplifié le langage et la méthode employée pour gérer les risques au sein de l'organisation, en commençant par renforcer les contrôles des risques stratégiques et en veillant à leur appropriation claire – une approche conforme aux responsabilités fonctionnelles.

Les contrôles mis en œuvre pour gérer les risques stratégiques ont été simplifiés afin de les aligner sur les responsabilités fonctionnelles et la structure organisationnelle, les lignes de responsabilité et d'action étant ainsi clairement délimitées. La garantie de l'efficacité et de la mise en œuvre des mesures correctrices dépend alors des programmes de travail existants et fait l'objet d'un suivi. Les responsables du contrôle peuvent ajouter des niveaux de définition supplémentaires afin de définir les contrôles ou des éléments précis qui sont efficaces ou en cours d'amélioration. Lorsqu'une action correctrice est entamée, elle est généralement liée à des initiatives approuvées dans le cadre du portefeuille d'entreprises.

L'établissement de rapports sur les risques et les contrôles est géré au moyen d'un ensemble d'outils centralisés, de telle sorte qu'il existe une source unique de vérité sur l'efficacité d'un contrôle ou le niveau de risque. Les actions et le responsable de la tâche sont visibles et gérés par le même ensemble d'outils, comportant des liens d'accès aux activités de gestion de portefeuille, de projet et de planification d'entreprise. Les services de l'IR peuvent ajouter leurs propres risques et contrôles dans cet outil et les rattacher à leurs risques et contrôles stratégiques. Cette méthode commence à donner une vision plus complète des risques gérés par l'organisation et de leurs conséquences sur ses activités opérationnelles.

Le changement d'approche au profit d'un cadre de contrôle centralisé et transparent a permis à l'IR d'entamer une gestion coordonnée des risques stratégiques, en lien avec les activités opérationnelles et une amélioration des contrôles.

Source : Brésil (2023) et Nouvelle-Zélande (2023).

La planification des risques futurs est particulièrement importante alors que juridictions prennent en considération les répercussions actuelles des défis mondiaux et la manière dont ils influencent le comportement des contribuables en matière de discipline fiscale. Cette situation relèvera probablement du défi, car les juridictions sortent de la pandémie, période au cours de laquelle elles ont réduit ou suspendu les activités liées à la discipline fiscale, ce qui a eu des répercussions sur les données disponibles pour évaluer correctement les risques. Les compétences spécialisées dans le domaine de la modélisation et de l'analyse que les administrations fiscales ont acquises avant la pandémie ont permis de réagir à ces défis et de tenir compte des changements de comportement des contribuables.

Il est intéressant de noter une évolution au sein de l'administration fiscale : la reconnaissance que la fonction d'analyse des données doit être décentralisée et répartie plus largement au sein de l'organisation. Les administrations fiscales peuvent ainsi se préparer à repérer plus rapidement les risques émergents et à définir les actions précoces possibles. Elles réfléchissent donc désormais à la manière d'intégrer l'intelligence artificielle dans les procédures visant à améliorer la discipline fiscale et cette démarche devrait être au centre de la transformation numérique dans le domaine de la gestion future de la discipline fiscale et des risques. L'encadré 6.6 présente des exemples de cette démarche.

Encadré 6.6. Exemples nationaux : Recours à l'intelligence artificielle

Irlande : Preuve de concept de l'intelligence artificielle

Dans le but de simplifier l'expérience du contribuable et de supprimer l'obligation qui lui est faite de classer lui-même sa demande dans une catégorie, l'intelligence artificielle (IA) a été utilisée pour automatiser le processus de classement et d'acheminement des demandes adressées aux experts compétents en la matière pour qu'ils y répondent.

Pour y parvenir, des preuves de concept ou pilotes ont été élaborés et déployés afin de déterminer ce qui convient le mieux dans les différents scénarios. Les équipes commerciales et informatiques ont œuvré de concert pour définir un ensemble de demandes de renseignements des contribuables et elles les ont utilisées pour entraîner les modèles technologiques à automatiser les tâches. Grâce à une série d'examens itératifs des données, un modèle utilisant la technologie la mieux adaptée a été établi. En conséquence, l'interface utilisateur en ligne a été radicalement simplifiée en vue de supprimer les menus déroulants complexes. La technologie et les modèles d'IA d'origine sont actuellement copiés et affinés pour intégrer d'autres cohortes de contribuables et d'autres types de demandes.

Ces travaux ont permis une progression du niveau de précision des catégories sélectionnées par les contribuables eux-mêmes de 70 % à 97 % pour les demandes de renseignements relevant de la catégorie supérieure. En moyenne, le classement automatique a permis de réduire le délai d'acheminement vers des experts en la matière de plus de 24 heures. Grâce à l'interface utilisateur simplifiée, un contribuable peut désormais soumettre une demande de renseignements en format texte libre sans avoir à tenir compte des catégories et sous-catégories fiscales. Ce dispositif a incité les contribuables à utiliser prioritairement les canaux numériques lorsqu'ils contactent l'administration fiscale en simplifiant ainsi nettement la soumission d'une demande. L'affectation plus précise des demandes de renseignements dans les différentes catégories permet à l'administration de mieux appréhender les besoins des contribuables et, de ce fait, de mieux cibler les réponses.

Israël : Projet d'estimation logique automatisée

En Israël, l'administration fiscale utilise des outils numériques avancés pour promouvoir et simplifier ses activités. C'est ainsi qu'un projet d'estimation automatisée de l'impôt sur la propriété immobilière combine des éléments de l'IA stimulant le travail des inspecteurs chargés de l'estimation de l'impôt sur la propriété immobilière avec les capacités informatiques des systèmes en ligne. Ce système réduit la durée de l'estimation et permet aux agents de l'administration de se concentrer sur les dossiers les plus complexes ayant un potentiel de recettes fiscales important.

Le projet a été dicté par un changement rendant obligatoire le remplacement de la déclaration manuelle par le dépôt en ligne des actes d'achat et de vente de biens immobiliers. Le projet d'estimation automatisée de l'impôt sur la propriété immobilière a démarré progressivement en 2022, par l'examen de chaque étape de la programmation et l'amélioration du mécanisme logique en fonction des besoins. Au cours de l'année 2022, des estimations logiques informatisées ont été utilisées dans 30 500 transactions immobilières (environ 34 % de l'ensemble des transactions de ce type).

La durée normale de l'estimation d'une transaction immobilière par un inspecteur des impôts est d'une heure. En 2022, le système automatisé a donc permis d'économiser 30 500 heures de travail. En outre, 30 500 vendeurs et acheteurs ont contacté l'administration fiscale immédiatement après avoir soumis la déclaration en ligne par eux-mêmes ou par l'intermédiaire d'un représentant. Les parties à la transaction ont également reçu sur-le-champ les agréments fiscaux et les documents nécessaires.

Les estimations automatiques réalisées en 2022 ont porté sur des transactions exonérées de l'impôt sur les plus-values. Les transactions faisant l'objet d'un contrôle logique et présentant une anomalie ont été transmises à l'inspecteur des impôts en les accompagnant d'une explication sur l'anomalie. En 2022, le nombre moyen de déclarations de revenus traitées par heure de travail dans le service chargé d'évaluer les exonérations de l'impôt sur la propriété immobilière a augmenté de 48 % par rapport à 2021.

Singapour : Plateforme de paiement unique

En 2022, l'administration fiscale de Singapour (Inland Revenue Authority of Singapore [IRAS]) a mis au point la plateforme de paiement unique, une solution d'analyse intelligente pour l'aider à mieux détecter les tentatives de contournement du système et les paiements à risque. Cette plateforme a pour but de fournir une solution à « guichet unique » afin de simplifier l'évaluation des risques de paiement et d'aider les agents de l'IRAS à repérer les contribuables susceptibles d'abuser de divers dispositifs de paiement.

La plateforme, qui intègre des fonctions d'analytique de données et d'apprentissage automatique, comporte les principaux éléments suivants :

- Divers modèles de données et anti-détournement sont regroupés et intégrés dans la plateforme afin de permettre une analyse rapide et performante. Les agents peuvent interagir directement avec les modèles afin de sélectionner les dossiers en temps voulu et, si nécessaire, modifier les paramètres du modèle pour effectuer une simulation des risques en temps réel.
- Le moteur d'évaluation des risques basé sur des règles applique une logique métier pour l'évaluation des risques, tandis que les modèles prédictifs (apprentissage automatique) évaluent la gravité des risques posés par les nouveaux dossiers. En combinant les deux moteurs de notation des risques, il est possible d'obtenir une évaluation plus efficace et fiable permettant un meilleur classement des dossiers par priorité.

- Grâce à des interfaces utilisateurs intuitives, les agents bénéficient d'une auto-assistance et ils peuvent effectuer l'analyse et sélectionner facilement les dossiers. Le regroupement des informations pertinentes et des représentations visuelles au sein d'un portail unique permet aux agents de consulter les détails d'un dossier en un seul coup d'œil et de prendre des décisions rapides lors de leur vérification.

La plateforme de paiement unique permet ainsi une détection rapide et performance des fraudes potentielles liées aux nouveaux dispositifs de paiement, qui se traduit par une réduction des délais d'intégration des nouveaux dispositifs.

Suède : Évaluation des risques

En ayant recours à l'IA pour faire la part entre les dossiers à faible risque et ceux à risque élevé, la STA a pu repérer et rejeter des demandes de déduction fiscale abusives à hauteur de la somme de 300 millions SEK (correspondant à un montant d'impôts de 42 millions SEK). La combinaison de l'IA avec d'autres techniques a permis d'obtenir ce résultat sans mobiliser d'importantes ressources supplémentaires.

La STA a mis en place un système automatisé et un modèle d'IA est utilisé pour recenser les demandes de déduction pour lesquelles, selon toute vraisemblance, le contribuable ne pourra pas apporter d'éléments probants à l'appui de sa demande.

Le modèle d'IA est entraîné avec des données provenant de vérifications antérieures, ce qui lui permet de détecter les caractéristiques communes des contribuables qui ne répondent pas aux demandes de justificatifs. Un exemple typique est celui de la présence d'informations contradictoires telles que la demande de déduction des frais de déplacement d'une personne vers son lieu de travail alors que cette personne est sans emploi.

Le système automatisé de la STA est à l'origine de 19 000 demandes de justificatifs qui, sans cela, n'auraient pas été émises. Il envoie automatiquement les demandes à partir des résultats générés par le modèle d'IA. L'absence de réponse entraîne le rejet automatique de la déduction demandée. Si le STA reçoit une réponse, le dossier est traité manuellement selon la méthode habituelle.

Source : Australie (2023), Chili (2023), Israël (2023) et Suède (2023).

Activités liées à la discipline fiscale entreprises

Les « activités liées à la discipline fiscale » entreprises par les administrations fiscales pour déterminer si les contribuables ont correctement déclaré l'impôt dû évoluent. Comme on l'a vu plus haut, l'accès accru aux données et l'adoption de modèles analytiques sophistiqués permettent aux administrations fiscales de mieux repérer les déclarations, demandes ou transactions qui peuvent nécessiter un examen plus approfondi ou être frauduleuses. En outre, ces modèles, dont bon nombre peuvent fonctionner en temps réel, permettent aux administrations d'effectuer des vérifications électroniques automatisées de toutes les déclarations ou de certaines transactions.

Vérifications électroniques de la discipline fiscale

Si les vérifications traditionnelles (notamment les vérifications complètes, d'un point précis ou sur pièces) représentent toujours les principales activités de vérification, le recours aux vérifications électroniques automatisées à partir d'approches fondées sur des règles pour traiter certains risques définis (comme le rejet automatique d'une demande, l'émission d'une lettre ou l'appariement d'une transaction) dote les administrations de moyens plus efficaces et efficients pour effectuer certaines activités de vérification. L'encadré 6.6 présente des exemples de travaux réalisés dans ce domaine.

Néanmoins, dans le cadre de ces approches, il y a lieu de se demander comment tenir compte de ces vérifications électroniques automatisées dans les informations sur les performances communiquées par les administrations dans l'enquête ISORA. La prise en compte de l'ensemble des vérifications est susceptible d'entraîner une distorsion des taux de couverture, de redressement et de rendement. Toutefois, lorsqu'elles remplacent les vérifications manuelles effectuées autrefois, il semblerait approprié de tenir compte de ce que font les administrations dans ce domaine.

À cet égard, l'Enquête ISORA invite les administrations fiscales participantes à ventiler le montant total des redressements supplémentaires résultant des activités liées au contrôle et à la vérification en (i) vérifications et (ii) vérifications électroniques du respect des obligations (au sens des vérifications électroniques, de la validation et de l'appariement des informations sur le contribuable). Seules quelques administrations ont été en mesure de communiquer des informations sur les vérifications électroniques du respect des obligations. Toutefois, pour certaines d'entre elles, les vérifications électroniques du respect des obligations représentent une part importante des redressements supplémentaires effectués dans le cadre de l'ensemble des activités de contrôle et de vérification. (Voir le tableau D.39)

Grâce au volume croissant de données et à des ressources technologiques plus puissantes, on observe une tendance de plus en plus marquée à mettre en place des vérifications en temps réel de la discipline fiscale, ce qui se traduit par une détection plus précoce des erreurs, comme l'illustre l'encadré 6.7.

Encadré 6.7. Exemples nationaux : Vérifications électroniques de la discipline fiscale

Inde : Vérifications électroniques

Le système de vérifications électroniques lancé par le département de l'impôt sur le revenu en Inde procure aux contribuables toutes les informations financières électroniques les concernant que l'administration fiscale a recueillies auprès de diverses sources. Ils peuvent ensuite les vérifier afin de déterminer, de manière exacte et exhaustive, leur revenu.

Trois situations sont alors possibles. Dans un premier cas, ils peuvent accepter les informations et les intégrer dans leur déclaration. Dans un autre, s'ils estiment que les informations sont incorrectes et considèrent qu'il existe une discordance, les données sont vérifiées une nouvelle fois. Enfin, en l'absence de réponse du contribuable, les données déclarées sont considérées comme des revenus.

En cas de discordance, une communication électronique est établie avec les sources de l'information, comme les banques, les services qui gèrent les transactions relatives à la propriété immobilière, etc. Ces sources tiers peuvent rectifier les informations ou valider une nouvelle fois l'exactitude des informations. Si la discordance persiste, le dossier fait l'objet d'une évaluation des risques. Si les données présentent un risque faible ou nul, le dossier est clos. En revanche, si le risque est considéré comme élevé, l'administration fiscale procède à une vérification préliminaire et le rapport qui en résulte est comparé à la déclaration de revenus afin d'établir le rapport de vérification final.

Si, dans le cadre du rapport de vérification final, le risque encouru est considéré comme faible ou nul, le dossier est refermé. En revanche, en cas de risque élevé, les informations sont transmises à l'équipe de vérification fiscale (lorsqu'un contrôle est encore en cours) ou le service des impôts prend la mesure qui s'impose.

Irlande : Tableau de bord de suivi des risques en temps réel

Lorsqu'une demande de remboursement était émise, l'administration fiscale utilisait auparavant un moteur basé sur des règles pour analyser les risques liés aux contribuables dont l'impôt est retenu à la source. Cette analyse des risques consistait en un processus de traitement par lots effectué le soir, en appliquant un ensemble de règles prédéfinies aux données de contribuables prélevés à la source afin de déterminer s'ils présentaient un risque. En cas de risque élevé, le remboursement était bloqué et un élément de travail relatif au risque était généré en vue d'approfondir les recherches.

Le cadre de gestion des risques en temps réel mis en œuvre récemment comporte trois modules différents : un tableau de bord de suivi des risques en temps réel, un gestionnaire de règles et un simulateur de règles. Le tableau de bord de suivi des risques en temps réel donne accès à des statistiques et à des fonctionnalités d'exportation afin de présenter les informations à utiliser dans le cadre des processus informatiques de gestion des risques et potentiellement de l'IA. Le gestionnaire de règles permet aux entreprises de gérer les règles relatives aux risques et ainsi à l'équipe de s'approprier totalement l'application. Le simulateur de règles donne aux entreprises la possibilité de mettre à l'essai et de simuler des règles nouvelles ou existantes avant de les autoriser concrètement.

La nouvelle application examine en temps réel les demandes de remboursement de trop-perçu soumises par les contribuables et bloque les paiements à risque en utilisant les règles élaborées par l'équipe affectée au respect des obligations fiscales. L'administration fiscale est désormais en mesure de réagir immédiatement aux nouvelles tendances en simulant de nouvelles règles, puis en les autorisant. Cette application est dynamique et l'équipe responsable de la discipline fiscale peut activer et désactiver les règles dans l'environnement réel. Il existe une option d'analyse des données antérieures et actuelles en utilisant le simulateur de suivi en temps réel. D'autres fonctionnalités sont en cours de développement afin de permettre à l'équipe affectée en première ligne au respect des obligations de gérer et d'élaborer des règles par elle-même et de disposer, en toute indépendance, d'une solution en temps réel pour les comportements à risque.

Lituanie : Contrôle des risques en temps réel

Le sous-système intelligent de l'administration fiscale (i.KON) mis en œuvre en 2020 permet de repérer les discordances en temps réel, assurant un traitement plus rapide et plus efficace des données entrantes et d'évaluer les risques fiscaux plus rapidement. i.KON sélectionne automatiquement les payeurs sur la base de divers critères de risque.

L'efficacité du sous-système i.KON et la capacité de l'administration fiscale lituanienne (State Tax Inspectorate [STA]) à exploiter et à gérer correctement les processus automatisés réalisés dans le sous-système se traduisent par des performances élevées et en progression. Sur la base de l'analyse des risques i.KON, les contribuables ont déclaré 21 millions EUR supplémentaires en 2021 et 59 millions supplémentaires en 2022. Il convient de noter que ces résultats significatifs et en progression ont été obtenus moyennant des investissements relativement modestes - le coût du développement du sous-système i.KON n'a pas dépassé 1.5 million EUR. Depuis son lancement, les résultats des actions entreprises sur la base de l'analyse des risques du système i.KON représentent la majeure partie des résultats des actions de suivi.

Pour une explication plus détaillée, voir l'annexe 6.A.

Source : Inde (2023), Irlande (2023) et Lituanie (2023).

Vérifications

En moyenne, les ***taux d'ajustement des vérifications*** par type de vérification sont restés stables sur la période de 2018 à 2021 (voir le tableau 6.3). Cependant, comme le montre le graphique 6.8, les taux varient sensiblement selon les administrations prises en compte dans ce rapport. Les taux d'ajustement élevés peuvent bien sûr résulter de vérifications très ciblées, en particulier pendant la pandémie de COVID-19, période au cours de laquelle les administrations ont axé leurs activités de vérification sur les dossiers à haut risque comme les activités frauduleuses (OCDE, 2021[9]).

L'ampleur des vérifications ressort également de l'examen des redressements supplémentaires effectués. En moyenne, les redressements supplémentaires effectués à la suite de vérifications représentent environ 4 % des recettes totales collectées. Ils sont demeurés relativement stables au cours des années 2018 à 2021 (voir le tableau 6.3). Si l'on examine les données au niveau de chaque juridiction, on constate des écarts significatifs entre les 52 administrations qui ont été en mesure de fournir des données (voir le graphique 6.9).

Tableau 6.3. Taux d'ajustement des vérifications et redressements supplémentaires établis, 2018-2021

	2018	2019	2020	2021
Taux d'ajustement des vérifications – en pourcentage (39 juridictions)	57.4	58.3	58.6	61.7
Redressements supplémentaires effectués dans le cadre d'une vérification en pourcentage des impôts recouvrés (48 juridictions)	4.1	4.1	4.5	3.9

Note : Le tableau présente les taux moyens d'ajustement et les redressements supplémentaires effectués dans le cadre d'une vérification (à l'exception des vérifications électroniques de la discipline fiscale) pour les juridictions qui ont été en mesure de fournir ces informations pour les années 2018 à 2021. Le nombre de juridictions pour lesquelles des données étaient disponibles est indiqué entre parenthèses.
Source : Tableaux D.38 et D.39.

La ventilation par type d'impôt montre que le ratio entre les redressements supplémentaires effectués et les impôts recouvrés est plus élevé dans le cas de l'impôt sur les sociétés (IS). En moyenne, les redressements supplémentaires de l'IS en pourcentage de l'IS recouvré s'élèvent à 8.8 %, soit un pourcentage plus de deux fois supérieur au pourcentage de la taxe sur la valeur ajoutée (3.6 %) et plus de quatre fois supérieur à celui de l'impôt sur le revenu des personnes physiques (2.4 %). (Voir le graphique 6.10).

Dans un grand nombre de juridictions, les redressements supplémentaires effectués par les services/programmes dédiés aux plus gros contribuables représentent une part importante des redressements supplémentaires liés aux vérifications (voir le graphique 6.11). En moyenne, les services/programmes dédiés aux gros contribuables représentent environ 30 % du total des redressements supplémentaires liés aux vérifications (voir le tableau 6.2).

Graphique 6.8. Taux d'ajustement des vérifications, 2021

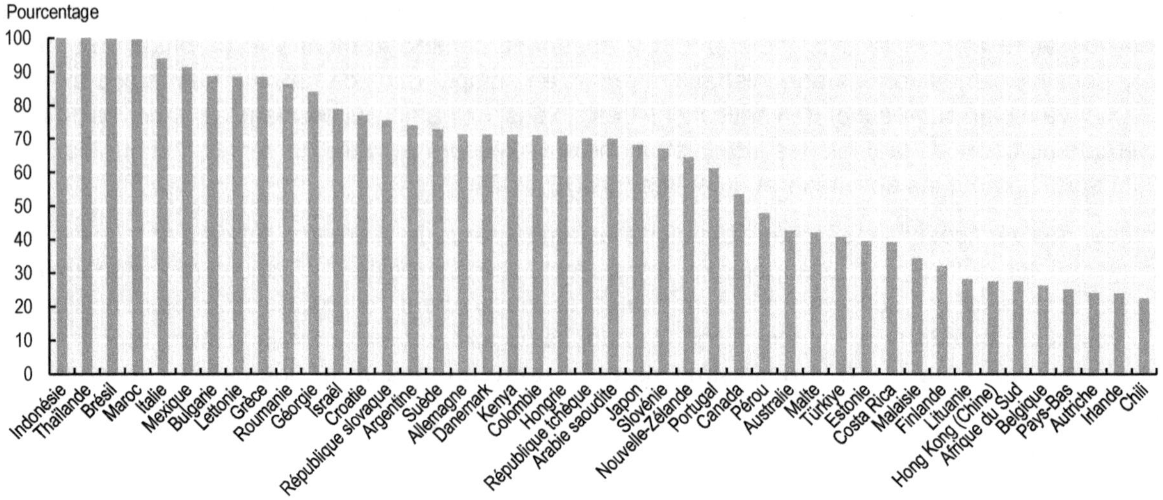

Source : Tableau D.38.

StatLink https://stat.link/ikza7o

Graphique 6.9. Redressements supplémentaires effectués dans le cadre d'une vérification en pourcentage des impôts recouvrés, 2021

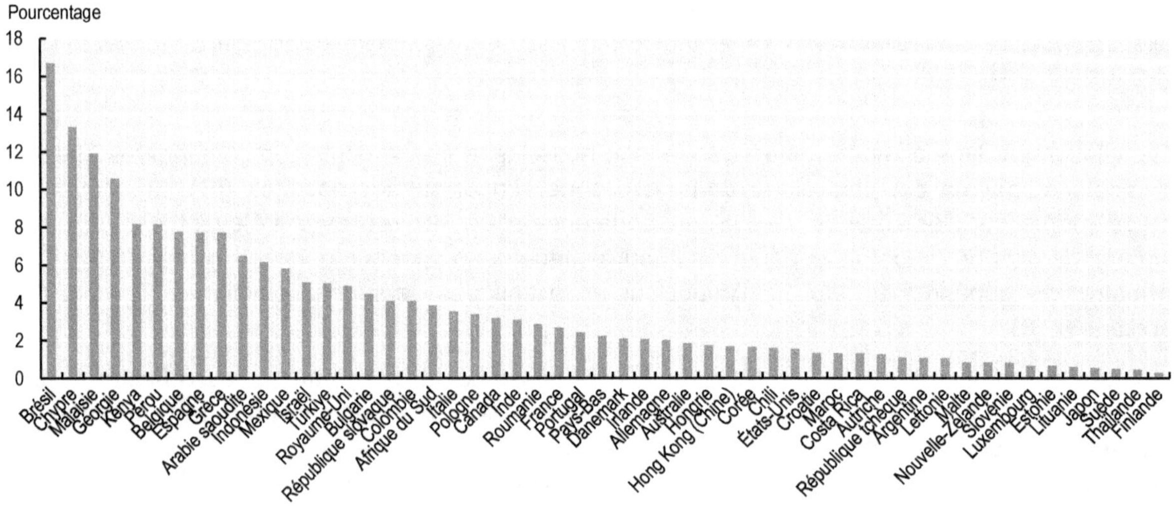

Source : Tableau D.39.

StatLink https://stat.link/ez21di

Graphique 6.10. Redressements supplémentaires effectués dans le cadre d'une vérification en pourcentage des impôts recouvrés par type d'impôt, 2021

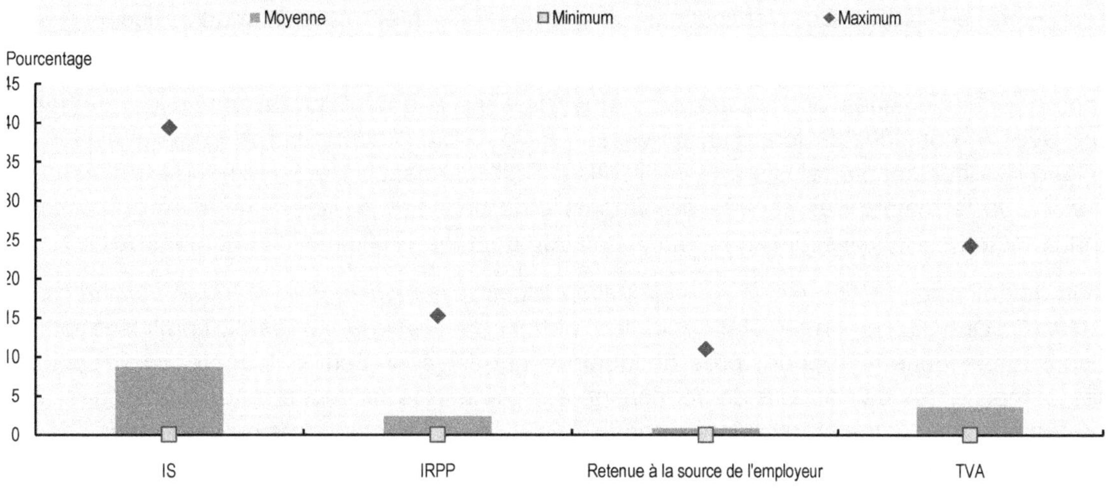

Note : Les données relatives à la Norvège ont été exclues du calcul, car elles fausseraient les ratios moyens.
Source : Tableaux D.40. et D.41.

StatLink https://stat.link/0lty2e

Graphique 6.11. Redressements supplémentaires effectués dans le cadre de vérifications entreprises par les services/programmes dédiés aux gros contribuables, en pourcentage des redressements supplémentaires effectués dans le cadre de l'ensemble des vérifications, 2021

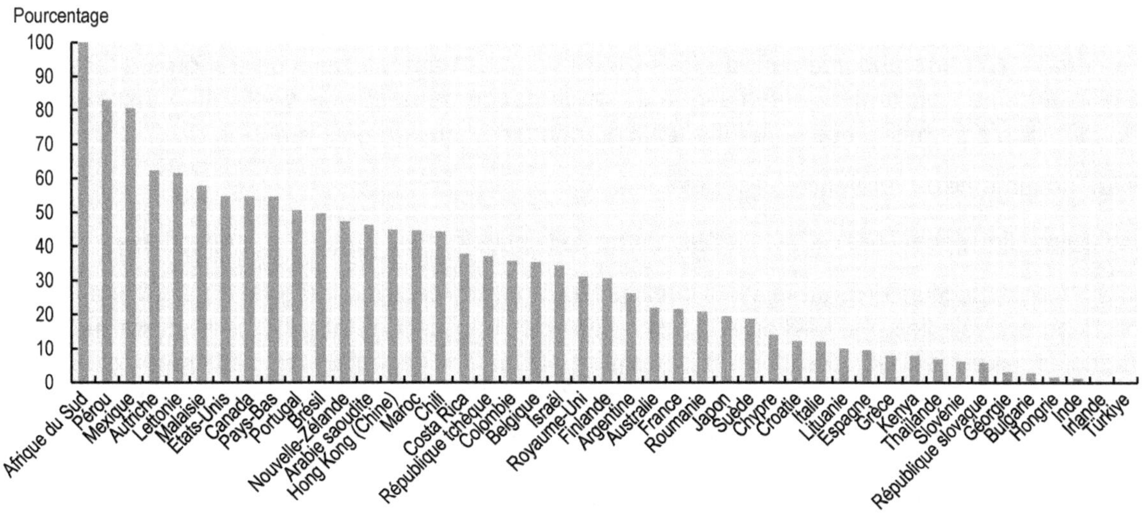

Source : Tableau D.17.

StatLink https://stat.link/xbpq4j

Basculement des activités de vérification vers un environnement virtuel

Par tradition, les administrations emploient différents types de vérifications, notamment des vérifications complètes ou d'un point précis, l'examen de la comptabilité et des enquêtes approfondies en cas de suspicion de fraude fiscale. Ces vérifications obligent généralement l'administration fiscale à se rendre dans les locaux du contribuable (vérifications sur place).

Les progrès technologiques ont amené les administrations à envisager de nouvelles méthodes pour dialoguer avec le contribuable lors d'un processus de contrôle, notamment la communication par voie électronique des documents relatifs à la vérification. Cette tendance s'est accentuée depuis la crise du Covid-19, car la fermeture des centres des impôts et le passage au télétravail d'un grand nombre de fonctionnaires des services fiscaux ont modifié la façon dont les vérifications sont menées.

Le rapport de 2021 de l'OCDE intitulé *Administration fiscale : la résilience numérique dans le contexte du COVID-19* (OCDE, 2021[9]) en fait état également et fait observer que sur les 32 administrations fiscales prises en compte dans le rapport, près de quatre-vingt-dix pour cent ont opéré un basculement de certaines composantes de l'activité de vérification sur place vers un mode virtuel/numérique. En outre, 76 % de ces administrations envisagent de continuer de mener leurs activités de vérification sur place sur un mode virtuel/numérique à l'avenir. Cette évolution est favorisée par l'utilisation accrue de la technologie dans les vérifications, ce qui contribue à améliorer l'efficacité. L'encadré 6.8 met en lumière certaines pratiques exemplaires dans ce domaine.

Encadré 6.8. Exemples nationaux : Utilisation de la technologie dans les vérifications

Australie : Recours à l'automatisation pour influer sur les agents à haut risque

L'Australie compte près de 46 000 agents agréés par l'administration fiscale qui déposent les déclarations de revenus annuelles de quelque 6 millions de contribuables. La stratégie de l'ATO à l'égard de ces agents consiste à repérer ceux qui présentent un comportement à haut risque. À partir de processus automatisés, un projet pilote a permis de repérer les dépôts de déclarations à haut risque, puis d'envoyer à l'agent agréé et au contribuable une mise en demeure leur demandant de justifier leurs demandes de remboursement de frais professionnels dans un délai de 28 jours. L'absence de réponse entraîne l'ajustement automatique de la demande sans qu'une vérification soit nécessaire. Cette méthode a permis le doublement effectif du nombre d'ajustements réalisés..

Voir les documents de référence à l'annexe 6.A.

Chine (République populaire de) : Contrôle interne de la plateforme « Smart Tax Inspection »

« Smart Tax Inspection » (contrôle fiscal intelligent) est une plateforme intégrée qui couvre à la fois les aspects du contrôle liés à la gestion administrative et à l'application de la loi. Le système est capable de détecter des problèmes opérationnels courants au niveau de l'agent de l'administration et de bloquer activement le processus s'il ne respecte pas la procédure de travail établie. Il est également doté de 37 indicateurs d'analyse et de suivi automatiques a posteriori, couvrant les principales concentrations de risques en matière de sélection des dossiers, d'inspection, d'examen et d'application de la loi. Lorsqu'un risque est relevé, une tâche est créée et affectée à la personne concernée pour qu'elle la traite et formule ses commentaires.

Le système dispose également d'un dispositif de contrôle interne automatique et efficace du contrôle fiscal fonctionnant en boucle fermée. Ainsi, si des risques liés à l'application de la loi surviennent fréquemment dans le même service de contrôle local pendant trois mois consécutifs, sans aucun signe d'amélioration, le système émettra automatiquement un rappel à l'attention du responsable de ce service de contrôle. De même, lorsque l'échéance de la tâche liée au risque est dépassée, il génèrera automatiquement des rappels et les enverra au service de contrôle fiscal du siège de la STA, afin d'accélérer le processus.

En outre, il est possible de procéder à une analyse intelligente et multidimensionnelle reposant sur des indicateurs de contrôle interne, ce qui permet d'aider la STA à recenser les risques de gestion et à y répondre. Les risques significatifs qui surviennent fréquemment à une période donnée peuvent être également mis en évidence et diffusés afin de prendre des mesures en temps voulu.

Mexique : Vérifications virtuelles/numériques et salles de données

L'administration fiscale mexicaine (Mexican Tax Administration Service [SAT]) utilise la vérification à distance (vérification électronique) qui permet au vérificateur et à l'entité vérifiée de communiquer par voie électronique. Les signatures électroniques des représentants des entités juridiques contrôlées sont vérifiées par le biais de procédures telles que la validation de l'identité et le service d'accréditation biométrique. Le département informatique de la SAT autorise l'identité des membres de l'équipe de vérification en tant que membres de son propre personnel ou personnes agréés, et ils utilisent tous le service d'accréditation biométrique pour leurs signatures électroniques. Les restrictions légales et réglementaires en matière d'accès à l'information sont respectées lors des vérifications et des protocoles et contrôles spécifiques portant sur la sécurité de l'information sont appliqués aux vérifications électroniques. Différentes procédures sont utilisées, notamment des listes de référence, des questionnaires et des entretiens afin d'examiner les éléments probants, qui peuvent être présentés dans différents formats (documents, enregistrements vidéo et audio).

République slovaque : Soutien d'experts pour les vérifications fiscales

Un nouveau système a été mis au point pour permettre la gestion centralisée des vérifications fiscales et des enquêtes sur place. Grâce à l'enregistrement centralisé de toutes les demandes de vérification fiscale, le cycle de vie complet de l'information est saisi, depuis son intégration dans le plan d'action de la vérification jusqu'aux commentaires sur les actions menées par le vérificateur.

Le système fournit également une assistance automatisée aux vérificateurs afin qu'ils puissent mener à bien leur mission rapidement et dans le respect de la procédure établie (comprenant une aide aux nouveaux vérificateurs ou aux moins expérimentés) ainsi que des informations détaillées sur l'entité fiscale en provenance de toutes les bases de données disponibles.

Il est capable de recommander au vérificateur un plan d'action précis dans le cadre du processus de contrôle (arbre de décision expert), notamment les normes juridiques en vigueur, la jurisprudence applicable sous la forme de sous-tâches recommandées auxquelles le vérificateur est tenu de répondre, et de générer des alertes en cas de changements dans les entités vérifiées ou les vérifications s'y rattachant, ce qui permet de respecter les délais.

De cette façon, il est possible d'établir des rapports et statistiques jusqu'au niveau des conclusions tirées des actions recommandées, car le personnel d'encadrement a une meilleure vue d'ensemble des activités et des résultats de son service de vérification, de la charge de travail de chaque vérificateur, de son taux de réussite concernant les produits de base, des types de fraudes, etc. L'administration financière dans son ensemble a ainsi accès à des informations plus détaillées sur l'activité de vérification, notamment à une vision en temps réel de la performance des indicateurs suivis.

Source : Australie (2023), Chine (République populaire de) (2023), Mexique(2023) et République slovaque (2023).

Enquêtes sur les délits fiscaux

L'expression « délinquance fiscale » désigne tout comportement constitutif d'une infraction au droit fiscal et susceptible de faire l'objet d'une enquête, de poursuites et de sanctions en vertu des procédures pénales prévues par le système de justice pénale. Il existe diverses démarches organisationnelles de la réalisation d'enquêtes sur les délits fiscaux et l'enquête ISORA 2021 s'est penchée sur la responsabilité de diriger et de mener ces enquêtes.

Les informations rassemblées dans le cadre de l'enquête ISORA 2021 montrent que 55 % des administrations fiscales prises en compte dans cette publication prennent part à la réalisation d'enquêtes sur des délits fiscaux (tableau A 36). La plupart de ces administrations fiscales ont la double responsabilité de mener et de diriger des enquêtes sur les délits fiscaux tandis que les autres ont la responsabilité exclusive de mener les enquêtes, mais sous la direction ou l'autorité d'une autre instance comme la police ou le ministère public (voir le graphique 6.11).

Dans les circonstances où les administrations fiscales n'ont pas la responsabilité de mener les enquêtes, elles sont confiées à une autre autorité, comme la police ou le ministère public. Il peut s'agir également d'un organisme fiscal spécialisé, établi en dehors de l'administration fiscale.

Graphique 6.12. Rôle des administrations dans les enquêtes sur les délits fiscaux, 2020

Pourcentage d'administrations

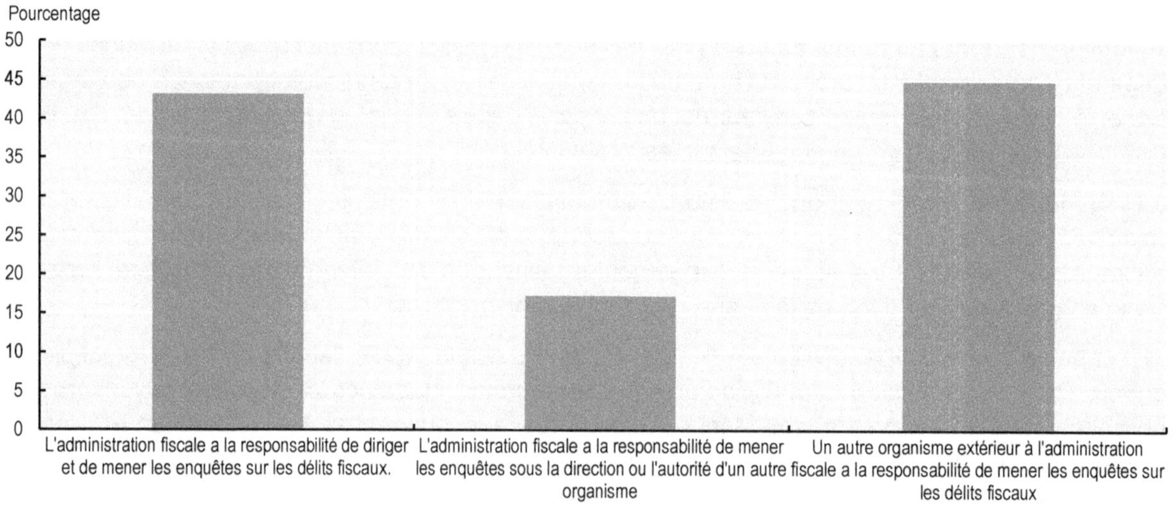

Note : Dans certaines juridictions, l'approche organisationnelle en matière d'enquête sur les délits fiscaux peut dépendre du délit fiscal ou des poursuites pénales en matière fiscale. Dans ces circonstances, une administration peut avoir sélectionné plusieurs réponses possibles. C'est la raison pour laquelle les pourcentages dépassent 100 %.
Source : Tableau A.69.

StatLink https://stat.link/9mlzq3

Le tableau 6.4. indique le nombre total de dossiers déférés pour poursuites durant l'année fiscale dans les 32 administrations qui ont la responsabilité de mener des enquêtes sur les délits fiscaux. Alors que le nombre de dossiers déférés pour poursuites était le même en 2018 et 2019, un recul significatif a été enregistré en 2020 et 2021.

Cela ressort également des données par juridiction qui montrent que près de 70 % des administrations qui ont la responsabilité de mener des enquêtes sur les délits fiscaux ont déféré moins de dossiers pour poursuites en 2021 (voir le tableau A 69).

Tableau 6.4. Évolution des dossiers d'enquête sur les délits fiscaux déférés pour poursuites entre 2018 et 2021

Année	Nbre de dossiers déférés pour poursuites au cours de l'année fiscale	Évolution en pourcentage (par rapport à l'année précédente)
2018	41 631	
2019	40 426	-2.9
2020	33 874	-16.2
2021	30 490	-10.0

Note : Ne comprend que les administrations qui en ont la responsabilité
Source : Tableau A.69.

Cette baisse peut s'expliquer par plusieurs raisons. Il peut s'agir notamment d'un recul véritable des dossiers, les administrations réduisant les effectifs dans ce domaine dans le cadre d'une réaffectation plus générale des ressources en raison de la pandémie ou bien la pandémie peut avoir imposé des restrictions à la capacité de déférer des dossiers pour poursuites. Les futures éditions de cette série permettront de déterminer si la baisse de cette année était un phénomène passager lié à la pandémie ou bien l'amorce d'une tendance de longue durée.

La recherche de meilleures solutions pour combattre la délinquance fiscale est une priorité absolue, car le blanchiment de capitaux, la corruption, le financement du terrorisme et d'autres délits à caractère financier menacent les intérêts stratégiques, politiques et économiques de tous les pays. Les administrations fiscales, en tant que « gardiennes » d'un système financier solide, jouent un rôle crucial dans la lutte contre ces activités et sont en possession d'informations qui peuvent être décisives pour mener à bien une enquête pénale en matière fiscale.

Encadré 6.9. Volet Enquêtes pénales de l'Initiative Inspecteurs des impôts sans frontières

Le volet Enquêtes pénales de l'initiative Inspecteurs des impôts sans frontières (IISF-EP) est une initiative conjointe de l'OCDE et du PNUD, qui apporte un soutien bilatéral au renforcement des capacités des pays en développement dans le domaine des enquêtes sur les délits fiscaux, en prenant pour fondement la *Recommandation du Conseil de l'OCDE sur les Dix principes mondiaux pour lutter contre la délinquance fiscale* (OCDE, 2022[10]). Le programme bilatéral sur mesure IISF-EP combine l'expérience technique du Groupe d'action de l'OCDE sur les délits à caractère fiscal et autres délits et la présence sur le terrain du PNUD, en complément d'autres initiatives multilatérales de l'OCDE en matière de délinquance fiscale comme l'Académie de l'OCDE pour les enquêtes en matière de délinquance fiscale.

Le programme IISF-EP suit un processus de mise en œuvre en trois étapes commençant par une auto-évaluation selon le *Modèle de maturité de l'OCDE pour les enquêtes sur les délits fiscaux* afin de mettre en évidence les déficits de capacités (OCDE, 2020[11]) Durant la deuxième phase, le processus de mise en œuvre réelle démarre par l'élaboration d'un plan de travail définissant la portée du programme en fonction de l'auto-évaluation, et devant être achevé dans un délai de 18 à 24 mois, avec le concours d'un expert issu d'une administration partenaire ou du vivier d'experts géré par le PNUD. Un cadre de suivi et d'évaluation complété par des indicateurs de résultats sert de guide au processus de mise en œuvre.

Compte tenu des liens étroits entre la délinquance fiscale et les autres délits financiers, le programme IISF-EP s'attache à imposer une approche mobilisant toutes les sphères de l'action publique en rassemblant l'ensemble des organismes chargés de faire appliquer la loi. En outre, le programme IISF élabore actuellement un nouveau *Modèle de maturité de la confiance* afin de déterminer, avec l'aide d'un baromètre, le niveau actuel de la confiance dans les différentes parties prenantes concernées par les enquêtes en matière de délinquance financière et de définir les obstacles à la confiance, l'objectif étant d'élaborer une politique volontariste en la matière mettant en pratique cette démarche à l'échelle de l'ensemble de l'administration. Cet outil en ligne aidera les organismes chargés de faire appliquer la loi au sein d'une juridiction à acquérir une compréhension commune des défis posés par les flux financiers illicites et à définir une stratégie conjointe pour les combattre par la mise en commun des ressources disponibles.

Les programmes IISF-EP sont mis en œuvre actuellement dans huit pays en développement.

Note : Pour des informations complémentaires sur l'Académie de l'OCDE pour les enquêtes en matière de délinquance fiscale, voir le site : https://www.oecd.org/tax/crime/tax-crime-academy/ (consulté le 22 mai 2023).

Bibliographie

OCDE (2022), *Modèle de maturité de l'analytique de données*, OCDE, Paris, https://www.oecd.org/tax/forum-on-tax-administration/publications-and-products/modele-de-maturite-analytique-de-donnees.pdf (consulté le 22 mai 2023). [8]

OCDE (2022), *Cadre de déclaration des Crypto-actifs et modifications de la Norme commune de déclaration*https://www.oecd.org/fr/fiscalite/echange-de-renseignements-fiscaux/cadre-de-declaration-des-crypto-actifs-et-modifications-de-la-norme-commune-de-declaration.pdf, OCDE, Paris, https://www.oecd.org/fr/fiscalite/echange-de-renseignements-fiscaux/cadre-de-declaration-des-crypto-actifs-et-modifications-de-la-norme-commune-de-declaration.htm (consulté le 22 mai 2023). [6]

OCDE (2022), *Recommandation du Conseil sur les Dix principes mondiaux pour lutter contre la délinquance fiscale*, OCDE, Paris, OECD/LEGAL/0469. [10]

OCDE (2022), *Tax Administration 3.0 and Connecting with Natural Systems: Initial Findings, OECD Forum on Tax Administration*, Éditions OCDE, Paris, https://doi.org/10.1787/53b8dade-en. [5]

OCDE (2021), « Tax Administration: Digital Resilience in the COVID-19 Environment », *Les réponses de l'OCDE face au coronavirus (COVID-19)*, Éditions OCDE, Paris, https://doi.org/10.1787/2f3cf2fb-en. [9]

OCDE (2020), *Code of Conduct: Co-operation between tax administrations and sharing and gig economy platforms*, OCDE, Paris, http://www.oecd.org/tax/forum-on-tax-administration/publications-and-products/code-of-conduct-co-operation-between-tax-administrations-and-sharing-and-gig-economy-platforms.pdf (consulté le 22 mai 2023). [4]

OCDE (2020), *Règles types de déclaration à l'intention des vendeurs relevant de l'économie du partage et de l'économie à la demande*, OCDE, Paris, https://www.oecd.org/fr/fiscalite/echange-de-renseignements-fiscaux/regles-types-de-declaration-a-l-intention-des-vendeurs-relevant-de-l-economie-du-partage-et-de-l-economie-a-la-demande.htm (consulté le 22 mai 2023). [3]

OCDE (2020), *Modèle de maturité en matière d'enquêtes sur les délits fiscaux*, OCDE, Paris, https://www.oecd.org/fr/fiscalite/delits/modele-de-maturite-en-matiere-d-enquetes-sur-les-delits-fiscaux.pdf (consulté le 22 mai 2023). [11]

OCDE (2019), *The Sharing and Gig Economy: Effective Taxation of Platform Sellers: Forum on Tax Administration*, Éditions OCDE, Paris, https://dx.doi.org/10.1787/574b61f8-en. [2]

OCDE (2017), *The Changing Tax Compliance Environment and the Role of Audit*, Éditions OCDE, Paris, https://dx.doi.org/10.1787/9789264282186-en. [1]

OCDE (2016), *Advanced Analytics for Better Tax Administration: Putting Data to Work*, Éditions OCDE, Paris, https://dx.doi.org/10.1787/9789264256453-en. [7]

Annexe 6.A. Liens vers des documents de référence (consultés le 26 mai 2023)

- Encadré 6.2. – Chili : Lien vers des informations complémentaires sur le tableau de bord pour l'impôt sur le revenu : https://www.oecd.org/tax/forum-on-tax-administration/database/b.6.2-chile-income-tax-dashboard.pdf
- Encadré 6.2. – Finlande : Lien vers des informations complémentaires sur le Registre des revenus : https://www.vero.fi/en/incomes-register/about-us/
- Encadré 6.7. – Lituanie : Lien vers une description détaillée du système i.KON : https://www.oecd.org/tax/forum-on-tax-administration/database/b.6.7-lithuania-controlling-risk-in-real-time.pdf
- Encadré 6.8. – Australie : Lien vers des informations complémentaires sur le programme pilote pour la vérification active des agents agréés par l'ATO : https://www.oecd.org/tax/forum-on-tax-administration/database/b.6.8-australia-tax-agent-pilot.pdf

7 Perception

Ce chapitre s'intéresse à la manière dont les administrations fiscales gèrent le recouvrement des créances et présente les caractéristiques d'une fonction moderne de recouvrement des dettes fiscales. Il contient également des exemples d'approches suivies par les administrations visant à éviter l'accumulation d'arriérés d'impôt.

Introduction

La fonction de recouvrement consiste à intervenir auprès des contribuables et à prendre éventuellement des mesures à l'encontre de ceux qui ne produisent pas leurs déclarations à temps, ou n'effectuent pas un paiement à la date d'échéance. Malgré le développement des régimes de déclaration préremplie ou d'absence de déclaration au cours de ces dernières années (voir chapitre 4), le dépôt d'une déclaration demeure obligatoire dans la majorité des juridictions étudiées dans cette publication. Même si en 2021 les taux moyens de respect des délais de dépôt se sont situés entre 76 % et 88 %, au moins 160 millions de déclarations n'ont pas été déposées à temps (voir chapitre 4). Il importe par conséquent que les administrations fiscales continuent de concentrer leurs efforts sur les moyens d'agir contre le dépôt tardif ou le défaut de déclaration.

En ce qui concerne le recouvrement des arriérés d'impôt, toutes les administrations participant à l'enquête, à l'exception d'une seule, ont indiqué affecter du personnel à cette tâche (l'administration fiscale chilienne a déclaré que le recouvrement des créances fiscales ne relevait pas de ses attributions ; voir tableau A.20.). Selon les informations communiquées par les administrations fiscales dans le cadre de l'enquête ISORA 2022, la fonction de recouvrement mobilise en moyenne 11 % environ du total des agents (voir tableau D.8.).

Le cadre législatif confère aux agents du fisc des pouvoirs qui leur permettent de mettre en œuvre certaines mesures concernant la gestion des créances fiscales, le recouvrement des paiements non honorés, ainsi que les actions coercitives pouvant être prises à l'encontre des débiteurs défaillants. L'édition 2019 comportait une section récapitulant les pouvoirs des administrations fiscales en matière de gestion, de recouvrement et d'exécution et l'usage qu'elles en font (OECD, 2019[1]). Cette question n'a pas fait depuis l'objet d'un examen plus poussé. On peut toutefois supposer que l'existence et l'utilisation de tels pouvoirs n'ont pas changé de manière significative.

Ce chapitre :

- examine brièvement les caractéristiques d'une fonction moderne de recouvrement des créances fiscales, ainsi que les éléments indispensables à une stratégie de gestion efficace dans ce domaine ;
- analyse les performances des administrations fiscales en matière de recouvrement des créances fiscales ; et
- fournit des exemples de solutions visant à prévenir l'accumulation de créances.

Caractéristiques d'une fonction de recouvrement des créances

Pour maintenir un niveau élevé de respect volontaire des obligations fiscales et de confiance dans le système fiscal, les administrations doivent veiller à ce que leurs procédures de recouvrement soient « adaptées à l'objectif poursuivi » et qu'elles répondent aux attentes des contribuables quant à la manière dont le système sera géré. Il s'agit non seulement de prendre des mesures fermes à l'encontre des contribuables qui manquent sciemment à leurs obligations, mais aussi de s'inspirer des principes de la relation client pour être plus à l'écoute de ceux souhaitant s'y conformer, mais qui ne sont pas en mesure de le faire pour des raisons compréhensibles, comme des problèmes de trésorerie passagers. De plus en plus d'administrations fiscales adoptent une vision de bout en bout ou systémique de leurs processus et cherchent à connaître les raisons pour lesquelles les déclarations n'ont pas été déposées ou les paiements n'ont pas été effectués. Elles s'appuient également sur des informations concernant les antécédents du contribuable afin de mettre en évidence des schémas ou des anomalies. L'encadré 7.1. donne un aperçu de quelques initiatives nouvelles dans ce domaine.

Le rapport de 2014 intitulé *Working Smarter in Tax Debt Management* (OCDE, 2014[2]) donne un aperçu d'une fonction moderne de recouvrement des créances fiscales et en présente les caractéristiques essentielles :

- ***Analyses avancées*** – Elles permettent d'exploiter toutes les informations dont les administrations fiscales disposent sur les contribuables afin de cibler les débiteurs avec plus de précision et d'intervenir au bon moment.
- ***Stratégies de traitement*** – La fonction de recouvrement nécessite plusieurs types d'interventions, qu'il s'agisse de minimiser le risque d'impayés, d'aider les contribuables à effectuer des paiements, ou de mettre en œuvre des mesures coercitives appropriées si nécessaire.
- ***Centres d'appels sortants*** – Ils permettent de traiter efficacement un volume important de créances.
- ***Organisation*** – Le recouvrement des créances est une fonction spécialisée qui est généralement organisée en conséquence. Des indicateurs de performance appropriés et une démarche d'amélioration continue permettent de parvenir aux résultats souhaités.
- ***Dettes internationales*** – Le recours approprié et au moment opportun à l'assistance internationale est crucial, en particulier les « articles concernant l'assistance en matière de recouvrement » figurant dans les conventions entre juridictions.

Le rapport de 2019 intitulé *Successful Tax Debt Management: Measuring Maturity and Supporting Change* (OCDE, 2019[3]) apporte des éclairages supplémentaires quant aux éléments nécessaires à une stratégie efficace de gestion des créances fiscales et énonce quatre principes stratégiques dont les administrations fiscales jugeront peut-être bon de tenir compte lors de l'élaboration de leur stratégie de gestion des créances fiscales. Ces principes se concentrent sur le calendrier des interventions dans le cycle de gestion des créances, depuis l'examen des mesures visant à prévenir la naissance des créances, en passant par un dialogue précoce et continu avec les contribuables avant d'engager une action en exécution, jusqu'à des mesures coercitives efficaces et proportionnées, et des stratégies raisonnables d'annulation. Ils reposent sur l'idée selon laquelle le meilleur moyen de minimiser le risque de créances impayées est de s'y attaquer sans perdre de temps, idéalement avant qu'elles ne voient le jour. Le rapport présente également un modèle de maturité de gestion des créances fiscales, ainsi qu'un recueil d'initiatives jugées concluantes en la matière.

Encadré 7.1. Exemples nationaux : Amélioration de la gestion des dettes fiscales

Australie : Communication d'informations sur les dettes fiscales des entreprises

En Australie, la législation relative à la communication d'informations sur les dettes fiscales des entreprises vise à favoriser auprès des entreprises une prise de décision plus éclairée en leur permettant d'avoir une meilleure visibilité sur les arriérés d'impôt et en invitant les contribuables à se rapprocher de l'Australian Tax Office (ATO) afin de rechercher des solutions pour gérer leurs dettes fiscales. Cela permet de réduire l'avantage indu dont bénéficient les entreprises qui ne payent pas leurs dettes fiscales dans les délais.

Lorsque les contribuables ne s'impliquent pas activement dans la gestion de leurs dettes fiscales, l'ATO peut transmettre les éléments relatifs à ces dettes aux agences d'évaluation du crédit. L'administration se fonde pour agir sur des critères législatifs, à savoir que les arriérés d'impôt du contribuable sont supérieurs à 100 000 AUD durant une période excédant 90 jours et que la société est toujours en activité.

Une solution informatique a été déployée afin d'automatiser la sélection des contribuables et d'établir un premier contact par l'envoi d'une notification les avisant de l'intention de l'administration de communiquer des données concernant les dettes dont ils sont redevables (Intent to Disclose notice, ITDN). Cet outil permet une approche « intégrée » et une intervention humaine minimale avec tous les contribuables concernés. Si aucune mesure n'est prise par le contribuable consécutivement à l'envoi de la notification, l'administration fiscale le contacte par téléphone avant une éventuelle transmission des informations. Ces différentes étapes conduisent les contribuables à se réengager sérieusement dans la gestion de leurs dettes fiscales. En conséquence, au 31 décembre 2022, 1 contribuable contacté sur 3 avait pris des mesures pour gérer ses dettes fiscales et plus de 2 milliards AUD font désormais l'objet d'une facilité de paiement.

Géorgie : Réforme de la gestion des créances fiscales

Le Service des recettes publiques de Géorgie a mis en place de nouveaux mécanismes de gestion des créances fiscales destinés à améliorer la discipline fiscale des contribuables, à savoir :

- Renforcement des mécanismes de prévention consistant à informer les contribuables du risque d'accumulation des dettes et à leur expliquer les méthodes de paiement disponibles. Le contribuable reçoit des SMS sur son téléphone et des courriers électroniques dans son espace personnel sur le site internet de l'administration fiscale.
- Amélioration du taux de recouvrement des créances en identifiant les contribuables débiteurs dans une base de données centralisée, qui permet également de recenser les contribuables dont les dettes augmentent et de cibler les interventions sur ces derniers. Ce processus prend en compte la situation financière des contribuables et cible les mesures de recouvrement sur la base de l'analyse des informations dont dispose le Service des recettes publiques de Géorgie et des échanges avec les contribuables. Un échéancier de paiement peut aussi être proposé aux contribuables qui coopèrent avec l'administration fiscale.
- Réduction de l'encours d'anciennes créances en leur attribuant le statut « Créance actuellement irrécouvrable ». Le fait d'attribuer ce statut de manière récurrente est une condition préalable à la réduction de créances, désormais effectuée périodiquement pour ne pas affecter la continuité de l'activité et le développement économique du contribuable.

Ces mesures permettent le développement d'un modèle de gestion des créances plus souple et plus efficace, fondé sur le principe d'une coopération avec les contribuables, ce qui contribue à améliorer le taux de respect spontané des obligations fiscales, car ce modèle fournit aux contribuables des informations actualisées sur leurs droits, obligations et sur d'éventuelles actions en recouvrement.

République slovaque : Retrait du permis de conduire des débiteurs fiscaux

En République slovaque, depuis 2020, à moins que ses revenus ne dépendent de la détention d'un permis de conduire (par exemple, un chauffeur de bus ou de taxi, un conducteur de camion), un débiteur peut se voir retirer son permis de conduire. L'administration fiscale commence par émettre un avis d'imposition, ce qui donne au débiteur la possibilité de régler ses arriérés d'impôt et de s'éviter ainsi un retrait de permis, et lui permet également de faire appel de la procédure de recouvrement. La procédure de recouvrement est menée en étroite coopération avec les autorités de police, seules habilitées à procéder au retrait du permis de conduire. Les résultats en termes de recouvrement ont été significatifs, puisque même les créances fiscales non recouvrables depuis très longtemps ont été payées par les débiteurs après le lancement de cette nouvelle initiative.

Espagne : Application de vente aux enchères

L'Agence fiscale espagnole (AEAT) propose depuis 2022 une application de recherche de biens mobiliers et immobiliers faisant l'objet de procédures de ventes aux enchères. Cette nouvelle fonctionnalité vise à accroître le nombre d'enchères et à les rendre plus accessibles aux citoyens, ce qui devrait se traduire par une augmentation du produit des ventes, au bénéfice de l'AEAT et des débiteurs. À cela s'ajoute un service téléphonique dédié qui permet aux acquéreurs potentiels d'obtenir des informations détaillées sur les biens vendus et aux personnes qui remportent les enchères d'être accompagnées.

Le système a été conçu pour localiser facilement n'importe quel bien immobilier et rechercher les biens correspondant aux préférences de l'utilisateur. Il permet également aux utilisateurs de sauvegarder et de partager leurs propriétés préférées. Un système d'alerte sur abonnement a aussi été mis en place pour avertir la partie intéressée du lancement d'une enchère répondant aux critères requis. L'accès au système se fait par le biais de diverses plateformes d'identité numérique publiques et les annonces relatives aux enchères sont diffusées sur le portail web de l'AEAT et sur les médias sociaux.

Royaume-Uni : Self-Serve Time to Pay

L'administration fiscale britannique (HRMC) a pour objectif d'améliorer la résilience et l'efficacité de ses services et de mieux accompagner les contribuables, en veillant à ce qu'il soit aussi facile que possible pour ceux d'entre eux rencontrant des difficultés financières de s'acquitter de leurs éventuels arriérés d'impôt en totalité ou dans le cadre d'un échéancier de paiement.

Depuis 2022, le service « Self-Serve Time to Pay (SSTTP) » a été étendu aux employeurs assujettis au prélèvement fiscal à la source. Pour la première fois, les employeurs concernés peuvent décider eux-mêmes d'opter pour un échéancier.

Les contribuables ont déclaré à HMRC qu'ils préféraient utiliser le service SSTTP pour la gestion de leurs dettes fiscales. Ce service permettra également aux agents de HMRC de se concentrer sur des questions plus complexes et sur les contribuables qui ont besoin d'une assistance individuelle pour le règlement de leurs dettes.

Le service est accessible *via* plusieurs points d'entrée, dont Business Tax Account et GOV.UK. Les contribuables concernés ont la possibilité d'effectuer des paiements anticipés et d'établir un échéancier de paiement (par prélèvement automatique) pour les dettes dont ils sont redevables que ce soit dans le cadre d'un régime déclaratif ou de prélèvement à la source applicable aux employeurs.

Au cours des deux premiers mois, environ 600 clients ont mis en place des échéanciers portant sur des dettes d'un montant supérieur à 2.5 millions GBP. Ces résultats ont été obtenus sans promotion active du service.

Durant l'année 2023, HMRC élargira encore ce service, en le mettant à la disposition des assujettis à la TVA, ce qui réduira la charge de travail pesant sur certains de ses contribuables les plus vulnérables tout en leur donnant l'assurance que les dettes fiscales dont ils sont redevables sont gérées de manière équitable.

Source : Australie (2023), Géorgie (2023), République slovaque (2023), Espagne (2023) et Royaume-Uni (2023).

Performance en matière de recouvrement des créances en souffrance

Le montant total des arriérés reste très élevé, de l'ordre de 2 500 milliards EUR en fin d'exercice. À des fins d'enquête et d'analyse comparative, le « total des arriérés en fin d'exercice » correspond au montant total des créances fiscales et des créances sur d'autres recettes gérées par l'administration fiscale, dont le paiement est en souffrance à la fin de l'exercice. Ce montant inclut également les intérêts et pénalités. Sont aussi pris en compte les arriérés dont le recouvrement a été reporté (par exemple, à la suite de la mise en place d'un échéancier de paiements).

Le montant total des « arriérés recouvrables » à la fin de l'exercice s'élevait à 710 milliards EUR environ. Les arriérés recouvrables correspondent au total des arriérés, après déduction des montants litigieux, ou des montants qui ne sont pas légalement recouvrables. Ils comprennent également les arriérés qui ne peuvent pas être recouvrés, mais qui n'ont pas encore fait l'objet d'une procédure d'annulation.

Par conséquent, et malgré des initiatives visant à garantir la comparabilité des données, il convient d'être prudent lorsque l'on compare certaines données, car l'organisation des systèmes fiscaux et les pratiques administratives diffèrent d'une juridiction à l'autre. Il convient également de faire montre de prudence en raison de l'impact de la pandémie de COVID-19 et de ses probables répercussions sur les chiffres des années 2020 et 2021. En effet, de nombreux pays ont pris des mesures afin d'aider les particuliers et les entreprises dans le contexte de la pandémie, en prolongeant les délais de paiement ou en suspendant le recouvrement des créances fiscales. De telles mesures pourraient expliquer dans une large mesure l'augmentation des arriérés recouvrables après 2019. (CIAT/IOTA/OCDE, 2020[4]) Il est probable que les prochaines éditions de cette série continueront de s'intéresser aux conséquences de ces mesures dans la mesure où les administrations fiscales reprennent lentement le cours normal de leurs activités d'avant la pandémie.

En 2021, le ratio moyen du total des arriérés à la fin de l'exercice en pourcentage des recettes nettes perçues s'établissait à 32 % (voir tableau D.33.). Comme les années précédentes, il reste fortement influencé par le niveau très élevé des ratios d'un petit nombre de juridictions qui affichent des ratios supérieurs à 50 %. Si l'on exclut ces juridictions, la moyenne descend à environ 14 % des recettes nettes (voir les graphiques 7.1. et 7.2. ainsi que le tableau D.33.). *(Remarque : Les pourcentages mentionnés dans ce paragraphe sont différents de ceux du tableau 7.1., car le tableau montre les ratios moyens des arriérés pour les juridictions qui ont été en mesure de fournir ces informations pour les années 2018 à 2021.)*

Tableau 7.1. Évolution des ratios moyens d'arriérés entre 2018 et 2021

Ratio des arriérés	2018	2019	2020	2021	Variation en pourcentage (entre 2018 et 2021)
Total des arriérés en fin d'exercice, en pourcentage des recettes nettes perçues (50 juridictions)	28.2	27.9	34.7	30.2	+7.0
Total des arriérés recouvrables en fin d'exercice, en pourcentage du total des arriérés à la fin de l'exercice (40 juridictions)	50.7	51.5	54.3	54.4	+7.2

Note : Le tableau présente les ratios moyens des arriérés pour les juridictions qui ont été en mesure de fournir ces informations pour les années 2018 à 2021. Le nombre de juridictions pour lesquelles des données étaient disponibles est indiqué entre parenthèses. Les données concernant la Bulgarie ont été exclues du calcul de la moyenne du « Total des arriérés en fin d'exercice, en pourcentage des recettes nettes perçues », car les données relatives aux quatre années ne sont pas comparables (voir tableau A.55.).
Source : Tableau D.33.

Une comparaison des données de 2020 et 2021 fait apparaître une diminution du total des arriérés en pourcentage des recettes nettes perçues à la fin de l'exercice. Cette baisse fait suite à la hausse significative de plus de 20 % en moyenne du ratio enregistrée en 2020, première année de la pandémie. Malgré la baisse survenue en 2021, le ratio du total des arriérés en fin d'exercice en pourcentage des recettes nettes perçues reste supérieur de 7 % aux valeurs de 2018 (voir tableau 7.1.).

Les données au niveau des juridictions reflètent également en grande partie la diminution observée entre 2020 et 2021 : en 2020, le ratio « Total des arriérés en pourcentage des recettes nettes perçues » a augmenté dans environ 85 % des juridictions, tandis qu'en 2021, il a diminué dans 68 % des juridictions (voir tableau D.33.).

Graphique 7.1. Total des arriérés en fin d'exercice en pourcentage du total des recettes nettes perçues, 2021

Administrations dont le ratio est supérieur à 50 %.

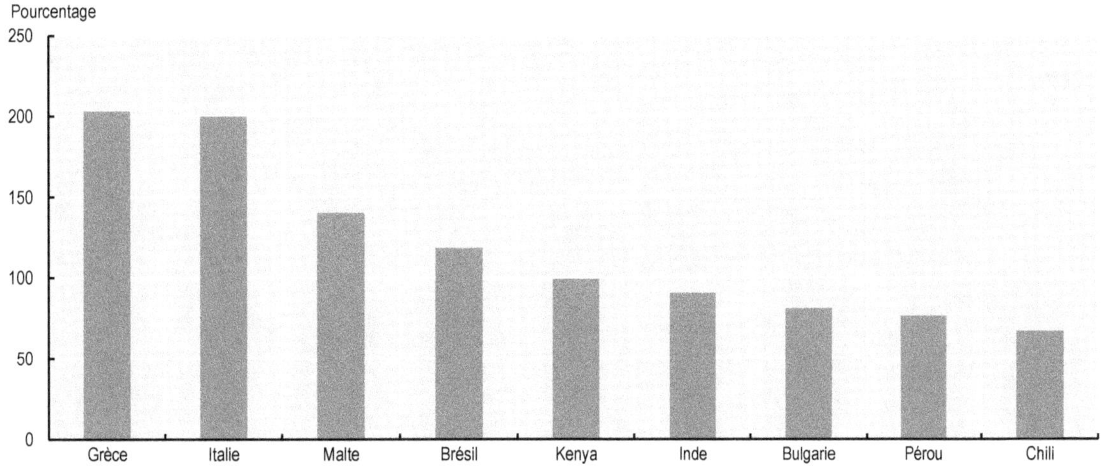

Source : Tableau D.33.

StatLink https://stat.link/ztpbvc

Graphique 7.2. Total des arriérés en fin d'exercice en pourcentage du total des recettes nettes perçues, 2021

Administrations dont le ratio est inférieur à 50 %.

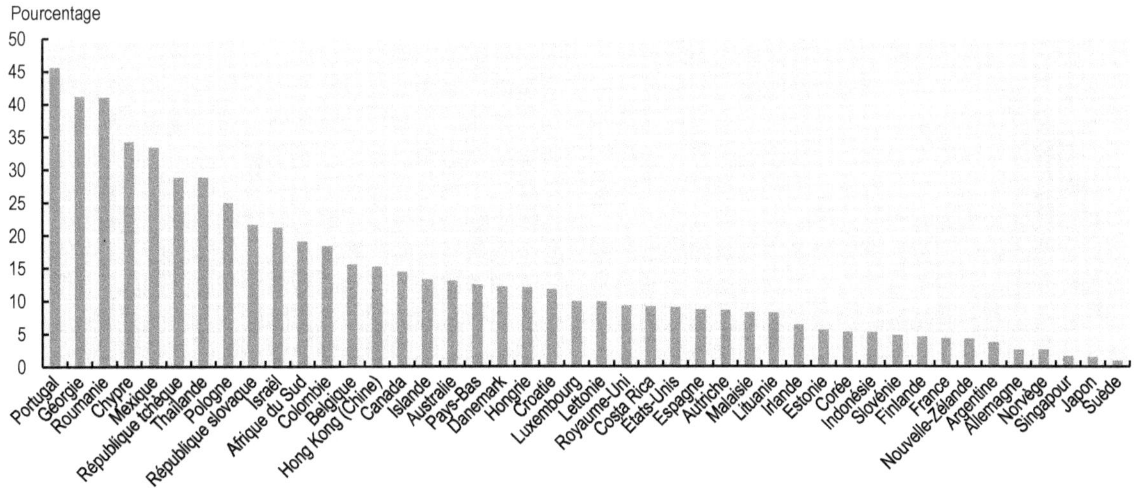

Source : Tableau D.33.

StatLink https://stat.link/bjgipc

S'agissant des arriérés recouvrables, les données de 2021 font apparaître qu'en moyenne, plus de la moitié du montant total des arriérés est considérée comme recouvrable. Cela représente une augmentation de 7 % par rapport à 2018 (voir tableau 7.1.). Le graphique 7.3. met bien en évidence toutefois les différences qui existent entre les juridictions. Dans certaines d'entre elles, presque tous les arriérés sont considérés comme recouvrables, tandis qu'ils sont non recouvrables dans d'autres.

Graphique 7.3. Total des arriérés recouvrables en pourcentage du total des arriérés en fin d'exercice, 2021

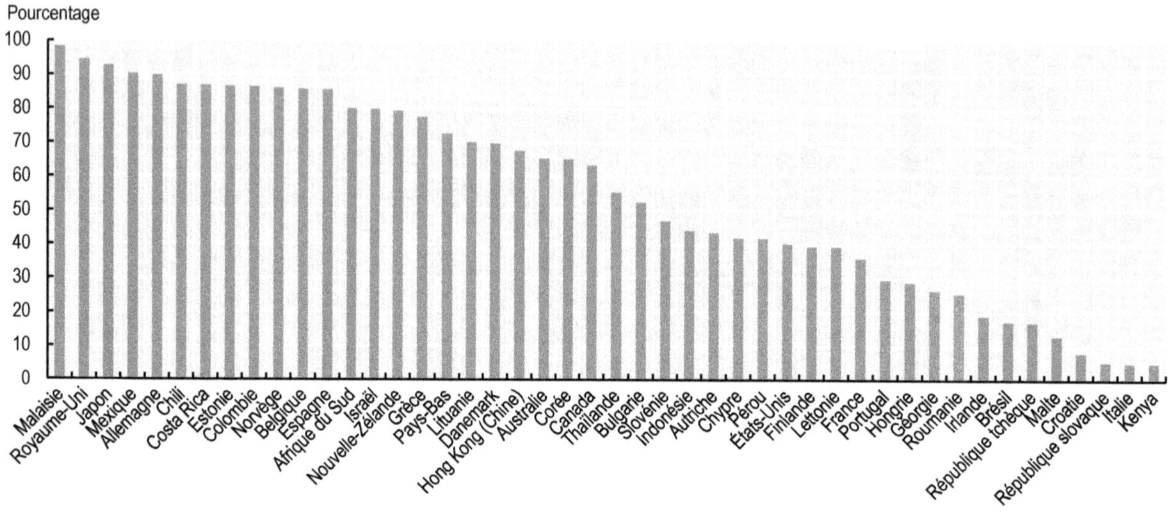

Source : Tableau D.33.

StatLink https://stat.link/ykux0i

Graphique 7.4. Évolution du total des arriérés entre 2020 et 2021

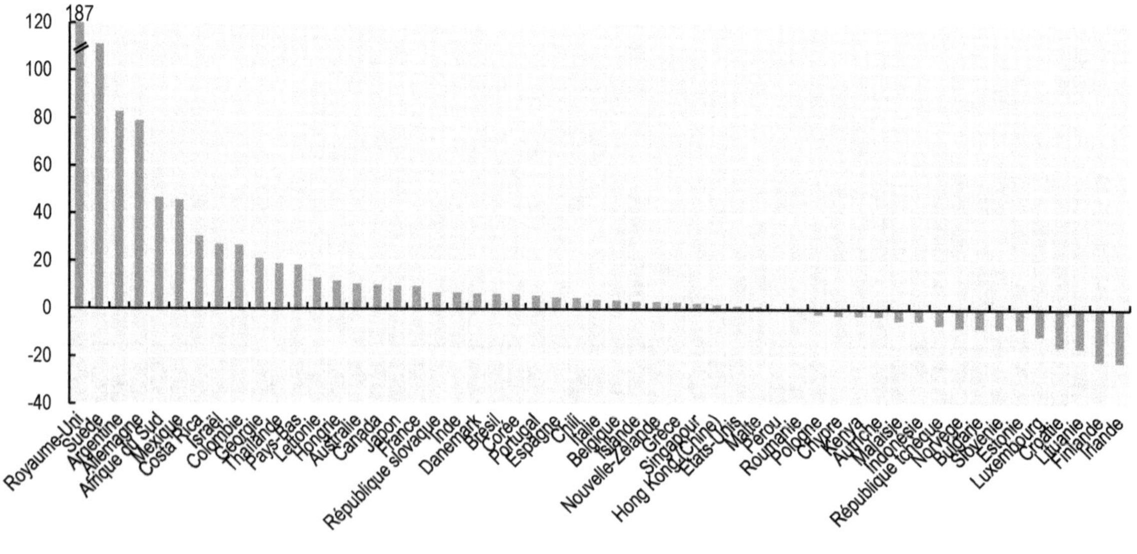

Source : Tableau D.34.

StatLink https://stat.link/u7zsxc

Le graphique 7.4. montre l'évolution du total des arriérés à la fin de l'exercice entre 2020 et 2021. En valeurs absolues, le montant total a augmenté dans 36 des 53 juridictions en mesure de transmettre des données.

Si l'on examine le montant des arriérés pour les principaux types d'impôts (voir tableau 7.2.), il semble que les particuliers soient plus susceptibles que les entreprises de respecter les délais de paiement. Le ratio moyen des arriérés liés à l'impôt sur les bénéfices des sociétés (IS) par rapport aux recettes nettes tirées de l'IS et celui des arriérés concernant les taxes sur la valeur ajoutée s'élève à environ 25 % en 2021. Le ratio de l'impôt sur le revenu des personnes physiques (IRPP) est beaucoup plus faible et se situe aux alentours de 15 %.

Les données confirment également les difficultés rencontrées par les entreprises au début de la pandémie. Les ratios moyens concernant l'IS et la TVA avaient sensiblement augmenté entre 2019 et 2020, mais sont revenus à leurs niveaux d'avant la pandémie en 2021.

Le ratio des impôts à la source prélevés par les employeurs est le plus faible et se situe à environ 7 %, ce qui n'est guère surprenant dans la mesure où les employeurs sont chargés de reverser ces impôts à l'administration pour le compte de leurs employés et n'ont donc aucun droit sur ces montants.

Tableau 7.2. Évolution du ratio moyen des arriérés en fin d'exercice par rapport aux recettes nettes perçues par type d'impôt entre 2018 et 2021

Type d'impôt	2018	2019	2020	2021
Arriérés de l'IS en pourcentage de l'IS collecté (39 juridictions)	24.0	26.8	30.5	24.3
Arriérés de l'IRPP en pourcentage de l'IRPP collecté (42 juridictions)	16.2	14.2	15.5	15.0
Arriérés des impôts à la source prélevés par les employeurs en pourcentage de l'IRPP collecté (34 juridictions)	7.2	6.5	7.2	6.9
Arriérés de TVA en pourcentage de la TVA collectée (39 juridictions)	23.8	23.5	30.2	25.1

Note : Le tableau présente les ratios moyens pour les juridictions qui ont été en mesure de fournir ces informations pour les années 2018 à 2021. Le nombre de juridictions pour lesquelles des données étaient disponibles est indiqué entre parenthèses. Les données concernant la Bulgarie ont été exclues du calcul de la moyenne du « Total des arriérés en fin d'exercice, en pourcentage des recettes nettes perçues », car les données relatives aux trois années n'étaient pas comparables (voir tableau A.55.). En outre, parce qu'elles fausseraient les moyennes, les données relatives au Brésil et à la Grèce ont été exclues du calcul de la moyenne de l'IS et celles relatives à Malte ont été exclues du calcul de la moyenne de la TVA.
Source : Tableaux D.36. et D.37.

Approches préventives

Les mesures prises par les administrations afin de prévenir la naissance de créances et de recouvrer les arriérés continuent d'évoluer. L'encadré 7.2. illustre les approches adoptées par certaines administrations. Les progrès en matière de modélisation prédictive et de techniques expérimentales, présentés dans le rapport de l'OCDE *Advanced Analytics for Better Tax Administration* (OCDE, 2016[5]) et dans le recueil des pratiques de gestion des créances fiscales jugées concluantes que l'on trouvera dans le rapport de l'OCDE intitulé *Successful Tax Debt Management: Measuring Maturity and Supporting Change* (OCDE, 2019[3]), aident de nombreuses administrations à adapter leurs interventions en fonction des risques propres à tel ou tel contribuable. Les approches retenues relèvent de l'une des catégories suivantes :

- l'analyse prédictive, qui cherche à évaluer la probabilité de réalisation de certains résultats et qui, en ce qui concerne le recouvrement des créances, repose sur une modélisation du risque qu'une personne physique ou une entreprise manque à ses obligations de paiement, ainsi que sur des modèles visant à estimer la probabilité d'insolvabilité ou d'autres difficultés de paiement ;

- l'analyse prescriptive, qui consiste à prévoir l'impact probable de mesures sur le comportement des contribuables, pour permettre aux administrations fiscales de choisir la bonne ligne d'action pour un contribuable ou un groupe de contribuables donné (OCDE, 2016[5]).

De nombreuses administrations combinent ces deux pratiques et ont expérimenté diverses méthodes destinées à modifier le « comportement des contribuables ». Comme on l'a vu au chapitre 6, trois quarts des administrations ont recours à des méthodologies ou des techniques d'analyse comportementale. Ces pratiques sont susceptibles de modifier les stratégies en matière de gestion des créances fiscales, à l'heure où les administrations abandonnent les approches universelles (lorsque cela s'avère rentable) et s'efforcent plutôt de déterminer :

- les cas devant faire l'objet d'une intervention ;
- à quel moment il convient d'intervenir (par exemple, avant même la date de dépôt de la déclaration ou de réception du paiement) ; et
- le type de mesure qui permettrait d'obtenir le meilleur rapport coût-bénéfice.

Encadré 7.2. Exemples nationaux : Ciblage des interventions

Australie : Lettres d'avertissement adressées aux administrateurs

L'effet le plus notable de la pandémie de COVID-19 pour l'ATO a été l'augmentation significative des créances fiscales en souffrance. À mesure que les États et territoires australiens déployaient leurs feuilles de route de sortie de confinement, l'ATO a continué de dialoguer avec les représentants des entreprises au sujet de leurs arriérés d'impôt en leur proposant un soutien et une assistance sur mesure plutôt que de recourir à des mesures coercitives. Faute de coopération de la part des contribuables, l'ATO renouait avec des actions en recouvrement plus contraignantes.

Pour enclencher le processus de recouvrement, il est d'usage que l'ATO adresse aux administrateurs une notification d'avertissement les informant d'une sanction éventuelle (Director Penalty Notice, DPN), par laquelle elle appelle l'entreprise à régler ses dettes et prévient ses représentants de possibles actions en recouvrement. L'ATO s'est toutefois rendue compte que les administrateurs ne sont pas toujours au courant des dettes dont l'entreprise est redevable ou du fait qu'ils en sont responsables à titre personnel tant qu'une notification n'a pas été émise. Par conséquent, avant d'envisager d'adresser une telle notification, la stratégie de l'ATO consiste à informer chaque administrateur :

- du montant des dettes dont l'entreprise est redevable ;
- de leur responsabilité personnelle au titre des dettes non honorées en vertu du régime de sanction applicable aux administrateurs ;
- de l'obligation pour un administrateur de s'assurer que la société honore ses dettes ;
- des solutions envisageables pour rétablir le dialogue entre l'entreprise et l'administration ; et
- du fait que l'ATO peut adresser une notification directement à chaque administrateur responsable si la société manque à ses obligations.

À ce jour, environ 70 000 courriers ont été envoyés aux administrateurs, ce qui a permis à l'administration de recouvrer des montants importants et de recouvrer encore davantage d'arriérés par la mise en place d'échéanciers de paiement. Cette campagne a eu des résultats comparables à ceux d'actions plus coercitives menées à plus grande échelle, à la différence qu'elle a été plus circonscrite.

Lettonie : Lutte contre la création illégale de sociétés phénix

Lors du transfert d'une entité à une autre, l'administration fiscale conserve le droit de recouvrer auprès de la nouvelle entité les impôts dus par l'ancienne entité et doit pour ce faire évaluer et vérifier si un transfert a bien eu lieu.

Le transfert d'une entité est attesté par divers faits et circonstances qui sont appréciés au regard du respect de critères généraux définis dans le cadre de diverses procédures judiciaires. En fonction du résultat, un avertissement est envoyé à la nouvelle entité, assorti d'un délai pour le paiement des arriérés d'impôt ou d'une invitation à fournir à l'administration tout élément prouvant qu'il ne s'agit pas d'un transfert. L'administration fiscale indique également qu'elle peut favoriser le respect spontané des obligations fiscales des contribuables en permettant à la nouvelle entreprise de participer à la résolution des différends.

Si les arriérés d'impôt ne sont pas acquittés ou qu'un accord sur le respect spontané des obligations n'est pas conclu et que le contribuable ne conteste pas les faits établis par l'administration fiscale, celle-ci décide de recouvrer les impôts en souffrance avec effet immédiat.

Source : Australie (2023) et Lettonie (2023).

Bibliographie

CIAT/IOTA/OCDE (2020), « Réponses de l'administration fiscale au COVID-19 : Mesures prises pour soutenir les contribuables », *Les réponses de l'OCDE face au coronavirus (COVID-19)*, Éditions OCDE, Paris, https://doi.org/10.1787/69d26e77-fr. [18]

OCDE (2019), *Successful Tax Debt Management: Measuring Maturity and Supporting Change*, http://www.oecd.org/tax/forum-on-tax-administration/publications-and-products/successful-tax-debt-management-measuring-maturity-and-supporting-change.htm (consulté le 22 mai 2023). [31]

OECD (2019), *Tax Administration 2019: Comparative Information on OECD and other Advanced and Emerging Economies*, OECD Publishing, Paris, https://doi.org/10.1787/74d162b6-en. [14]

OCDE (2016), *Advanced Analytics for Better Tax Administration: Putting Data to Work*, https://dx.doi.org/10.1787/9789264256453-en. [25]

OCDE (2014), *Working Smarter in Tax Debt Management*, https://dx.doi.org/10.1787/9789264223257-en. [30]

8 Différends

La prévention et le règlement des différends sont des éléments essentiels qui contribuent à maintenir la confiance dans les systèmes fiscaux. Ce chapitre se penche sur les stratégies mises en place par les administrations fiscales pour résoudre et prévenir les différends de manière équitable et efficace.

Introduction

Les droits et obligations des contribuables sont souvent définis par la loi ou des chartes fiscales. Le tableau 8.1. présente certains des droits et obligations les plus fréquemment mentionnés. Ces droits et obligations s'appuient sur un accès effectif à des procédures permettant aux contribuables de contester le calcul de l'impôt et les décisions. De telles procédures permettent aux contribuables de faire valoir leurs droits et de mettre œuvre des contrôles appropriés quant à l'exercice des compétences fiscales des administrations. Les administrations fiscales et les contribuables devraient néanmoins également s'efforcer de travailler ensemble afin d'éviter la survenue de différends, ce qui permettrait d'alléger à la fois la charge de travail et les incertitudes pour les deux parties.

Tableau 8.1. Droits et obligations du contribuable

Droits	Obligations
Être informé, conseillé et entendu	Être de bonne foi
Faire appel	Se montrer coopératif
Ne pas payer plus que le montant dû	Fournir des informations et des documents fiables en temps voulu
Certitude	Tenir des registres
Protection de la vie privée	Payer ses impôts dans les délais
Confidentialité et secret	

Source : OCDE (2019), *Tax Administration 2019: Comparative Information on OECD and Other Advanced and Emerging Economies*, tableau D.12., https://doi.org/10.1787/74d162b6-en.

Ce chapitre examine les stratégies de règlement et d'examen des différends en vigueur dans les juridictions couvertes par le présent rapport, ainsi que leurs performances dans ce domaine.

Mécanismes d'examen des règlements des différends

Les 58 juridictions étudiées dans ce rapport accordent aux contribuables le droit de contester l'établissement de l'impôt. Presque toutes les administrations déclarent disposer d'un mécanisme de contrôle interne et une grande majorité d'entre elles offrent aux contribuables la possibilité de demander un examen indépendant par un organisme externe, un moyen qui peut contribuer à améliorer la sécurité juridique pour les contribuables, tout en évitant le risque de procédures judiciaires potentiellement longues et coûteuses. S'agissant des administrations qui proposent les deux mécanismes d'examen, environ 8 % d'entre elles imposent aux contribuables de demander un examen interne avant que leur cas ne puisse être examiné par un organisme externe (voir graphique 8.1.).

Encadré 8.1. Règlement des différends fiscaux internationaux : procédure amiable

La double imposition au titre d'une même transaction ou d'un même revenu peut avoir des conséquences économiques significatives. Les conventions fiscales, également appelées conventions de double imposition, visent généralement à éliminer la double imposition en établissant des règles convenues d'un commun accord sur la répartition des droits d'imposition applicables aux contribuables résidant dans les juridictions signataires. Elles peuvent aussi prévoir des mécanismes destinés à éviter le non-respect des obligations fiscales.

Compte tenu de la complexité des situations concernées, les parties peuvent ne pas être d'accord quant à l'application ou l'interprétation de ces règles. Pour y remédier, la grande majorité des conventions fiscales prévoient un processus formel de règlement des différends par le biais d'une procédure amiable (PA). Une telle procédure est prévue à l'article 25 du Modèle de Convention fiscale de l'OCDE, qui est utilisé par la plupart des juridictions comme référence pour leurs conventions fiscales. La procédure amiable est essentielle au bon fonctionnement des conventions fiscales et contribue à réduire les risques de double imposition.

Source : OCDE (2017), Improving mutual agreement procedures, in *Tax Administration 2017: Comparative Information on OECD and Other Advanced and Emerging Economies*, https://doi.org/10.1787/tax_admin-2017-18-en.

Graphique 8.1. Règlement des différends : mécanismes d'examen disponibles, 2021

Pourcentage d'administrations

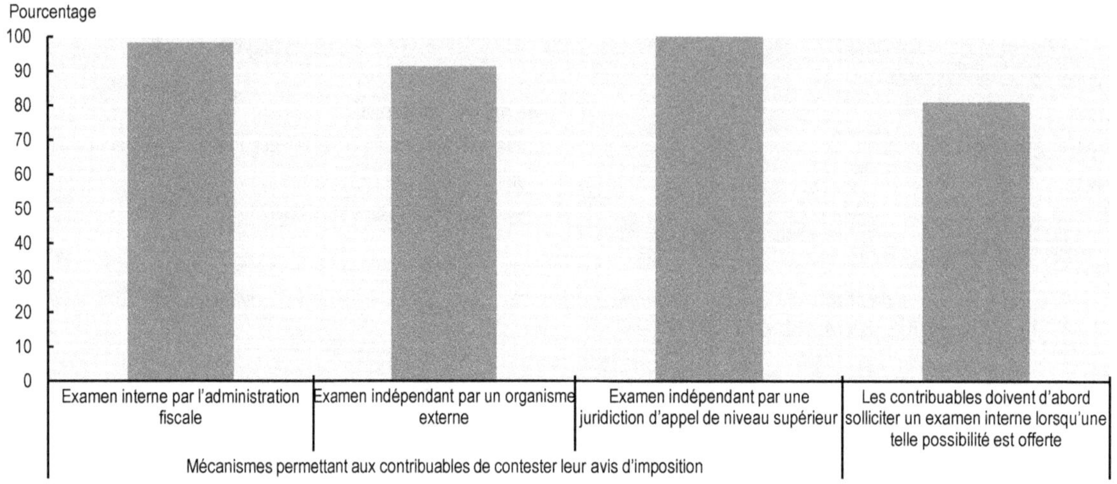

Source : Tableau A.70.

StatLink https://stat.link/5k8fph

Performances en matière de règlement des différends

Si les administrations fiscales ne peuvent généralement pas contrôler le calendrier des procédures judiciaires, nombre d'entre elles s'emploient à améliorer les procédures de règlement des différends afin de les accélérer. Parmi les solutions proposées, on peut citer la médiation ou d'autres mécanismes non judiciaires. L'exemple présenté dans l'encadré 8.2. illustre comment les avancées technologiques offrent aux administrations fiscales de nouvelles possibilités d'améliorer l'efficacité des procédures de règlement des différends.

Encadré 8.2. Exemples nationaux : Amélioration de l'efficacité des mécanismes de règlement des différends

France : Transformation numérique du métier juridique

S'agissant des fonctions juridiques au sein de l'administration fiscale française, les années à venir seront porteuses de nouvelles possibilités et de défis, à savoir :

- Faire face à l'augmentation des volumes d'activité malgré une baisse probable des effectifs ;
- Pallier la perte de connaissances institutionnelles due aux départs à la retraite ;
- Harmoniser les pratiques opérationnelles ;

- Améliorer la recherche d'informations afin de recentrer le personnel sur des travaux d'analyse à plus forte valeur ajoutée ;
- Mieux communiquer les positions adoptées par la DGFiP aux parties prenantes externes et aux contribuables ; et
- Rester compétitif dans la course technologique avec les cabinets d'avocats et autres acteurs.

En conséquence, la DGFiP s'est lancée dans un projet au long cours sur la période 2023-2030 afin de tirer pleinement parti des possibilités offertes par la transformation numérique. Le projet suivra une approche « modulaire » afin d'alléger les contraintes technologiques, budgétaires et opérationnelles induites par une telle transformation :

- Un guichet unique sera mis en place pour toutes les demandes, ce qui permettra (i) aux contribuables d'obtenir des informations en temps réel sur le traitement de leurs demandes et (ii) un suivi interne et un travail en collaboration à l'aide d'une nouvelle suite logicielle.
- Une base de données documentaires centralisée sera créée ; toutes les positions prises par la DGFiP, que ce soit en réponse à des demandes de rescrits ou de recours contentieux, y seront consignées. Des systèmes experts seront ensuite connectés à cette base de données.
- L'intelligence artificielle sera utilisée pour exploiter au mieux la base documentaire centralisée et le flux d'informations. Il est prévu de mettre en place des outils qui fourniront aux juristes de l'administration des propositions de réponses à des demandes simples et récurrentes, de détecter précocement les nouvelles tendances, voire d'anticiper les évolutions en matière juridique.

Géorgie : Base de données centralisée

La base méthodologique centralisée est une plateforme de recherche de données en ligne consultable par les agents du Service des recettes publiques de Géorgie et partiellement par les contribuables. La base de données contient un large éventail d'informations, notamment :

- Actes législatifs, y compris les accords internationaux, les arrêtés du ministre des Finances et du directeur général des services fiscaux, les résolutions du gouvernement, etc. ;
- Règlement intérieur et instructions méthodologiques, décisions préliminaires, manuels de procédures, manuels pratiques, procédures opérationnelles standard, niveaux de service, etc.
- Orientations sur des sujets spécifiques ; et
- Informations sur les sujets d'actualité.

La base de données contribue à la réalisation d'un certain nombre d'objectifs importants, notamment :

- Recenser les domaines où l'application de la législation fiscale pose problème de manière à cibler les mesures à prendre ;
- Réduire le nombre de plaintes et de différends, grâce à des méthodes de travail plus claires et harmonisées ; et
- Accroître la prévisibilité des décisions des organes chargés de l'examen des différends grâce à la disponibilité des informations sur des décisions antérieures.

Italie : Portail de veille économique

Business Intelligence est un portail web qui permet de suivre diverses activités de l'administration fiscale italienne, notamment celles liées aux litiges fiscaux, aux rescrits, aux activités de vérification et à l'assistance aux contribuables. En ce qui concerne les différends fiscaux, le portail permet d'accéder à des rapports et à des applications conçues pour fournir des informations de nature quantitative et qualitative, relatives à l'avancement du règlement des différends.

Dans le domaine des litiges fiscaux, différentes fonctions sont disponibles, notamment :

- Analyse, par exemple du nombre de recours ou d'auditions devant les tribunaux compétents en matière fiscale ;
- Accès aux rapports sur les données relatives aux objectifs budgétaires ;
- Accès aux registres des recours permettant de consulter les données concernant le respect des délais d'envoi des demandes de recours, comme l'exige le protocole d'accord conclu avec les avocats de l'État (Avvocatura dello Stato) ;
- Fonction de recherche sur les différends, qui permet de suivre l'évolution d'un différend fiscal donné et de prendre connaissance des contre-arguments les plus récents déposés auprès des tribunaux compétents en matière fiscale ; et
- Accès à une analyse prédéfinie contenant des données sur l'avancement et les résultats de processus opérationnels spécifiques, et chaque bureau local peut consulter les données relevant de sa compétence.

Source : France (2023), Géorgie (2023) et Italie (2023).

Pour améliorer efficacement les procédures de règlement, il est nécessaire de disposer de mécanismes fiables d'information et de suivi. De nombreuses administrations se sont employées à améliorer le niveau des informations de gestion disponibles, si bien que le présent rapport contient des informations sur les performances d'environ 90 % des administrations.

Les tableaux 8.2. et 8.3. montrent l'évolution entre 2018 et 2021 du nombre de nouveaux dossiers examinés et de dossiers non clôturés en fin d'exercice ayant fait l'objet d'une procédure de contrôle interne et externe. Entre 2019 et 2020, la majorité des administrations ont fait état d'une diminution du nombre de nouveaux dossiers et de dossiers non clôturés en fin d'exercice. En ce qui concerne les dossiers ayant fait l'objet d'une procédure de contrôle externe, on observe le même résultat en 2021. En revanche, la majorité des administrations a fait état d'une augmentation du nombre de dossiers faisant l'objet d'un examen interne en 2021.

Tableau 8.2. Règlement des différends : variation du nombre de nouveaux dossiers

Pourcentage d'administrations ayant fait état d'une augmentation ou d'une diminution du nombre de nouveaux dossiers

Mouvement	Nouveaux dossiers fiscaux faisant l'objet d'une procédure de contrôle interne			Nouveaux dossiers fiscaux faisant l'objet d'un examen indépendant par un organisme externe		
	Variation entre			Variation entre		
	2018 et 2019	2019 et 2020	2020 et 2021	2018 et 2019	2019 et 2020	2020 et 2021
Augmentation	50	38	58	44	27	44
Diminution	50	62	42	56	73	56

Source : Tableaux A.71. et A.72.

Tableau 8.3. Règlement des différends : variation du nombre de dossiers non clôturés en fin d'exercice

Pourcentage d'administrations ayant fait état d'une augmentation ou d'une diminution du nombre de dossiers non clôturés

Mouvement	Dossiers fiscaux faisant l'objet d'une procédure de contrôle interne			Dossiers fiscaux faisant l'objet d'un examen indépendant par un organisme externe		
	Variation entre			Variation entre		
	2018 et 2019	2019 et 2020	2020 et 2021	2018 et 2019	2019 et 2020	2020 et 2021
Augmentation	63	46	55	50	33	38
Diminution	37	54	45	50	67	62

Source : Tableaux A.71. et A.72.

Les graphiques 8.2. et 8.3. examinent plus en détail les données par juridiction et montrent l'évolution entre 2020 et 2021 du nombre de dossiers non clôturés en fin d'exercice ayant fait l'objet d'une procédure de contrôle interne et externe. Il est intéressant de noter l'augmentation significative du nombre de dossiers examinés en interne signalée par quelques juridictions.

On notera par ailleurs que le volume des dossiers varie considérablement d'une juridiction à l'autre et lorsque ce volume est très faible, il peut y avoir des fluctuations importantes d'une année sur l'autre. Le graphique 8.4. confirme cette observation et met en lumière les différences importantes qui existent entre les juridictions quant au recours à des procédures de contrôle interne. Le tableau 8.4., qui illustre l'évolution du nombre de dossiers examinés en interne, montre que la moyenne est restée stable avec 8 à 9 procédures de contrôle interne pour 1 000 contribuables actifs redevables de l'IRPP et de l'IS entre 2018 et 2021.

Graphique 8.2. Procédures de contrôle interne : variation entre 2020 et 2021 du nombre de dossiers en fin d'exercice

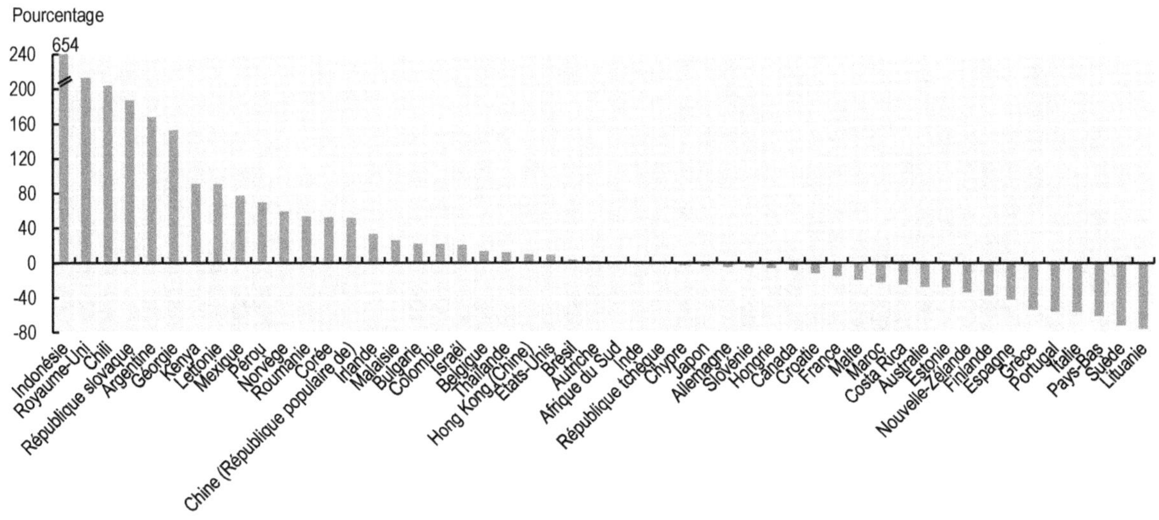

Source : Tableau A.71.

StatLink https://stat.link/jn8ubf

Graphique 8.3. Examen indépendant par des organismes externes : variation entre 2020 et 2021 du nombre de dossiers en fin d'exercice

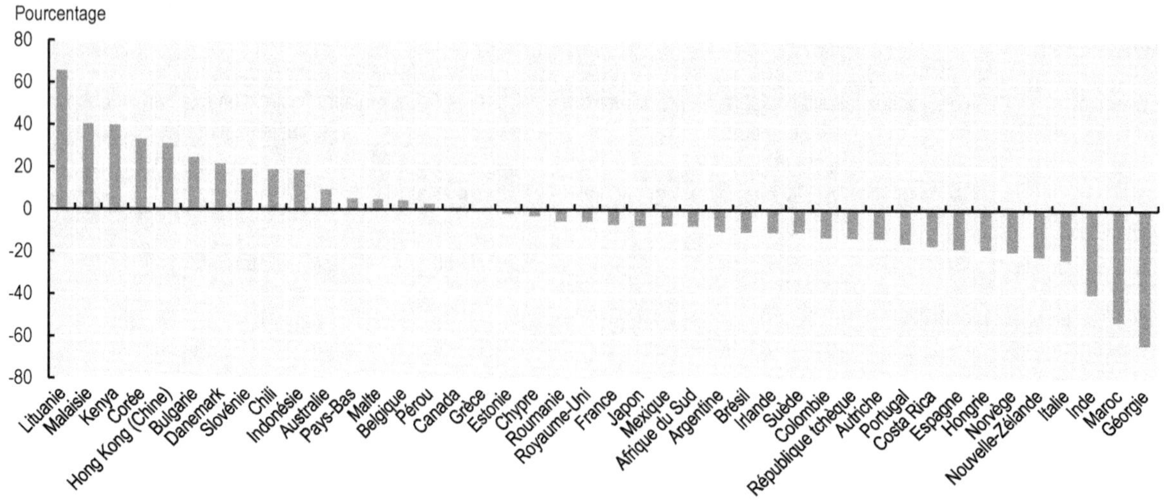

Source : Tableau A.72.

StatLink https://stat.link/lp3vq0

Graphique 8.4. Nombre de dossiers examinés en interne pour 1 000 contribuables actifs redevables au titre de l'IRPP et de l'IS, 2021

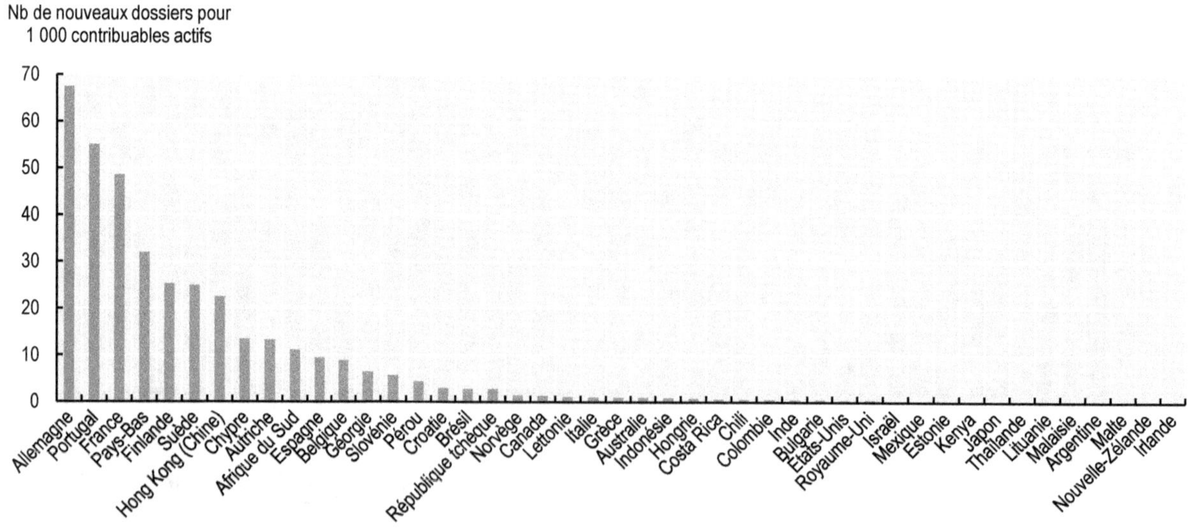

Source : Tableau D.42.

StatLink https://stat.link/qfgxa0

Tableau 8.4. Évolution du nombre moyen de dossiers examinés en interne pour 1 000 contribuables actifs redevables au titre de l'IRPP et de l'IS entre 2018 et 2021

	2018	2019	2020	2021
Nombre moyen de dossiers examinés en interne pour 1 000 contribuables actifs redevables au titre de l'IRPP et de l'IS (40 juridictions)	8.1	8.5	8.0	9.0

Note : Le tableau présente les moyennes pour les juridictions qui ont été en mesure de fournir ces informations pour les années 2018 à 2021. Le nombre de juridictions pour lesquelles des données étaient disponibles est indiqué entre parenthèses.
Source : Tableau D.42.

Il n'est pas rare que la législation fiscale donne lieu à des interprétations différentes par les contribuables et l'administration fiscale et que cela aboutisse à des différends après que les procédures de contrôle interne et externe ont été achevées. Bien que les administrations fiscales déclarent que la plupart des différends sont résolus sans qu'il soit nécessaire de recourir à une procédure judiciaire, le graphique 8.5. illustre les performances des administrations en ce qui concerne les dossiers jugés par les tribunaux. On constate des écarts importants dans le taux de réussite des administrations, même si, pour certaines juridictions, le nombre de dossiers jugés est très faible, ce qui signifie que les résultats peuvent fluctuer considérablement d'une année à l'autre.

Graphique 8.5. Pourcentage de dossiers résolus en faveur de l'administration, 2021

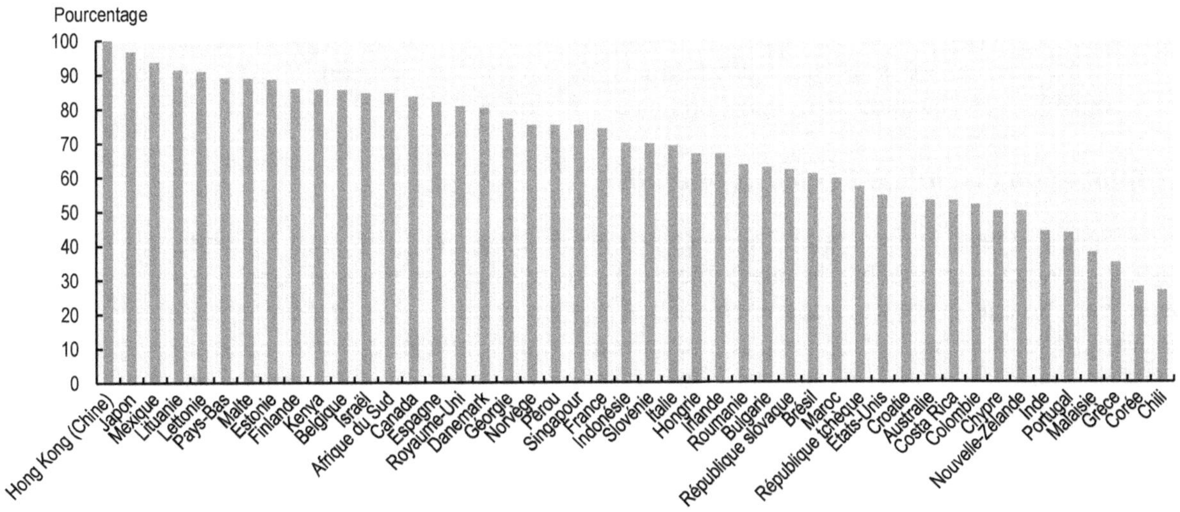

Note : Les dossiers résolus en faveur de l'administration correspondent aux dossiers dans lesquels l'administration a obtenu gain de cause sur plus de 50 % des questions ayant fait l'objet d'un différend dans chaque dossier. Pour la Colombie, la Corée et la France, veuillez vous reporter aux notes du tableau A.73.
Source : Tableau D.42.

StatLink https://stat.link/y7hsi9

Prévention des différends

Comme le règlement des différends peut mobiliser énormément de ressources, la prévention demeure la stratégie la plus efficace, et l'un des éléments clés d'un système de prévention des différends consiste à formuler des orientations et à fournir des conseils aux contribuables. Il s'agit d'une pratique courante des administrations fiscales dans le cadre de leur stratégie globale de service. Elles peuvent notamment diffuser des informations ou proposer des outils interactifs sur leur site web, publier des lignes directrices et des notes d'information destinées aux contribuables, et mettre en œuvre des initiatives éducatives et de soutien à l'intention des entreprises. De plus, de nombreuses administrations ont mis en place des dispositifs spécifiques de prévention des différends, dont certains sont décrits dans cette section.

Décisions

Comme le montre le tableau A.120. de l'édition 2019 (OECD, 2019[1]), conformément à leur engagement d'apporter aux contribuables des garanties quant au traitement qui leur sera appliqué, il est désormais courant que les administrations fiscales précisent comment elles interpréteront les lois qu'elles mettent en œuvre, ainsi que la législation fiscale dans des situations particulières, au moyen de décisions relevant d'une des deux catégories suivantes :

- Une ***décision publique*** est une déclaration par laquelle une administration explique comment elle interprétera les dispositions de la législation fiscale dans des situations données. En règle générale, l'objectif d'une décision publique est de clarifier l'application de la loi, en particulier lorsqu'un grand nombre de contribuables peuvent être concernés par des dispositions particulières et/ou lorsqu'une disposition est source de confusion ou d'incertitude. Une décision publique revêt généralement un caractère contraignant pour l'administration fiscale si elle s'applique au contribuable et que ce dernier s'y réfère.
- Une ***décision privée*** porte sur une demande précise d'un contribuable (ou de son représentant fiscal) visant à obtenir plus de certitude quant à l'application de la loi par l'administration fiscale dans le cadre d'une ou de plusieurs transactions à l'étude ou achevées. L'objectif d'une décision privée vise à apporter aux contribuables davantage de soutien et de certitude quant aux conséquences fiscales de transactions plus complexes.

Programme de discipline fiscale coopérative

Ces dernières années, le recours aux accords de coopération pour gérer la discipline fiscale et renforcer la sécurité juridique en matière fiscale a mobilisé une attention croissante. Ces programmes passent souvent par une plus grande transparence dans la relation entre l'administration fiscale et le contribuable et peuvent nécessiter des approches plus proactives afin de remédier aux risques fiscaux importants. Le concept de discipline fiscale coopérative a fait l'objet de plusieurs rapports rédigés par l'OCDE, dont le plus récent est intitulé *Co-operative Tax Compliance: Building Better Tax Control Frameworks* (OCDE, 2016[2]).

Étant donné que les programmes de discipline fiscale coopérative mobilisent énormément de ressources en raison du niveau élevé d'engagement entre les agents de l'administration fiscale et les contribuables, ils étaient traditionnellement réservés aux grandes entreprises. Cependant, les progrès technologiques dans le domaine de l'évaluation des risques ont conduit plusieurs administrations à appliquer ce concept à d'autres catégories de contribuables (voir graphique 8.6.).

Graphique 8.6. Programmes de discipline fiscale coopérative pour différentes catégories de contribuables, 2021

Pourcentage d'administrations suivant de telles approches

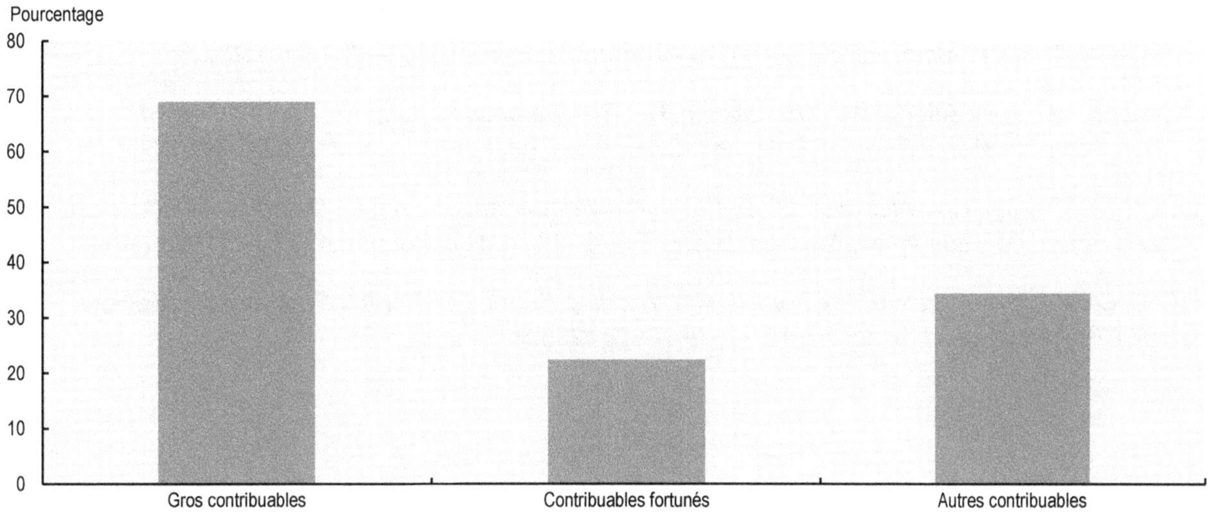

Source : Tableau A.90.

StatLink https://stat.link/tec2f3

Programme international pour le respect des obligations fiscales

Le Programme international pour le respect des obligations fiscales (ICAP) est un processus de coopération multilatérale pour l'évaluation des risques et la certitude fiscale, fondé sur une participation volontaire. Il est conçu pour donner aux groupes d'entreprises multinationales (EMN) disposés à s'engager de manière active, ouverte et parfaitement transparente, une sécurité juridique accrue en matière fiscale concernant certaines de leurs activités et transactions. Le programme ICAP ne procure pas aux EMN la sécurité juridique qui pourrait être obtenue, par exemple, par le biais d'un accord préalable en matière de prix de transfert (APP). Il leur donne cependant une certitude et une sécurité lorsque les administrations fiscales qui participent à l'évaluation des risques d'une EMN jugent que le risque considéré est faible[1]. (OCDE, 2021[3])

Vérifications conjointes

Les vérifications conjointes sont un autre instrument qui peut contribuer à prévenir les différends. Les agents de deux administrations fiscales ou plus s'associent pour former une seule équipe de vérificateurs chargée d'examiner les questions ou les transactions du ou des contribuable(s) ayant des activités commerciales internationales dans lesquelles les juridictions ont un intérêt commun ou complémentaire. Grâce à cette collaboration, les administrations fiscales participantes ont la possibilité de détecter et de résoudre les désaccords ou les différends potentiels à un stade précoce. (OCDE, 2019[4]).

Bibliographie

OCDE (2021), *International Compliance Assurance Programme – Handbook for tax administrations and MNE*, OCDE, Paris, https://www.oecd.org/tax/forum-on-tax-administration/publications-and-products/international-compliance-assurance-programme-handbook-for-tax-administrations-and-mne-groups.htm (consulté le 22 mai 2023). [3]

OCDE (2019), *Joint Audit 2019 – Enhancing Tax Co-operation and Improving Tax Certainty: Forum on Tax Administration*, Éditions OCDE, Paris, https://dx.doi.org/10.1787/17bfa30d-en. [4]

OCDE (2019), *Tax Administration 2019: Comparative Information on OECD and other Advanced and Emerging Economies*, Éditions OCDE, Paris, https://dx.doi.org/10.1787/74d162b6-en. [1]

OCDE (2016), *Co-operative Tax Compliance: Building Better Tax Control Frameworks*, Éditions OCDE, Paris, https://dx.doi.org/10.1787/9789264253384-en. [2]

Note

1 Voir https://www.oecd.org/tax/forum-on-tax-administration/international-compliance-assurance-program.htm (consulté le 22 mai 2023).

9 Budget et personnel

Ce chapitre s'intéresse aux ressources consacrées aux administrations fiscales et fournit des informations sur leur personnel. Il présente les démarches entreprises par les administrations pour répondre aux nouveaux défis et maintenir leur niveau de capacité tout en assurant la gestion d'effectifs qui, dans de nombreux cas, diminuent malgré les nouvelles responsabilités qui leur incombent et, en moyenne, sont vieillissants. Il se penche également sur la manière dont les administrations fiscales peuvent tirer profit des technologies pour donner à leur personnel les moyens d'apporter de meilleures solutions aux contribuables tout en permettant à l'administration et à ses agents de gagner en flexibilité.

Introduction

Pour qu'une administration fiscale puisse assurer son rôle de percepteur des impôts et de prestataire de services aux citoyens et aux entreprises, il est essentiel qu'elle dispose de ressources financières suffisantes ainsi que d'une main-d'œuvre qualifiée capable de produire des résultats de qualité de manière efficace et efficiente. Ce chapitre s'intéresse aux ressources financières dont disposent les administrations fiscales et à la manière dont elles sont dépensées. Il présente également des informations sur le personnel des administrations fiscales et sur l'évolution des pratiques de travail.

Budget et technologies de l'information et de la communication

Dépenses opérationnelles

Le niveau global des ressources affectées à l'administration de l'impôt est une question importante et d'actualité pour la plupart des autorités, des parties prenantes externes et, bien entendu, des administrations fiscales elles-mêmes. Si les approches budgétaires diffèrent, la plupart des pays lient le budget alloué à l'obtention de résultats définis dans un plan d'activité annuel.

S'agissant des chiffres, près de 80 % des administrations fiscales font état d'une hausse de leurs dépenses opérationnelles de 2020 à 2021. Elles sont donc un peu plus nombreuses, par rapport aux périodes précédentes, à déclarer un budget en hausse (voir tableau 9.1.).

Il convient toutefois d'interpréter ces données avec prudence. En effet, si de nombreuses administrations ont vu leur budget augmenter sur le papier, ces chiffres ne tiennent compte ni de l'accroissement des responsabilités dont font état de nombreuses administrations, particulièrement celles liées à la pandémie, ni des pressions inflationnistes.

Tableau 9.1. Variation des dépenses opérationnelles, 2018-2021

Pourcentage d'administrations

Évolution	Entre 2018 et 2019	Entre 2019 et 2020	Entre 2020 et 2021
Hausse des dépenses opérationnelles	75.5	71.7	77.4
Baisse des dépenses opérationnelles	24.5	28.3	22.6

Note : Le tableau se fonde sur les données de 53 juridictions qui ont été en mesure de fournir ces informations pour les années 2018 à 2021.
Source : Tableau A.16.

Ce problème est d'autant plus grave qu'une part importante des budgets est nécessaire pour les coûts salariaux, qui représentent en moyenne 73 % des budgets opérationnels annuels (voir tableau D.6). Ainsi, toute hausse des budgets peut être rapidement absorbée par des augmentations de salaire, qui peuvent constituer une obligation contractuelle. Cette conjonction de l'accroissement des responsabilités et des pressions budgétaires incite les administrations fiscales à trouver des solutions innovantes, souvent fondées sur les technologies, de manière à pouvoir faire face aux contraintes budgétaires et continuer de fournir des services efficaces aux contribuables sans perdre de vue les risques de non-conformité concernés.

À l'heure où les administrations fiscales mènent une réflexion sur les pratiques de travail établies dans le cadre de la réponse à la pandémie, elles s'intéressent également aux effets du travail hybride ou à distance dans la durée. Cet aspect a fait l'objet d'une analyse plus détaillée dans le rapport de l'OCDE intitulé

Administration fiscale : Inscrire le télétravail dans la durée après le COVID-19 (OCDE, 2021[1]) ; les exemples figurant dans l'encadré 9.1 présentent certaines des nouvelles pratiques adoptées après la pandémie.

Encadré 9.1. Exemples nationaux : Nouvelles pratiques de travail

Chili : Système de messagerie automatique pour les reçus électroniques émis par les contribuables

En raison de la pandémie de COVID-19 et de la difficulté d'organiser des contrôles fiscaux sur place, le Servicio de Impuestos Internos (SII) a dû trouver une solution permettant de vérifier l'émission de reçus électroniques en temps quasi réel. Dans ce contexte, un système capable de créer des alertes à partir du traitement des reçus électroniques, à la fois en temps quasi réel et par lots, a été mis au point. Il a continué d'être utilisé après la pandémie.

Le modèle comporte quatre composantes principales : le regroupement, la définition des alertes, le système de messagerie automatique et la visualisation des données.

Le processus commence par la définition des contribuables tenus d'émettre des reçus électroniques. Ensuite, le système regroupe certains de ces contribuables par type d'entreprise. Il existe actuellement dix groupes : les magasins de boissons alcoolisées, les boulangeries, les restaurants, les primeurs, les boucheries, les drogueries, les fleuristes, les bijoutiers, les supérettes et les quincailleries.

Le SII a créé un ensemble d'alertes fondées sur des algorithmes mathématiques qui surveillent et détectent les anomalies dans les documents fiscaux électroniques émis par ces groupes. Une fois que les contribuables tenus d'émettre des reçus électroniques ont été répertoriés, on isole ceux qui remplissent les conditions requises pour recevoir un message. Enfin, un tableau de bord permettant de visualiser les informations est créé grâce à toutes les données recueillies par le système.

Voir les documents de référence à l'annexe 9.A.

Mexique : Appuyer la numérisation de l'environnement de travail

L'administration fiscale mexicaine (SAT) a investi dans les services de mobilité afin de favoriser le télétravail, ce qui s'est traduit par une hausse de la productivité du personnel et des économies considérables pour l'institution. La mise en place de réseaux privés virtuels (VPN) permettant d'accéder au réseau institutionnel à distance et de manière sécurisée a constitué un élément clé de cette initiative. Cette mesure a non seulement permis au personnel de gagner du temps, mais aussi à l'institution de réduire ses frais de bureau.

Roumanie : Webinaires pour les réunions avec les contribuables

Au cours de la pandémie, l'administration fiscale roumaine a adopté des mesures restreignant l'accès des contribuables à ses locaux. Pour continuer de répondre aux besoins des contribuables, l'administration fiscale roumaine a lancé un service de webinaires en 2022. Ceux-ci sont animés par des représentants des bureaux régionaux et les détails des séances sont publiés sur le site web de l'administration, qui gère également les inscriptions.

Les webinaires sont organisés à la fois pour informer les contribuables de leurs obligations fiscales et pour répondre à leurs questions sur le sujet, l'objectif étant de renforcer le respect spontané des obligations fiscales. Pendant deux heures, les contribuables peuvent ainsi poser des questions par écrit, via la section questions-réponses, ou oralement à l'aide de la fonction « Lever la main ».

Les webinaires ont lieu tous les mois et la plateforme permet d'établir des rapports statistiques sur le nombre de personnes inscrites, le nombre de participants et le nombre de questions posées via la section questions-réponses.

Source : Chili (2023), Mexique (2023) et Roumanie (2023).

Postes de dépenses opérationnelles des administrations fiscales

Comme on l'a vu plus haut, les coûts salariaux constituent le principal poste de dépenses opérationnelles des administrations fiscales, les salaires à eux seuls représentant en moyenne 73 % du budget annuel, même si l'on observe des différences d'une juridiction à l'autre (voir graphique 9.1). Les coûts liés à l'exploitation des technologies de l'information et de la communication (TIC) constituent un autre poste important : il représente en moyenne 11 % du total des dépenses opérationnelles engagées par les juridictions, voire plus de 20 % pour certaines d'entre elles (voir tableau D.6). Les moyennes de ces deux postes (salaires et TIC) sont restées stables ces dernières années.

Graphique 9.1. Coûts salariaux en pourcentage du total des dépenses opérationnelles, 2021

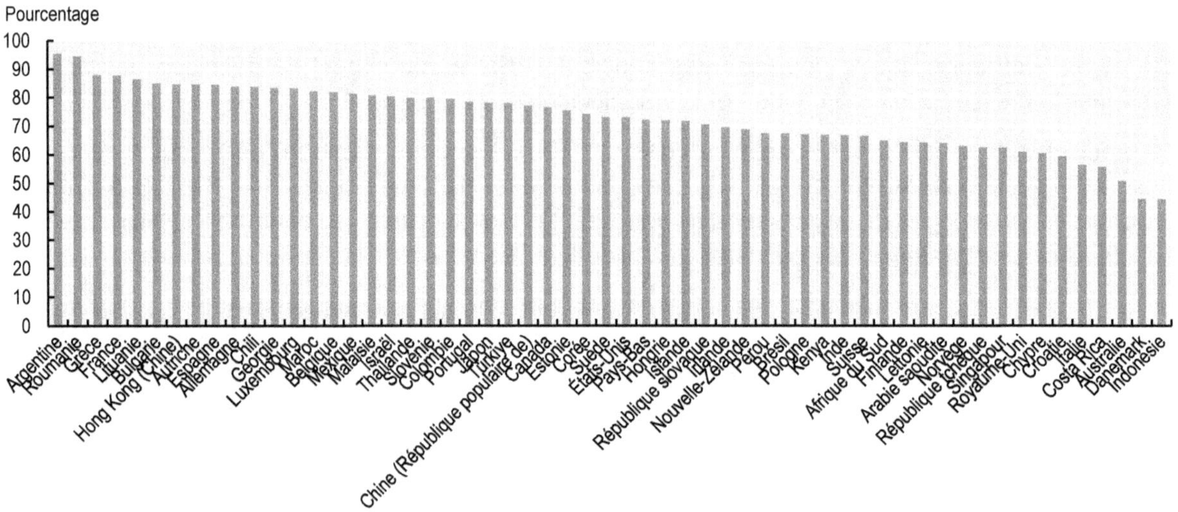

Source : Tableau D.6.

StatLink https://stat.link/bnd1pr

Dépenses d'investissement

Les dépenses d'investissement représentent environ 4.7 % des dépenses totales en moyenne, mais les variations sont importantes d'une administration à l'autre : moins de 1 % pour certaines d'entre elles, plus de 10 % pour d'autres (voir tableau A.17).

Coût de perception

Il est devenu assez courant que les administrations fiscales calculent et publient (par exemple dans leurs rapports annuels) un ratio du « coût de perception » comme indicateur de substitution pour mesurer leur efficience ou leur efficacité. Ce ratio est calculé en comparant les dépenses annuelles de l'administration aux recettes nettes perçues au cours de l'exercice. Compte tenu des nombreuses similitudes que présentent les impôts administrés par les administrations fiscales, les observateurs ont naturellement tendance à comparer les ratios du « coût de perception » des différentes juridictions. Pour les raisons exposées à l'encadré 9.2, il convient toutefois de prendre ce type de comparaison avec des pincettes.

Dans la pratique, un certain nombre de facteurs peuvent en effet influer sur le rapport coûts-recettes, mais ne concernent en rien l'efficience ou l'efficacité relative. Citons notamment les évolutions macroéconomiques ainsi que les différences dans les types de recettes administrées. Ces facteurs sont détaillés à l'encadré 9.2.

En dépit de ces facteurs, ce rapport intègre le ratio du coût de perception pour deux raisons :

1. il peut servir aux administrations d'outil de suivi et de mesure au niveau national, puisqu'il leur permet d'observer l'évolution au fil du temps des efforts qu'elles déploient pour la collecte des recettes et, comme le souligne l'encadré 9.2, de tenir compte des principaux facteurs susceptibles d'influer sur ce ratio ;
2. l'intégration du ratio du coût de perception ainsi que les remarques qui s'y rapportent figurant à l'encadré 9.2 permettent de rappeler avec pertinence aux parties prenantes que le ratio du coût de perception est certes aisé à calculer, mais néanmoins difficile à utiliser aux fins de l'établissement de comparaisons internationales.

Le tableau 9.2 illustre l'évolution des ratios du coût de perception de 2018 à 2021 pour les administrations visées par ce rapport. Il montre que près de 80 % des administrations ont vu leurs ratios diminuer entre 2020 et 2021, alors qu'entre 2019 et 2020, ils avaient augmenté pour environ 80 % d'entre elles. Le graphique 9.2. illustre l'évolution des ratios du « coût de perception » entre 2020 et 2021 au niveau des juridictions. Comme indiqué dans l'encadré 9.2, ce graphique et les chiffres qui le sous-tendent doivent toutefois être interprétés avec la plus grande prudence.

Tableau 9.2. Évolution des ratios du « coût de perception », 2018-2021

Pourcentage d'administrations

Évolution	Entre 2018 et 2019	Entre 2019 et 2020	Entre 2020 et 2021
Augmentation du coût de perception	45	82	23
Diminution du coût de perception	55	18	78

Note : Le tableau se fonde sur les données de 55 juridictions qui ont été en mesure de fournir ces informations pour les années 2018 à 2021.
Source : Tableau D.6.

Graphique 9.2. Évolution des ratios du « coût de perception » de 2020 à 2021

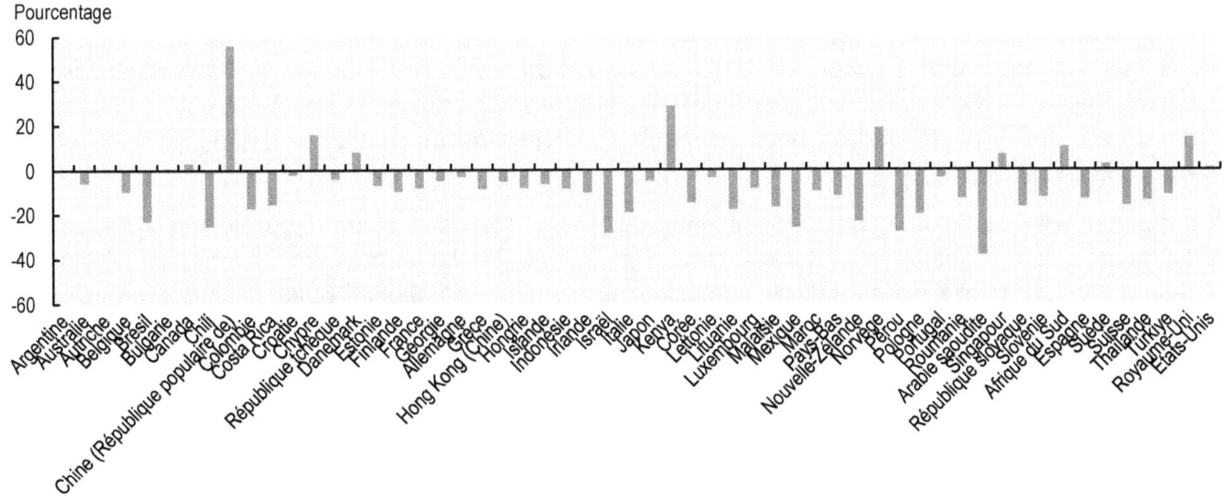

Note : Il convient de tenir compte des facteurs évoqués à l'encadré 9.2 pour interpréter ce graphique. Les données concernant l'Inde ont été exclues, voir la note du tableau A.16.
Source : Tableau D.6.

StatLink https://stat.link/hm2i08

Encadré 9.2. Difficultés liées à l'utilisation du ratio du « coût de perception » comme indicateur de l'efficience et/ou de l'efficacité

Observée au fil du temps, une tendance à la baisse du ratio du « coût de perception » peut sembler attester d'une réduction des coûts relatifs (amélioration de l'efficience) et/ou d'une amélioration de la discipline fiscale (amélioration de l'efficacité). Cependant, on a aussi constaté à l'usage que nombre de facteurs susceptibles d'influencer ce ratio **ne sont pas** liés à l'évolution de l'efficience et/ou de l'efficacité des administrations fiscales et compromettent fortement la fiabilité de cette statistique dans le contexte international :

- **Évolutions de la politique fiscale** : les modifications apportées à la politique fiscale sont un facteur important pour déterminer le rapport coûts-recettes. Ainsi, une décision visant à accroître la charge fiscale globale devrait, en théorie et toutes choses égales par ailleurs, entraîner une amélioration équivalente du ratio, mais elle n'a rien à voir avec une amélioration de l'efficience ou de l'efficacité opérationnelle.
- **Évolutions macroéconomiques** : les variations significatives du taux de croissance économique, etc., ou de l'inflation au fil du temps sont susceptibles d'influer sur le total des recettes perçues par l'administration fiscale et donc sur le rapport coûts-recettes.
- **Dépenses anormales de l'administration fiscale** : il peut arriver qu'une administration fiscale doive réaliser un investissement de niveau anormal (mise en place d'une nouvelle infrastructure informatique ou acquisition de nouveaux locaux plus coûteux, par exemple). Les investissements de ce type sont susceptibles d'accroître les coûts opérationnels globaux à moyen terme ; en l'absence de gains d'efficience compensatoires, qui peuvent être longs à obtenir, ils auront une incidence sur le rapport coûts-recettes.
- **Évolution du champ des recettes perçues** : il peut arriver que les autorités décident de transférer la responsabilité de la perception de certaines recettes d'un organisme à un autre, ce qui peut influer sur le rapport coûts-recettes.

Sur le plan strictement intérieur, l'administration peut tenir compte de ces facteurs en ajustant ses coûts ou les recettes qu'elle perçoit en conséquence. Le suivi du ratio du « coût de perception » peut ainsi constituer une mesure utile qui permet d'observer au fil du temps l'évolution des efforts déployés par l'administration en matière de perception des recettes. Ventilé par type d'impôt, il peut aussi aider à éclairer les choix opérés par les pouvoirs publics concernant les modalités d'administration et de perception de certains impôts.

Pour ce qui est d'établir des comparaisons internationales, son utilité s'avère toutefois très limitée. En effet, si les administrations sont en mesure de tenir compte des facteurs susmentionnés d'un point de vue intérieur, cette analyse est difficile à réaliser au niveau international, puisqu'elle doit prendre en considération les paramètres suivants :

- **Différences quant aux taux et à la structure des impôts** : les taux d'imposition et la structure effective des impôts sont autant d'éléments qui pèsent sur les recettes globales et, dans une moindre mesure, sur les considérations de coûts. Par exemple, les comparaisons du ratio de juridictions à forte pression fiscale et de juridictions à faible pression fiscale ne sont guère réalistes en raison de la forte disparité de leur charge fiscale.
- **Différences quant à la portée et à la nature des recettes administrées** : ces différences sont nombreuses. Dans certaines juridictions, il se peut qu'il y ait plus d'une grande autorité fiscale au niveau national, ou que les recettes perçues au niveau fédéral proviennent principalement d'impôts directs, les impôts indirects étant essentiellement administrés par des autorités régionales ou provinciales distinctes. Dans d'autres juridictions, il se peut, à l'inverse, qu'une

autorité nationale unique perçoive les impôts pour tous les niveaux de l'administration : fédéral, régional et local. Des problèmes similaires se posent en ce qui concerne la perception des cotisations sociales.

- **Différences quant à l'éventail des fonctions exercées** : l'éventail des fonctions exercées par les administrations fiscales peut varier selon les pays. Ainsi, dans certaines juridictions, l'administration fiscale est également responsable d'activités qui ne relèvent pas directement de l'administration de l'impôt (administration de certaines prestations sociales du registre national de la population, par exemple), tandis que dans d'autres, certaines fonctions fiscales ne sont pas exercées par l'administration fiscale (recouvrement forcé de créances, par exemple). Par ailleurs, les perceptions sociales peuvent influer sur les activités de l'administration, son fonctionnement et les services qu'elle propose, ce dernier élément étant tout particulièrement susceptible d'avoir une incidence significative sur le rapport coûts-recettes.

Enfin, il convient de souligner que le ratio du « coût de perception » ne tient pas compte du potentiel de recettes des systèmes fiscaux, c'est-à-dire de la différence entre le montant des recettes effectivement perçues et les recettes potentielles maximales. Cet aspect est particulièrement pertinent dans le contexte des comparaisons internationales : pour des rapports coûts-recettes similaires, l'efficacité relative de différentes administrations peut varier sensiblement.

Technologies de l'information et de la communication

Les dépenses consacrées aux TIC représentent environ 11 % des dépenses opérationnelles en moyenne, mais les niveaux varient considérablement d'une administration à l'autre. Ainsi, environ 50 % des administrations ayant communiqué le coût de leurs dépenses liées aux TIC pour 2021 indiquent que leurs charges opérationnelles annuelles dans ce domaine étaient supérieures à 10 % de leurs dépenses de fonctionnement totales et 20 % d'entre elles que ce poste de dépense représentait de 5 % à 10 % du budget (voir tableau D.6). Si certaines de ces variations peuvent s'expliquer par des différences entre les approches suivies en matière d'approvisionnement et de stratégie, ce n'est pas le cas pour d'autres, ce qui, du moins en surface, peut laisser penser que les niveaux de dépenses sont peut-être légèrement insuffisants pour permettre d'assurer les services électroniques et numériques en mutation rapide que les administrations sont de plus en plus appelées à fournir. Parallèlement, les administrations indiquent qu'elles investissent davantage dans leurs pratiques de cybersécurité, qui sont nécessaires pour protéger l'intégrité de leur système et préserver la confiance des contribuables. L'encadré 9.3 et le chapitre 10 sur la transformation numérique mettent en lumière certaines des pratiques dans ce domaine.

Encadré 9.3. Exemples nationaux : Investissement dans la cybersécurité

Australie : Mesures visant à protéger l'intégrité des systèmes contre la cybercriminalité

L'une des innovations de l'Australian Taxation Office (ATO) pour lutter contre la cybercriminalité est la mise en œuvre du nouveau programme d'intégrité des systèmes et de la méthode d'évaluation des vulnérabilités qui l'accompagne. Cette méthode contemporaine vise à comprendre les faiblesses des procédures opérationnelles et des chemins d'accès des utilisateurs actuels, ainsi qu'à mesurer, en ce qui concerne les fraudes externes et les menaces cybercriminelles, les risques auxquels est exposé de bout en bout l'écosystème fiscal et de retraite. Cette méthode permet à l'ATO de déterminer les cas dans lesquels des contre-mesures supplémentaires peuvent être nécessaires pour prévenir la cybercriminalité et les fraudes externes à l'échelle de l'ensemble du système.

Voir les documents de référence à l'annexe 9.A.

Mexique : Innovations dans la lutte contre la cybercriminalité en matière fiscale

La corrélation d'événements utilise l'analytique pour déterminer et comprendre les tendances qui se dégagent des données antérieures et actuellement en ligne afin de mieux localiser et atténuer les menaces de sécurité potentielles. Son objectif principal est de repérer les comportements anormaux et d'appuyer l'établissement de responsabilités au sein d'actions enregistrées, en exploitant les traces d'activité générées, entre autres, par les connexions réseau, l'historique de navigation et les comptes utilisateurs.

La SAT utilise un système spécialisé pour la collecte et l'analyse des dossiers issus des systèmes d'information (SIEM) ainsi qu'une infrastructure spécialisée pour l'analyse des informations contenues dans le SIEM. Par ailleurs, le personnel est formé à l'utilisation des outils d'analyse et à l'examen des dossiers issus des systèmes d'information. La législation actuelle doit être révisée en permanence en ce qui concerne les périodes de conservation des renseignements. En outre, il convient de veiller à préserver l'intégrité des journaux, à élaborer des règles de corrélation des événements pour générer des alertes à l'intention des personnes responsables de ces journaux, et à suivre, mettre à jour et recycler les modèles analytiques.

Source : Australie (2023) et Mexique (2023).

En ce qui concerne les solutions TIC opérationnelles (c'est-à-dire celles que les administrations fiscales utilisent pour leur mission, notamment en matière d'enregistrement, de traitement des déclarations et des paiements ainsi que de vérification), presque toutes les administrations fiscales déclarent s'être dotées de systèmes personnalisés, 55 % d'entre elles indiquant avoir également recours à des produits standard disponibles dans le commerce (voir graphique 9.3.).

Graphique 9.3. Solutions TIC dont sont dotées les administrations fiscales, 2021

Pourcentage des administrations disposant des solutions concernées

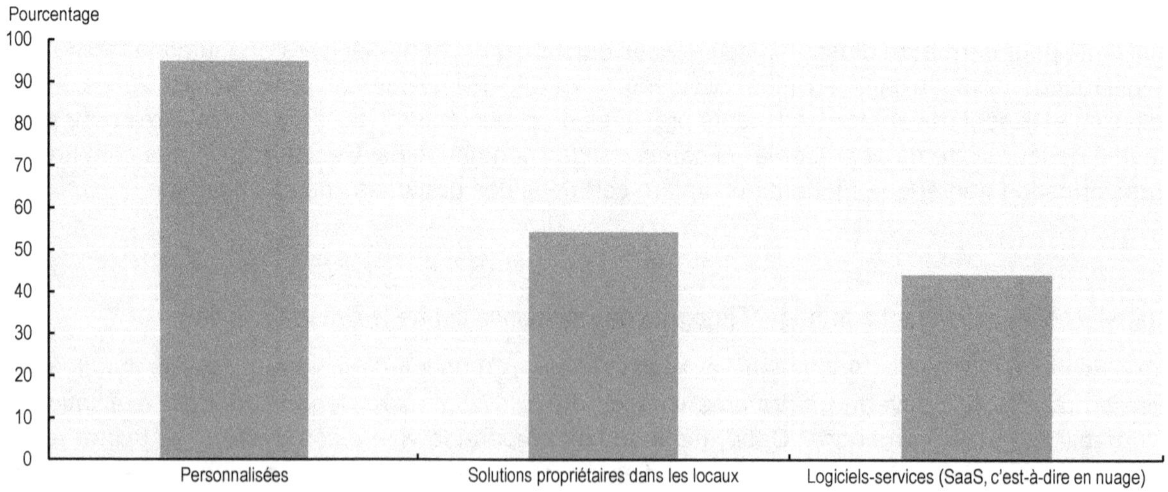

Source : Tableau A.21.

StatLink https://stat.link/zka0ln

Par ailleurs, environ 45 % des administrations déclarent utiliser des logiciels-services (SaaS). Il s'agit de modèles dans le cadre desquels l'administration fiscale s'acquitte d'un abonnement dont le coût dépend de l'utilisation qui est faite du service. Les logiciels, installés sur des ordinateurs tiers et non sur ceux de l'administration fiscale, sont accessibles par internet. Le stockage de données fiscales sensibles sur ces systèmes tiers constitue l'un des principaux obstacles à l'utilisation généralisée des logiciels-services. Il est possible que le recours au SaaS soit amené à s'accroître à mesure que de nouvelles solutions seront trouvées sur le plan législatif et technologique, notamment en matière de cryptage des données.

Personnel

En 2021, les administrations reprises dans ce rapport employaient environ 1.7 million de personnes (voir tableau A.18). Une gestion efficace et efficiente du personnel est donc essentielle pour la bonne administration de l'impôt. Le fait de disposer d'une main-d'œuvre compétente, professionnelle, productive et adaptable est au cœur de la planification des ressources humaines de la plupart des administrations. Or, alors que les coûts salariaux représentent en moyenne plus de 70 % des dépenses opérationnelles, toute modification significative du budget a invariablement une incidence sur les effectifs. La « double pression » résultant des compressions budgétaires et des évolutions technologiques, mentionnées dans l'édition 2017 (OCDE, 2017[2]) (voir aussi le graphique 9.4.), demeure un enjeu de gestion important pour la plupart des administrations. Le problème est encore aggravé pour certaines d'entre elles, qui, en raison de restrictions contractuelles ou des missions que leur confient les pouvoirs publics, peuvent éprouver des difficultés, sur le plan stratégique, à réduire leurs activités autrement que par le non-remplacement des départs volontaires.

Graphique 9.4. Double pression sur le personnel

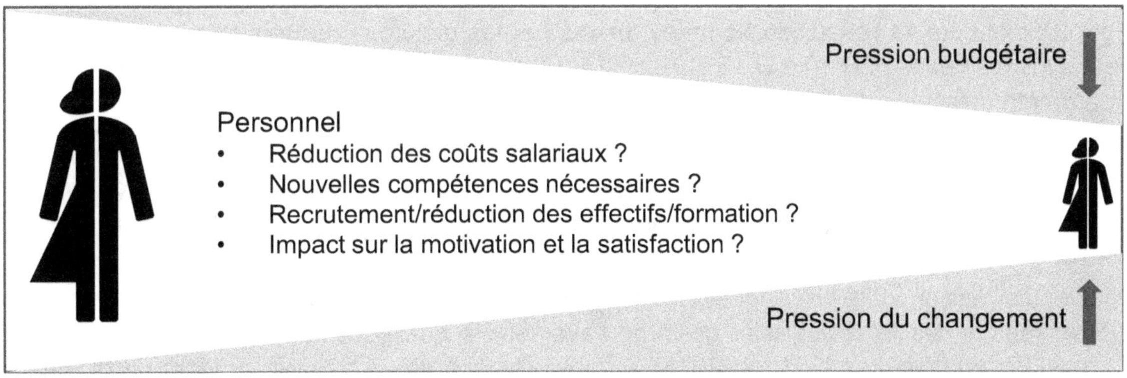

Dotation en personnel par fonction

Le graphique 9.5 illustre la répartition moyenne des ressources en personnel (exprimées en équivalents temps plein) en quatre groupes fonctionnels utilisés pour catégoriser les activités de l'administration fiscale[1]. Si les données détaillées de chaque administration présentée dans le tableau D.8. font apparaître un écart significatif entre les valeurs et un certain nombre d'aberrations pour chaque fonction, en moyenne, la fonction « audits, enquêtes et autres vérifications » et la fonction « enregistrement, services, déclarations et traitement des paiements » mobilisent autant de ressources, chacune employant en moyenne 30 % du personnel. Ces deux ratios sont restés stables ces dernières années.

Graphique 9.5. Dotation en personnel par fonction, 2021

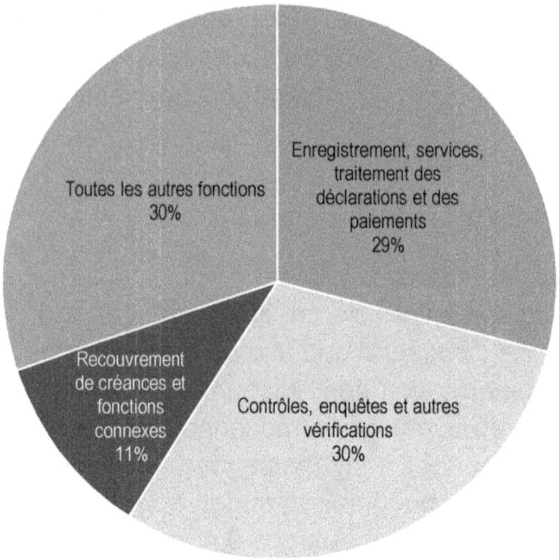

Note : les administrations qui n'ont pas été en mesure de fournir la ventilation pour toutes les fonctions ont été exclues.
Source : Tableau D.8.

StatLink https://stat.link/3yedf0

Indicateurs relatifs au personnel

L'enquête ISORA 2022 a également permis de recueillir des données essentielles concernant les profils par âge, l'ancienneté, la répartition hommes-femmes et les diplômes du personnel des administrations fiscales : voir les tableaux D.10 à D.15 et A.24 à A.31. Il convient de les interpréter en tenant compte de deux paramètres essentiels :

- Étant donné qu'il peut leur être difficile de distinguer entre le personnel de l'administration de l'impôt et celui chargé des droits de douane, les administrations qui cumulent ces fonctions ont été autorisées à utiliser les chiffres de l'ensemble de leurs effectifs pour répondre aux questions de l'enquête.
- Depuis l'édition 2020 de l'enquête ISORA, les indicateurs relatifs au personnel sont recueillis pour l'ensemble des effectifs, alors qu'ils ne l'avaient été que pour les agents permanents lors des éditions précédentes (2016 et 2018). Il convient donc de se montrer prudent dans l'analyse de tendances comparant les indicateurs issus des données de différentes éditions de l'enquête ISORA. Pour ce qui des administrations qui emploient un nombre important d'agents non permanents, plus particulièrement, cette différence de méthode peut entraîner un changement des pourcentages qui ne résulte pas d'évolutions normales du personnel, mais plutôt de la prise en compte d'un groupe différent.

Profils par âge

Si l'on observe d'importantes disparités entre les profils par âge du personnel des administrations fiscales (voir tableaux D.11 et D.12), il est intéressant de constater que des écarts apparaissent également lorsque l'on examine les différents groupes régionaux. Cela peut s'expliquer par un ensemble complexe de facteurs culturels, économiques et sociologiques (par exemple, maturité économique, recrutement, rémunération et politiques en matière de retraite).

Le graphique 9.6 indique que le personnel est, dans l'ensemble, plus jeune dans les administrations des groupes régionaux « Asie-Pacifique » et « Moyen-Orient et Afrique », qui comptent, en moyenne, environ

30 % de salariés de moins de 35 ans, contre moins de 20 % dans les groupes « Amérique » et « Europe ». À l'inverse, les administrations des groupes « Amérique » et « Europe » comptent une part importante d'agents de plus de 54 ans.

Si l'on examine les données propres à chaque juridiction, le pourcentage d'agents âgés de plus de 54 ans a augmenté dans deux tiers des administrations au cours de la période de 2018 à 2021 (voir graphique 9.7).

Ancienneté

La diversité des profils par âge se retrouve aussi largement dans l'ancienneté du personnel des administrations fiscales. Le graphique 9.8 indique que de nombreuses administrations seront confrontées à un nombre important de départs en retraite au cours des prochaines années, mais qu'en plus, beaucoup des agents concernés sont très chevronnés, ce qui soulève d'autres problèmes en matière de préservation des savoirs et de l'expérience.

Graphique 9.6. Profils par âge du personnel des administrations fiscales, 2021

Tranches d'âge du personnel en pourcentages pour certains groupes régionaux

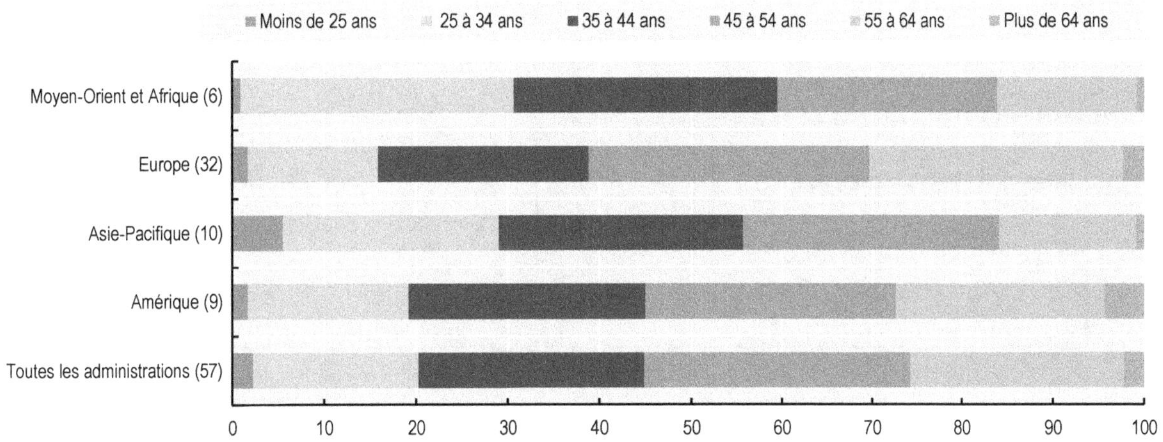

	Toutes les administrations (57)	Amérique (9)	Asie-Pacifique (10)	Europe (32)	Moyen-Orient et Afrique (6)
■	2.3	1.7	5.5	1.7	0.9
■	18.0	17.5	23.5	14.2	29.8
■	24.7	25.8	26.7	23.0	28.8
■	29.2	27.5	28.4	30.9	24.4
■	23.6	23.1	15.1	28.0	15.3
■	2.2	4.4	0.9	2.4	0.8

Pourcentage

Note : les groupes régionaux comprennent les administrations suivantes : Amérique (9) – Argentine, Brésil, Canada, Chili, Colombie, Costa Rica, États-Unis, Mexique et Pérou ; Asie-Pacifique (9) – Australie, Chine (République populaire de), Corée, Hong Kong (Chine), Indonésie, Malaisie, Nouvelle-Zélande, Singapour et Thaïlande ; Europe (32) – Allemagne, Autriche, Belgique, Bulgarie, Chypre, Croatie, Danemark, Espagne, Estonie, Finlande, France, Géorgie, Grèce, Hongrie, Irlande, Islande, Italie, Lettonie, Lituanie, Luxembourg, Malte, Norvège, Pays-Bas, Pologne, Portugal, Roumanie, République slovaque, Slovénie, Suède, Suisse, République tchèque et Royaume-Uni ; Moyen-Orient et Afrique (6) – Afrique du Sud, Arabie saoudite, Israël, Kenya, Maroc et Türkiye.
Source : Tableau D.12.

StatLink https://stat.link/52vifz

Graphique 9.7. Agents âgés de plus de 54 ans : évolution de 2018 à 2021

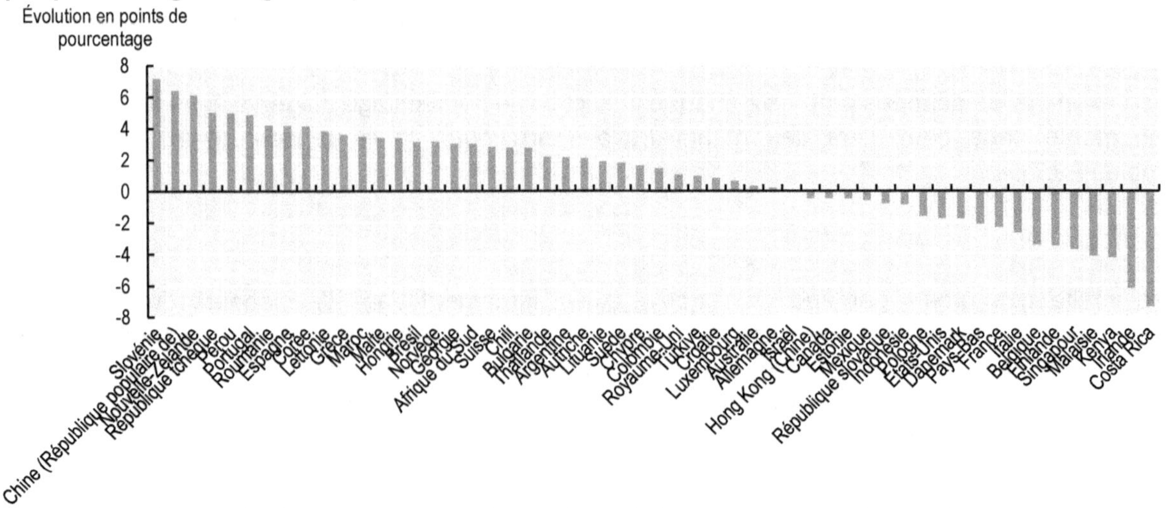

Note : Seules sont incluses les juridictions pour lesquelles des données étaient disponibles pour les deux années. Les données relatives à l'Islande et à l'Arabie saoudite ont été exclues en raison des fusions entre l'administration fiscale et l'administration douanière.
Source : Tableau D.12.

StatLink https://stat.link/2goted

Graphique 9.8. Ancienneté moyenne par rapport au profil par âge, 2021

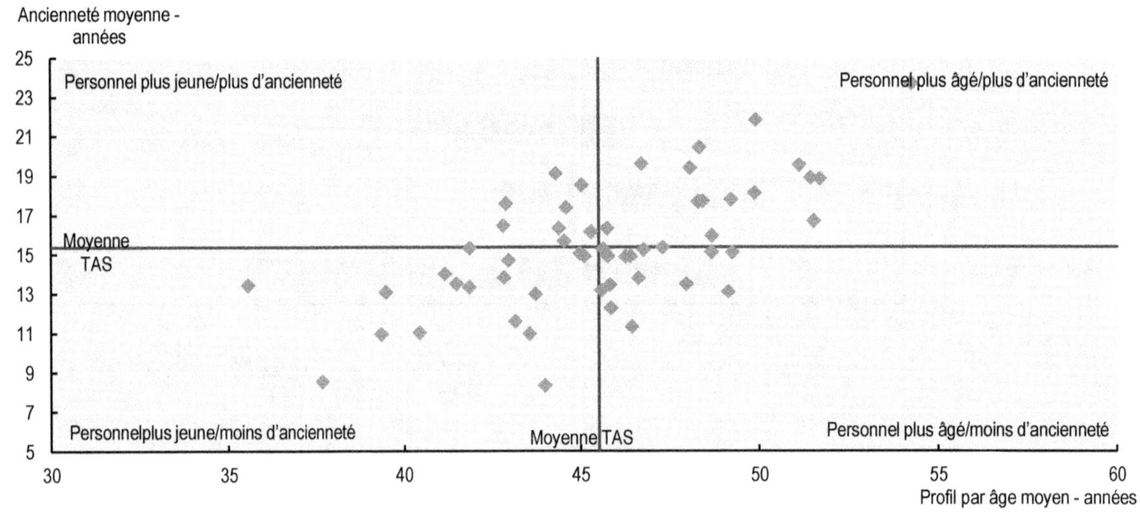

Source : calculs du Secrétariat basés sur les tableaux D.11 à D.14.

StatLink https://stat.link/r3u7sf

Répartition hommes-femmes

Compte tenu du grand intérêt manifesté par l'opinion publique pour la question de l'égalité hommes-femmes, les administrations ont été invitées à communiquer la répartition par sexe de l'ensemble de leurs effectifs ainsi que du personnel d'encadrement. Comme le montre le graphique 9.9, si nombre d'administrations sont proches de la ligne proportionnelle, le personnel féminin demeure, le plus souvent, proportionnellement sous-représenté aux postes d'encadrement et nettement sous-représenté dans un certain nombre d'administrations — une situation qui perdure depuis l'édition 2017 de ce rapport (OCDE, 2017[2]).

Graphique 9.9. Pourcentage de femmes dans le personnel – total du personnel féminin et femmes cadres, 2021

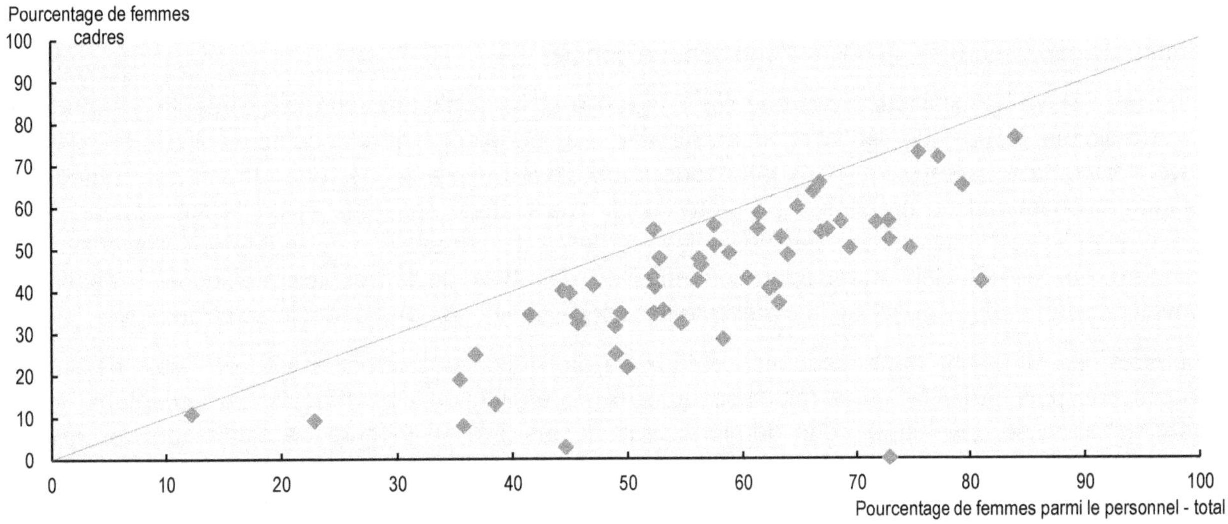

Source : Tableau D.15.

StatLink https://stat.link/1qw96e

Si l'on examine les moyennes globales, bien que l'on constate des variations entre les juridictions (voir le tableau D.15), la proportion de femmes dans l'ensemble du personnel et parmi les cadres est restée globalement inchangée depuis 2018 : on n'observe qu'une très faible hausse, d'environ 4 %, du nombre de femmes cadres (voir le tableau 9.3). Les données au niveau des juridictions montrent que dans environ deux tiers des administrations, le pourcentage de femmes cadres a augmenté depuis 2018 (voir tableau D.15.).

Tableau 9.3. Évolution de la proportion de femmes parmi le personnel et parmi les cadres (en pourcentage)

Catégorie de personnel	2018	2019	2020	2021	Variation entre 2018 et 2021 en pourcentage
Personnel féminin (56 juridictions)	56.9	57.6	57.5	57.6	3.2
Femmes cadres (55 juridictions)	40.2	41.9	41.6	42.6	+4.2

Note : Le tableau présente la proportion de femmes dans l'ensemble du personnel et parmi les cadres pour les juridictions qui ont pu fournir ces informations pour les années 2018 à 2021. Le nombre de juridictions pour lesquelles des données étaient disponibles est indiqué entre parenthèses.
Source : Tableau D.15.

Dans le cadre de l'enquête ISORA, les administrations ont par ailleurs été invitées à indiquer si des membres de leur personnel ne se définissent ni comme un homme ni comme une femme (le genre appelé « Autre » aux fins de l'enquête). Le tableau A.31 montre que deux administrations, celle de l'Australie et de la Nouvelle-Zélande, ont indiqué compter des agents se définissant comme « autre ».

Diminution des effectifs

La diminution des effectifs, ou la rotation du personnel, désignent le rythme auquel les salariés quittent l'administration au cours d'une période donnée (généralement un an). Un nombre important de départs naturels peut s'expliquer par divers facteurs, tels que les politiques de réduction des effectifs, la démographie ou l'évolution des préférences du personnel. Pour évaluer les tendances observées en matière de ressources humaines au sein d'une administration, il convient d'analyser le taux de diminution des effectifs conjointement avec d'autres indicateurs, notamment le taux d'embauche, qui exprime le nombre d'agents recrutés au cours d'une période donnée.

Si un taux élevé de diminution des effectifs associé à un taux d'embauche faible résulte généralement d'une politique globale de réduction des effectifs — et peut donc être accepté —, les administrations doivent s'inquiéter lorsque ces taux sont tous deux élevés. En effet, le recrutement est coûteux, non seulement en raison du processus proprement dit, mais aussi des frais et du temps consacrés à la formation et à l'accompagnement des nouvelles recrues, sans compter l'important temps d'arrêt avant que ces dernières soient pleinement opérationnelles ou capables de fournir les meilleures prestations. Il convient donc, en règle générale, d'éviter que le taux de diminution des effectifs soit trop élevé.

Toutefois, les situations dans lesquelles le taux de diminution des effectifs est trop faible ne sont pas idéales non plus. En effet, si la faiblesse du taux de diminution des effectifs est acceptable lorsque l'administration se développe, cette dernière peut ne pas être en mesure de s'adjoindre de nouvelles compétences lorsque le taux de diminution des effectifs et le taux d'embauche sont faibles tous les deux, puisque tous les postes sont pourvus. Cela pourrait particulièrement poser problème aux administrations en cours de transition, qui ont, de ce fait, besoin d'agents aux compétences différentes de celles dont elles disposent déjà.

Certes, les avis divergent, selon les secteurs et les pays, quant à ce qu'il convient de considérer comme un taux « sain » de diminution des effectifs, mais les taux moyens de diminution des effectifs (6.8 % en 2021) et d'embauche (5.9 % en 2021) des administrations couvertes par cette publication semblent néanmoins indiquer qu'une fourchette comprise entre 5 % et 10 % est raisonnable. Il convient de noter que le taux moyen d'embauche de 2021 demeure inférieur à celui de 2018 et de 2019, peut-être du fait de la pandémie. Parallèlement, le taux moyen de diminution des effectifs de 2021 a renoué avec les niveaux d'avant la pandémie (voir tableau 9.3.).

Tableau 9.4. Évolution des taux de diminution des effectifs et d'embauche (en pourcentage)

	2018	2019	2020	2021	Variation entre 2018 et 2020 en pourcentage
Taux de diminution des effectifs (50 juridictions)	6.6	-2.6	6.0	6.8	-1.2
Taux d'embauche (50 juridictions)	6.8	7.0	5.8	5.9	-11.9

Note : Le tableau présente les taux moyens de diminution des effectifs et d'embauche pour les juridictions qui ont pu fournir ces informations pour les années 2018 à 2021. Le nombre de juridictions pour lesquelles des données étaient disponibles est indiqué entre parenthèses. Les données relatives à l'Arabie saoudite, à la Chine (République populaire de), à l'Islande et à la Norvège ont été exclues des calculs en raison des transferts de personnel exceptionnels intervenus au cours de la période 2018-2021, qui ont été comptabilisés comme des recrutements, faussant la moyenne de ces pays pour ces années (voir les notes du tableau A.23.).
Source : Tableau D.9.

Cela étant, lorsque l'on analyse les données spécifiques des administrations, il apparaît que le spectre des taux « de diminution des effectifs et d'embauche » est extrêmement large. Le graphique 9.10 illustre le rapport entre les taux de diminution des effectifs et d'embauche des administrations fiscales. Il en ressort qu'un certain nombre d'entre elles affichent des taux bien supérieurs à 10 % (cadre supérieur droit) et d'autres des taux très faibles (cadre inférieur gauche).

Graphique 9.10. Taux de diminution des effectifs et d'embauche, 2021

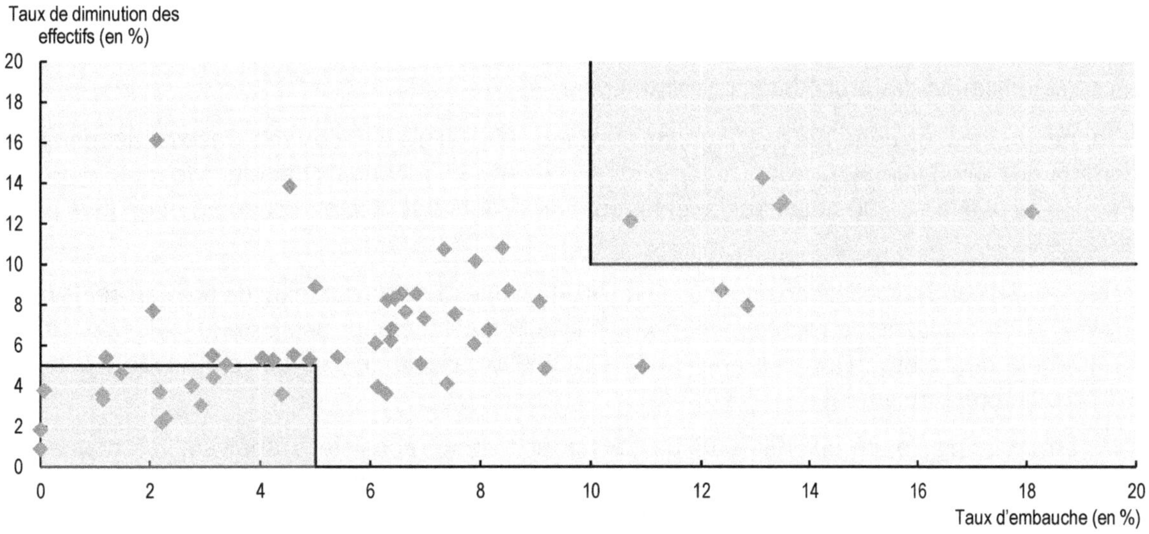

Note : Taux de diminution des effectifs = nombre de départs/effectif moyen. Taux d'embauche = nombre de recrutements/effectif moyen. L'effectif moyen correspond à la moyenne entre l'effectif en début d'année et l'effectif en fin d'année.
Source : Tableau D.9.

StatLink https://stat.link/2au0id

Si les taux de recrutement peuvent varier d'une année sur l'autre, les difficultés liées à la formation et au transfert de connaissances sont constantes. La pandémie de COVID-19 a mis ces questions en évidence, car les procédures de gestion des ressources humaines qui reposaient auparavant sur des contacts en face à face ont dû être menées à distance. Les administrations fiscales indiquent que ces pratiques ont apporté des bénéfices considérables tant à l'administration qu'aux candidats ; elles font donc l'objet d'adaptations afin de les inscrire dans la durée. L'encadré 9.4 illustre certaines des approches innovantes utilisées pour attirer des candidats vers l'administration fiscale et pour numériser ces procédures.

Encadré 9.4. Exemples nationaux : Améliorer les processus de gestion des ressources humaines

France : Modification des procédures de recrutement

En France, la Direction générale des finances publiques (DGFiP) a d'importants besoins de recrutement pour répondre aux demandes de ses différents services et compenser les départs à la retraite. En 2022, elle a recruté plus de 3 700 nouveaux agents, dont deux tiers par voie de concours et un tiers par voie contractuelle.

Le recrutement contractuel est en hausse, ce qui signifie que dans un contexte de tension sur le marché du travail, les techniques de recrutement doivent être optimisées pour accroître le vivier de candidats et la diversité des profils. Dans ce contexte, la DGFiP expérimente des outils innovants tels que le sourcing et le prérecrutement :

- Le sourcing, fondé sur des critères définis en amont, consiste à analyser les données des nombreux sites d'emploi, plateformes professionnelles, bibliothèques de CV et autres réseaux sociaux. Cette méthode permet de repérer les profils qui répondent le mieux aux attentes. Les résultats produits par ces algorithmes combinent à la fois la quantité et la qualité des profils sélectionnés.
- Une fois le vivier constitué, la phase de recrutement débute. Afin de mieux apprécier les aptitudes, les qualités relationnelles et le raisonnement des candidats, de nouvelles solutions informatiques permettent de créer un processus d'évaluation centré sur ces derniers, qui sont invités à effectuer un circuit composé d'une série de mini-jeux évaluant différentes compétences cognitives. Cette méthode ludique, innovante et originale permet également à la DGFiP de s'assurer une image de marque plus attrayante.

L'utilisation de ces nouveaux outils permettra de transformer la méthode de recrutement en allant au-delà de l'analyse classique du curriculum vitae. Elle révélera le véritable potentiel des candidats tout en assurant un recrutement plus équitable et plus diversifié.

Japon : Recrutement de talents numériques et soutien au capital humain

En juin 2021, l'Agence nationale des impôts (*National Tax Agency*, NTA) a publié un rapport intitulé « Transformation numérique de l'administration fiscale – Vision d'avenir de l'administration fiscale 2.0 », qui expose les moyens d'améliorer l'administration de l'impôt en exploitant les avantages des technologies numériques.

Pour y parvenir, il est essentiel de recruter, puis de maintenir en poste, des personnes issues des sciences et de l'ingénierie dont on considère qu'elles disposent d'une expérience dans les technologies de l'information et des communications. En conséquence, à partir de l'exercice 2023, la NTA a créé une nouvelle catégorie d'examen d'entrée portant sur des matières comme les mathématiques et l'informatique, que connaissent bien les étudiants en sciences et en ingénierie.

La NTA s'est également attachée à développer les ressources humaines au moyen d'un système de formation fondé sur les compétences en matière de données : les différents niveaux, de débutant à expert, permettent au personnel d'enrichir ses connaissances dans ce domaine crucial. Au niveau expert, le personnel possède une expertise pointue en science statistique et en apprentissage automatique, ainsi qu'en matière d'élaboration de modèles prédictifs.

Voir l'annexe 9.A pour de plus amples informations.

Lettonie : Numérisation des processus de recrutement

Les offres d'emploi publiées sur le portail de l'agence nationale pour l'emploi migrent automatiquement vers la section des offres d'emploi du portail du Service national de l'impôt, en indiquant le lieu de travail (en présentiel, partiellement à distance ou totalement à distance).

Après l'évaluation des candidatures, les candidats passent au cycle suivant, à savoir une épreuve organisée à distance. Le jour de l'épreuve, une tâche d'essai ou un lien vers la plateforme est envoyé au candidat par courrier électronique. Les candidats sont également invités à participer à un entretien à distance par visioconférence.

Les candidat(e)s retenu(e)s sont informé(e)s par voie électronique ; ensuite, l'initiation et la formation se déroulent à distance et en présentiel, en fonction des caractéristiques de l'emploi.

Source : France (2023), Japon (2023) et Lettonie (2023).

Soutenir le personnel

Qu'ils soient d'ordre technologique, politique ou budgétaire, les administrations fiscales sont confrontées à des changements en permanence. En outre, la transformation numérique de l'économie dans son ensemble fait évoluer les attentes des contribuables en matière de services ; le personnel, pour pouvoir s'adapter, doit donc disposer des outils adéquats et d'un soutien approprié. C'est pourquoi les administrations fiscales réfléchissent à la meilleure façon d'accompagner leurs effectifs et veillent à ce qu'ils soient bien équipés pour leur mission.

Les administrations fiscales déclarent par ailleurs investir dans des services susceptibles d'aider les agents « de première ligne » à mieux cerner les besoins des contribuables et à leur fournir de meilleurs services. Toute une série de canaux peuvent être concernés, des centres d'appel aux médias sociaux. Ces investissements permettent aux administrations fiscales d'accroître la qualité des services qu'elles proposent, et leurs agents se sentent mieux armés pour fournir ces services de qualité. Les administrations fiscales signalent également qu'elles s'appuient sur des analyses sophistiquées pour mettre en correspondance les compétences des agents et les besoins des contribuables. L'encadré 9.5. illustre la manière dont est exploitée, en France, la quantité considérable de données sur le personnel pour mettre au point des outils de gestion permettant d'obtenir un profil des membres du personnel et de souligner, le cas échéant, les lacunes en matière de développement.

Encadré 9.5. France – Lac de données relatives aux ressources humaines

La DGFiP compte plus de 97 000 employés répartis dans plus de 100 divisions locales et plusieurs centaines de sites physiques. Elle a mis en place un « lac de données » dans lequel seront stockées toutes ses données, notamment celles relatives aux ressources humaines (RH), afin d'encourager leur utilisation au moyen d'outils de visualisation.

À l'avenir, toutes les données stockées dans les différentes applications liées aux ressources humaines figureront dans le lac de données, qu'il s'agisse d'informations à caractère personnel sur les salariés, leur parcours professionnel, y compris en dehors de la DGFiP ou leur formation professionnelle. Des données relatives aux efforts de la DGFiP en matière de recrutement y seront également incluses. Il deviendra ainsi possible d'analyser l'ensemble de ces informations, qui, jusqu'à présent, sont stockées et traitées séparément, et ainsi de parvenir, par exemple, à une meilleure connaissance et compréhension du profil des salariés.

Grâce à la mise en commun des données et à l'exploitation des possibilités offertes par la visualisation, la DGFiP élabore d'ores et déjà un tableau de bord destiné à faciliter la gestion des ressources humaines. Celui-ci présente un grand nombre d'indicateurs, de manière vivante et interactive, répartis en six catégories : effectifs, formation professionnelle, temps de travail, santé et sécurité, recrutement, et égalité et diversité. Le tableau de bord, qui permet d'accéder à des renseignements à jour et faciles à utiliser, est un outil de gestion très utile. La plupart des indicateurs offrent une vision d'ensemble au niveau national sur plusieurs années, ce qui permet de repérer des tendances, voire des changements structurels. En outre, l'outil permet d'effectuer rapidement des comparaisons entre les directions locales et de mettre en évidence d'éventuelles disparités entre les territoires.

Source : France (2023).

Un certain nombre d'éléments, recueillis lors de nombreuses réunions du Forum sur l'administration de l'impôt (FAI), indiquent que les administrations fiscales ont déployé des efforts considérables pour accompagner leur personnel durant les périodes de transition, notamment sur les plans suivants :

- **Le bien-être du personnel**, qui englobe sa motivation et sa satisfaction au travail, les questions liées à la santé et à la sécurité, l'équilibre entre vie professionnelle et vie privée, les programmes d'aide ainsi que l'ergonomie des bureaux.
- **La formation du personnel**, notamment les moyens d'aider le mieux possible les personnes qui se voient confier de nouvelles tâches, celles qui doivent accomplir les leurs à domicile plutôt qu'au bureau ainsi que celles qui sont amenées, pour la première fois, à diriger des équipes entièrement ou partiellement à distance.

Par ailleurs, les technologies offrent de nouvelles possibilités d'analyse des procédures existantes afin de rechercher des gains d'efficience, notamment en recourant à l'intelligence artificielle, à l'apprentissage automatique et à l'automatisation robotisée des processus (RPA pour *robotic process automation*) pour automatiser certaines des tâches essentielles d'une administration fiscale. L'encadré 9.6 illustre le large éventail d'utilisations de l'automatisation.

Le tableau 6.1. du chapitre 6 met en évidence la croissance rapide de l'utilisation de ces services : plus de 50 % des administrations déclarent par exemple utiliser ou prévoir d'utiliser la RPA. (Voir également le graphique 9.11 pour l'adoption de la RPA par les administrations fiscales au fil des ans.) Dans la mesure où elle permet aux effectifs, en libérant des ressources, de se concentrer sur des missions plus complexes, cette évolution aide les administrations fiscales à faire face à des contraintes de budget et de personnel.

Graphique 9.11. Évolution de la mise en œuvre et de l'utilisation de l'automatisation robotisée des processus entre 2018 et 2021

Pourcentage d'administrations

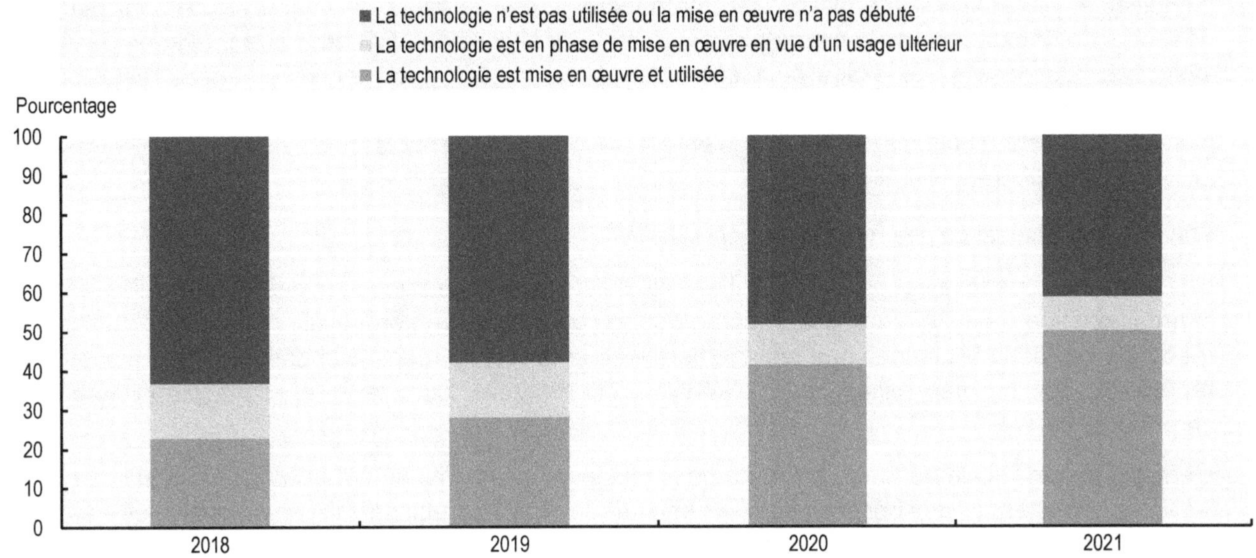

Source : Tableau A.92.

StatLink https://stat.link/hxn68g

Encadré 9.6. Exemples nationaux : Automatisation de l'administration de l'impôt

Argentine : Fichier numérique unique

Dans le cadre de ce projet, l'Administration fédérale des recettes publiques (AFIP) de l'Argentine disposera d'un fichier numérique unique intégrant tous les documents soumis par les contribuables qui, une fois soumis, pourra être utilisé dans un large éventail de domaines et de procédures.

Ainsi, si un contribuable dépose un titre de propriété sous forme numérique, par exemple, le document ne devra plus être soumis à l'avenir et pourra être utilisé dans le cadre d'autres procédures, comme un contrôle fiscal ou une demande d'avantage fiscal.

Les contribuables gagnent ainsi du temps et de l'argent, puisque le document ne devra plus être certifié une nouvelle fois, et l'AFIP n'aura pas à stocker le même document dans plusieurs unités.

Canada : Programme de gestion des documents numériques

Le Programme de gestion des documents numériques (PGDN) a été mis en place en mai 2022 pour permettre à l'Agence du revenu du Canada (ARC) d'abandonner progressivement les processus papier internes et d'améliorer ses processus numériques actuels. Malgré le passage aux services numériques, l'ARC continue de recevoir un volume élevé de courriers papier. L'objectif du PGDN est de réduire la charge écrasante que représente la réception de gros volumes de courriers papier en numérisant les documents envoyés par les contribuables.

Le PGDN offre cinq fonctionnalités standardisées aux programmes intégrés. Un contrat a été conclu avec un prestataire de services d'infogérance (MSP) externe vers lequel le courrier est redirigé. Les images sont numérisées et téléversées dans un espace de stockage permettant aux utilisateurs internes de l'ARC de visualiser virtuellement les documents et d'accéder aux charges de travail. Ces documents sont bien définis, catalogués et facilement accessibles afin que les utilisateurs puissent consulter et partager les informations en temps voulu. Les données de chaque document peuvent également être extraites par le prestataire externe et transmises à l'ARC pour être intégrées dans ses systèmes. L'espace de stockage peut également héberger les documents numérisés reçus par le service « Soumettre des documents » de l'ARC, qui sollicite et reçoit des copies numériques des dossiers des contribuables et peut également recevoir des envois par télécopieur électronique provenant de différentes sources.

France : Automatisation des remboursements de TVA

Un assistant numérique est un logiciel qui permet d'automatiser certaines actions (frappe, clics, etc.) et interagit comme un agent à travers un écran et une souris. Cette automatisation des processus par la robotique reproduit les tâches que les agents effectuent régulièrement. Elle convient bien aux tâches répétitives qui ne nécessitent pas d'analyse intellectuelle complexe et sont particulièrement chronophages.

L'administration fiscale française a mis au point plusieurs assistants numériques, dont un qui compare les listes quotidiennes des bénéficiaires de remboursements de crédit de TVA sur le point d'être émises avec les listes d'ordres de recouvrement dont la date limite de paiement est dépassée, afin de repérer les remboursements de crédit de TVA qui peuvent faire l'objet d'une saisie administrative.

Pour l'heure, l'assistant numérique est utilisé pour les créances non fiscales (par exemple, les pénalités infligées par divers organes administratifs dont le recouvrement incombe à l'administration fiscale), mais il est envisagé de l'élargir aux créances fiscales.

Il faut en moyenne six mois et 400 000 EUR pour développer un assistant numérique, ce qui en fait un outil rentable. L'utilisation d'un assistant numérique présente également de nombreux avantages qui en font une solution encore plus intéressante :

- allégement et fluidification de la charge de travail du personnel, qui peut se recentrer sur des activités à plus forte valeur ajoutée ;
- réduction des délais de traitement ;
- renforcement de la traçabilité et de la fiabilité ;
- réduction des coûts de matériel (toners, papier, stockage, affranchissement, etc.) ;
- harmonisation des pratiques et renforcement de la coopération entre les services ;
- gestion optimisée de l'activité grâce à la production automatisée de statistiques et de rapports.

Irlande : Automatisation de l'assurance qualité et du déploiement des logiciels

Dans le cade l'amélioration de ses services informatiques, l'administration fiscale renforce également ses stratégies de développement et d'assurance qualité des logiciels. Les essais de fin de projet traditionnels ne sont plus adaptés aux cycles de publication, en particulier dans les systèmes complexes et de grande taille. En s'appuyant sur les avantages initiaux de l'utilisation du style électronique « enregistrement et lecture » pour la répétition des essais manuels, principalement pour la régression et les tests de fin de cycle, l'administration fiscale a étendu sa capacité de test d'automatisation pour mettre en œuvre des tests d'API et de fonctionnalité continus qui n'auraient pas pu l'être autrement.

L'administration fiscale a fait de l'automatisation des tests un élément clé de son approche de « glissement vers la gauche », qui permet de faire intervenir les tests plus tôt dans le cycle, d'améliorer la boucle de rétroaction pour les développeurs, de réduire les délais d'exécution des systèmes, d'accroître la couverture des tests automatisés et d'améliorer la qualité des logiciels. En mettant en œuvre l'idéologie du « glissement vers la gauche » et des approches agiles, l'administration fiscale exploite avec succès l'automatisation des tests pour faciliter un plus large éventail de tests simultanés et continus afin de réduire les délais d'exécution et d'améliorer l'assurance qualité des logiciels.

Mexique : Automatisation du traitement et de la gestion des demandes entrantes de services

La SAT a investi dans des systèmes capables de traiter les réclamations et les courriels grâce à une classification automatisée fondée sur des mots-clés. Cette avancée technologique joue un rôle crucial dans la réalisation des objectifs fondamentaux de l'administration, à savoir promouvoir le respect spontané, précis et en temps voulu des obligations fiscales. Ce système établit des mécanismes qui facilitent le respect volontaire des obligations fiscales, en fournissant aux contribuables des outils qui facilitent le processus tout en assurant un suivi étroit.

En améliorant les procédures de réclamation et d'enquête, le système permet d'assurer un suivi rapide des actes de corruption potentiels. Cela envoie un message fort aux contribuables, à savoir que leurs réclamations sont prises au sérieux, car elles sont rapidement identifiées par le système. En outre, cette démarche permet de rationaliser le traitement efficace des demandes de service en les orientant rapidement vers la division concernée au sein de l'institution. Par conséquent, ce système contribue grandement à améliorer la perception qu'a le public de la SAT.

Source : Argentine (2023), Canada (2023), France (2023), Irlande (2023) et Mexique (2023).

Renforcer les capacités du personnel

L'enquête ISORA 2022 ne s'est pas intéressée à la stratégie et aux approches adoptées par les administrations en matière de renforcement des capacités du personnel, mais le sujet n'en demeure pas moins essentiel. Ce rapport présente de nombreuses évolutions à l'œuvre au sein des administrations. Or, les changements réels reposent sur le renforcement des capacités du personnel. Cet aspect revêt une importance particulière en ce qui concerne la transformation numérique, qui nécessite souvent de nouvelles compétences. (Voir le chapitre 10 pour un examen plus détaillé de cette question.)

Parallèlement, les administrations fiscales indiquent que leurs programmes de formation évoluent vers un environnement virtuel, comme indiqué dans les éditions précédentes de ce rapport, par exemple en utilisant des sessions de formation en ligne en direct ou des vidéos/webinaires préenregistrés (OCDE, 2021[3]). Le passage aux formations à distance implique certes certains coûts de départ, mais peut néanmoins permettre de réaliser des économies à plus long terme, puisque, une fois réalisées, les formations peuvent être visionnées à tout moment et en tout lieu Les formations à distance permettent de réduire les frais de déplacement, de donner au personnel la possibilité d'apprendre à son rythme et à sa meilleure convenance, sans compter qu'elles peuvent être dispensées à un nombre plus important d'agents. De plus, les nouvelles technologies permettent d'améliorer les aspects liés à l'apprentissage collaboratif : le parcours de formation gagne ainsi en qualité. Les dernières approches adoptées par l'administration fiscale française sont décrites dans l'encadré 9.7.

Encadré 9.7. France – Solutions de formation en ligne

Au sein de la DGFiP, l'amélioration des compétences du personnel repose de plus en plus sur la mise au point de solutions de formation en ligne. Les « mécanismes » de l'apprentissage en ligne obligent les apprenants à s'impliquer dans leur parcours de formation et d'apprécier la mesure dans laquelle le message éducatif a été compris. Il en est résulté les quatre solutions décrites ci-après :

- Un parcours d'apprentissage des compétences numériques est proposé à tous les membres du personnel, ce qui permet à chacun de s'autoévaluer et de progresser au fil du temps dans sa maîtrise des outils numériques.
- Une application web présentant la DGFiP a été créée. Elle propose un cours interactif et amusant de 10 à 15 minutes, conçu pour transmettre un message de bienvenue uniforme et un aperçu préliminaire de la DGFiP aux quelque 5 000 nouveaux employés recrutés chaque année. L'application web étant accessible au grand public (y compris sur smartphone), elle peut également être utilisée comme un outil promotionnel dynamique dans le cadre des efforts de recrutement déployés par la DGFiP pour renforcer son attractivité.
- Une autre application web a été mise au point pour aider les membres du personnel à se familiariser avec les principales obligations qui leur incombent en matière d'éthique et de secret professionnel. Le personnel suit les aventures d'un « agent trouble » en cinq épisodes avant de passer une épreuve finale. Cette application permet ainsi d'aborder de manière claire et divertissante les obligations éthiques – un sujet majeur qui doit être compris par l'ensemble du personnel d'une administration fiscale.
- Depuis octobre 2022, la formation initiale des nouvelles recrues de la DGFiP associe un apprentissage traditionnel en présentiel à des sessions à distance au moyen d'une plateforme d'apprentissage automatique spécifique permettant aux apprenants d'évoluer en toute autonomie.

Voir les documents de référence à l'annexe 9.A.

Source : France (2023).

Bibliographie

OCDE (2021), *Administration fiscale : vers des conditions de télétravail pérennes à l'ère du COVID-19*, https://www.oecd.org/coronavirus/policy-responses/administration-fiscale-vers-des-conditions-de-teletravail-perennes-a-l-ere-du-covid-19-2f76d111//. [1]

OCDE (2021), *Administration fiscale 2021 : Informations comparatives sur les pays de l'OCDE et autres économies avancées et émergentes*, https://doi.org/10.1787/a1b690b6-fr. [3]

OCDE (2017), *Tax Administration 2017: Comparative Information on OECD and Other Advanced and Emerging Economies*, https://dx.doi.org/10.1787/tax_admin-2017-en. [2]

Annexe 9.A. Liens vers des documents de référence (consultés le 26 mai 2023)

- Encadré 9.1 – Chili : Lien vers une présentation du système de messagerie automatique : https://www.oecd.org/tax/forum-on-tax-administration/database/b.9.1-chile-automatic-messaging-system.pdf
- Encadré 9.3 – Australie : Lien vers un aperçu schématique du programme d'intégrité des systèmes de l'ATO et de sa méthode d'évaluation des vulnérabilités :https://www.oecd.org/tax/forum-on-tax-administration/database/b.9.3-australia-system-integrity.pdf
- Encadré 9.4 – Japon : Lien vers un site web présentant plus de détails sur la nouvelle catégorie d'emploi de la NTA intitulée « Science, ingénierie, numérique » : https://www.nta.go.jp/about/recruitment/digital/index.htm
- Encadré 9.7 – France : Lien vers l'application web présentant la DGFiP : https://bienvenuedgfip.veryup.pro/

Note

[1] Les éditions précédentes présentaient la répartition des ressources en personnel en sept catégories fonctionnelles : i) Enregistrement et services aux contribuables ; ii) Traitement des déclarations et des paiements ; iii) Audits, enquêtes et autres vérifications ; iv) Recouvrement des créances ; (v) Litiges et recours ; vi) Technologies de l'information et de la communication ; (vii) Autres fonctions. À compter de l'édition 2020 de l'enquête ISORA, ces sept catégories ont été ramenées au nombre de quatre : celles qui figurent sur le graphique 9.5.

10 Parcours de transformation numérique

Ce chapitre s'intéresse à la façon dont les administrations fiscales relèvent les défis posés par la transformation numérique et dont la technologie modifie leurs modèles opérationnels.

Introduction

Au cours de la dernière décennie, les administrations fiscales de par le monde ont investi dans leur numérisation. Elles ont ainsi été amenées à abandonner progressivement les procédures papier ou en personne au profit de systèmes issus de la révolution numérique qu'a connue l'ensemble de la société.

En parallèle, les services numériques dans l'économie au sens large ont transformé la façon dont les citoyens et les entreprises effectuent des transactions ou accèdent à des services. Cette évolution générale apporte son lot de défis et d'opportunités pour les administrations fiscales, dont l'avenir passe par la transformation de leurs modèles opérationnels afin de pouvoir tirer pleinement parti des possibilités offertes par la généralisation des technologies numériques.

C'est la transformation numérique, et c'est la vision de l'Administration fiscale 3.0. (OCDE, 2020[1]), le rapport de référence publié par l'OCDE en 2020. Ce document invite les administrations fiscales à réfléchir à la façon dont elles peuvent modifier leurs processus existants pour qu'ils deviennent véritablement numériques. Les administrations fiscales qui ne concrétisent pas cette vision se trouveront à la traîne de la transformation numérique intervenue dans l'ensemble de la société, et il leur sera plus difficile de réduire la charge administrative, de modifier leurs politiques et de combler les lacunes en matière de conformité. Concrétiser la vision ambitieuse de l'Administration fiscale 3.0 repose nécessairement sur un cheminement par étapes, avec des progrès qui seront plus rapides dans certains domaines et plus lents dans d'autres. Ces progrès se conjugueront progressivement pour donner naissance à une administration fiscale entièrement transformée par le numérique.

L'Administration fiscale 3.0 recense six piliers de la transformation numérique. Chacun de ces piliers apportera ses propres bénéfices, mais c'est leur conjonction au fil du temps qui produira les avantages les plus significatifs liés à la fluidité et à la transparence de l'administration fiscale.

Ce chapitre n'a pas pour intention de porter un jugement sur les différentes juridictions et sur les progrès qu'elles ont réalisés ; chaque parcours de transformation numérique est en effet unique et dépend des circonstances et des priorités propres à chaque juridiction. Il vise plutôt à mettre en lumière les tendances qui se dégagent des parcours de transformation numérique suivis par les administrations fiscales au regard des six piliers ci-après :

- 1er pilier : Identité numérique
- 2e pilier : Points de contact avec les contribuables
- 3e pilier : Gestion et normalisation des données
- 4e pilier : Administration et application des règles fiscales
- 5e pilier : Nouvelles compétences
- 6e pilier : Cadres de gouvernance

Ce chapitre présente des exemples de bonnes pratiques illustrant les progrès accomplis et utilise des données tirées de l'Inventaire multipartenaires des initiatives sur l'utilisation de la technologie à des fins fiscales (ITTI) (OCDE et al, 2023[2]) qui livre des informations sur les outils technologiques et les solutions numériques mises en œuvre par les administrations fiscales à l'échelle mondiale. À l'avenir, lorsque de nouvelles données de l'ITTI seront disponibles, les progrès engrangés au long de ces parcours complexes pourront faire l'objet d'un nouvel examen.

1er pilier : Identité numérique

Alors que les administrations fiscales assurent de plus en plus de services par des moyens numériques, la sécurité, la vérification et l'identité numériques prennent une importance croissante. Les administrations fiscales mettent à profit leur expertise et les séries de données dont elles disposent pour donner aux contribuables un plus large accès en libre-service non seulement aux options qu'elles proposent, mais aussi aux systèmes de tiers et d'autres administrations publiques. L'existence d'identités numériques communes est essentielle au bon fonctionnement de ces programmes. Comme le montre le tableau 10.1 ci-dessous, toutes les administrations disposent désormais d'un système d'identité numérique pour les particuliers, et presque toutes pour les entreprises, ce qui représente une avancée importante sur la voie de la transformation numérique. De plus en plus, ces systèmes d'identité numérique permettent d'accéder aux services d'autres administrations ou de tiers.

Tableau 10.1. Utilisations de l'identité numérique, 2022

Pourcentage d'administrations ayant mis en place le processus cité

Catégorie de contribuable	Les contribuables doivent utiliser une identité numérique approuvée pour accéder aux services numériques sécurisés	L'identité numérique utilisée pour accéder aux services peut être fournie *(plusieurs réponses possibles)*			L'identité numérique fournie par l'administration fiscale donne également accès aux services	
		par l'administration fiscale	par une autre administration	par un organisme du secteur privé	d'une autre administration	d'un organisme du secteur privé
Personne physique	100	69	63	39	37	14
Entreprise	94	67	50	35	47	9

Note : Ce tableau se fonde sur les données provenant de 52 juridictions étudiées dans ce rapport et qui figurent dans la base de données ITTI. Aux fins de l'enquête ITTI, on entend par identité numérique une représentation électronique d'une personne physique ou d'une entreprise qui permet de la distinguer suffisamment des autres dans le cadre d'échanges en ligne. L'identité numérique comprend les caractéristiques qui sont associées à un identifiant utilisé pour authentifier la personne ou l'entreprise.
Source : OECD et al. (2023), Inventaire multipartenaires des initiatives sur l'utilisation de la technologie à des fins fiscales, https://www.oecd.org/tax/forum-on-tax-administration/tax-technology-tools-and-digital-solutions/, tableaux DI1 et DI2 (consulté le 22 mai 2023).

Alors que l'identité numérique se généralise et montre une utilité croissante, le chapitre 3 du présent rapport s'intéresse aux moyens récemment mis en œuvre par les administrations fiscales pour renforcer la sécurité des systèmes d'identité numérique, comme l'authentification à plusieurs facteurs et les données biométriques. Le tableau 10.2 révèle que toutes les administrations utilisent une méthode d'authentification pour vérifier l'identité numérique lorsqu'elle est utilisée en ligne. Les méthodes de vérification sont variables ; l'authentification par mot de passe est utilisée par 87 % des administrations, suivie de l'authentification à plusieurs facteurs et de l'application mobile. Quelques administrations utilisent également la reconnaissance faciale ou l'empreinte digitale. La moitié des administrations ont précisé que la méthode d'authentification utilisée dépendait du niveau de sécurité exigé pour le type d'échange en question.

Tableau 10.2. Authentification de l'identité numérique et autorisation, 2022

Pourcentage d'administrations ayant mis en place le processus cité

Méthodes d'authentification utilisées par l'administration fiscale						Application de différentes méthodes d'authentification en fonction du niveau de sécurité requis par certains types d'échanges	Les contribuables peuvent autoriser un tiers à accéder aux services numériques
Authentification par mot de passe	Carte d'identité	Application mobile	Reconnaissance faciale	Empreinte digitale	Authentification à plusieurs facteurs		
87	38	42	13	13	62	50	87

Note : Ce graphique se fonde sur les données provenant de 52 juridictions étudiées dans ce rapport et qui figurent dans la base de données ITTI.
Source : OECD et al. (2023), Inventaire multipartenaires des initiatives sur l'utilisation de la technologie à des fins fiscales, https://www.oecd.org/tax/forum-on-tax-administration/tax-technology-tools-and-digital-solutions/, tableaux DI5 et DI6 (consulté le 22 mai 2023).

Encadré 10.1. Thaïlande : Le projet Identité numérique nationale

En Thaïlande, la plateforme nationale d'identité numérique NDID vise à fournir à chaque citoyen thaïlandais un moyen souple et hautement sécurisé de s'auto-identifier au moyen de toute preuve d'identité fiable en sa possession. En adoptant cette plateforme, l'Autorité fiscale thaïlandaise (« Thailand Revenue Department », ou TRD) entend mettre à disposition une solution fiable et transparente, dont le niveau de sécurité lui assure la confiance de ses utilisateurs. De plus, la solution NDID fournira aux utilisateurs des moyens sûrs et sécurisés pour gérer et protéger leur identité en ligne, y compris sur leurs appareils mobiles. La plateforme devrait également améliorer la praticité et l'efficacité des services de l'État et du secteur privé.

En collaboration avec la Banque de Thaïlande, les banques commerciales et la National Digital ID Company Limited, le TRD développe un système d'identification numérique via la plateforme NDID pour faciliter et protéger les transactions en ligne et prévenir la fraude, et a lancé un premier projet pilote dédié à la déclaration électronique de l'impôt sur le revenu des personnes physiques. De nombreux contribuables se sont connectés via la plateforme NDID depuis le 18 mars 2021, mais le projet pilote a également révélé certaines lacunes à combler, telles qu'une sensibilisation insuffisante aux opportunités offertes par l'identité numérique et la plateforme NDID. Suite aux résultats du pilote, le TRD et ses banques partenaires continuent d'encourager l'adoption du service par les utilisateurs. En outre, les banques autoriseront l'auto-identification via leurs applications bancaires pour l'accès au site web du TRD, ce qui permettra aux utilisateurs d'accéder à d'autres services à l'avenir. L'authentification via une identité numérique sur la plateforme NDID offre plusieurs avantages, notamment :

- Authentification et vérification optimisées
- Niveaux élevés de fiabilité
- Sécurité renforcée
- Moindres coûts d'exploitation
- Meilleure expérience client
- Services intégrés à l'échelle des administrations

Source : Thaïlande (2023).

2e pilier : Points de contact avec les contribuables

L’intégration des services et des processus dans les systèmes naturels utilisés tant par les contribuables dans leur vie quotidienne que par les entreprises est au cœur de la vision de l’Administration fiscale 3.0. Si elle concourt à l’amélioration de la discipline fiscale, elle contribue aussi à alléger la charge administrative pesant sur les entrepreneurs et à leur dégager du temps qu’ils peuvent consacrer au développement de leur entreprise.

Afin de promouvoir ces collaborations et d'ouvrir de nouveaux services, le graphique 10.1 montre qu’un grand nombre d’entre elles créent également des interfaces de programmation d’application (API) et que 75 % d’entre elles les mettent à la disposition de développeurs tiers. Par ailleurs, près de 60 % des administrations participent au processus de développement conjoint des API avec des tiers.

Le développement des API facilite la connectivité entre les systèmes sans fournir d'accès direct. L'exemple de l'encadré 10.2 illustre la façon dont les API peuvent être utilisées pour faire évoluer les fonctions au sein d'une administration. Le tableau 10.3 met en évidence les nombreuses utilisations existantes pour les différents types d'impôts, dont la liste est appelée à s’allonger au fil du parcours de transformation numérique ; le tableau 10.4 montre quant à lui que les systèmes des administrations fiscales sont de plus en plus connectés à des systèmes de tiers avec lesquels des informations sont échangées de machine à machine.

Graphique 10.1. API : développement pour une utilisation par des tiers et création collaborative, 2022

Pourcentage d’administrations

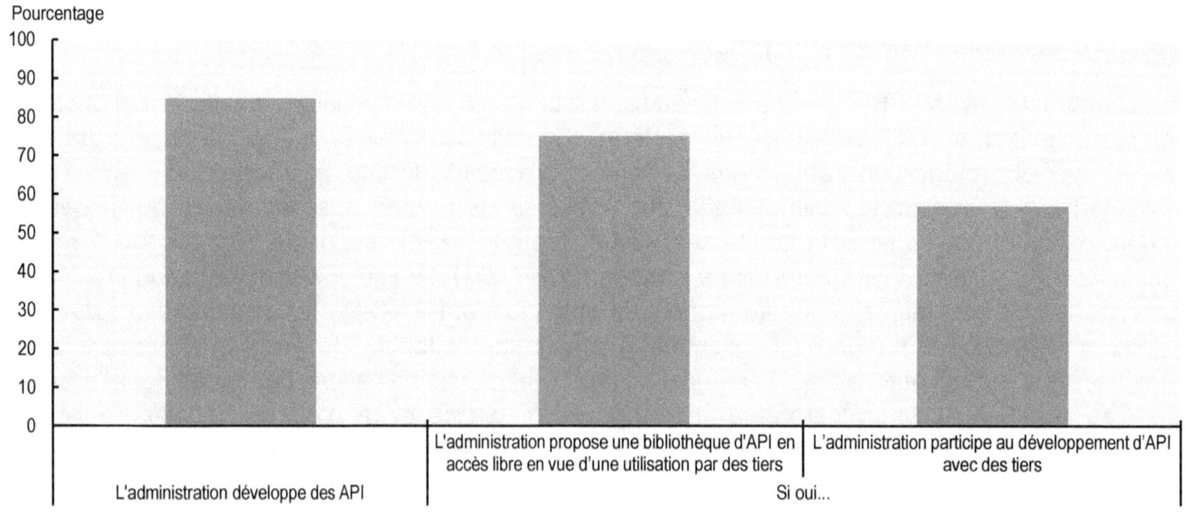

Note : Ce graphique se fonde sur les données provenant de 52 juridictions étudiées dans ce rapport et qui figurent dans la base de données ITTI.
Source : OECD et al. (2023), Inventaire multipartenaires des initiatives sur l'utilisation de la technologie à des fins fiscales, https://www.oecd.org/tax/forum-on-tax-administration/tax-technology-tools-and-digital-solutions/, tableau TT7 (consulté le 22 mai 2023).

StatLink https://stat.link/4s06of

Encadré 10.2. Chine (République populaire de) : Le Projet des systèmes naturels

En 2022, la Chine a dévoilé son Projet des systèmes naturels, une initiative innovante basée sur une « facture électronique entièrement numérisée », avec une connexion directe entre les services fiscaux et les entreprises. Dans la droite ligne du concept des « points de contact avec le contribuable » présenté par l'OCDE dans son Modèle de maturité de la transformation numérique, l'Administration d'État des impôts chinoise (STA) a mis en place un projet pilote de systèmes naturels afin d'étudier plus avant la mise en pratique et les effets d'une administration fiscale fluide.

Désormais, la STA publie des règles fiscales intéressant les entreprises et propose des interfaces de programmation d'application (API) que les contribuables peuvent intégrer au système de leur entreprise (système naturel) et qui ne dépendent pas de fournisseurs de services tiers. Les autorités fiscales procèdent ensuite à des contrôles de conformité sur la base des données de l'entreprise téléchargées par le contribuable. La publication de règles unifiées pour les entreprises contribue en outre à réduire les disparités entre les centres des impôts provinciaux, et renforce par là-même la cohérence et la sécurité juridique pour les contribuables.

Ces derniers sont désormais co-émetteurs des factures alors qu'auparavant, seule la STA s'en chargeait. Pour les « factures électroniques entièrement numérisées », les contribuables peuvent émettre seuls les factures conformément aux règles applicables.

Le Projet des systèmes naturels intègre des dimensions commerciales, financières et fiscales au moyen d'un modèle de données de facturation permettant aux contribuables de renseigner des « éléments supplémentaires ». Par exemple, une plateforme de commerce électronique pourra ajouter dans cette rubrique des informations sur les commandes et la logistique et ainsi améliorer la gestion de ses commandes.

Source : Chine (République populaire de) (2023)

Tableau 10.3. Interactions pour lesquelles les administrations ont publié les API par type d'impôt, 2022

Pourcentage d'administrations ayant publié des API pour le type d'impôt cité

Type d'interaction	Impôt sur le revenu des personnes physiques	Impôt sur les sociétés	Taxe sur la valeur ajoutée
Identification fiscale	18	30	30
Dépôt des déclarations fiscales	43	43	43
Paiement des impôts	30	32	32
Demande de report de délais	11	9	11
Demande de facilités de paiement	7	5	5
Demandes confidentielles du contribuable	11	21	18
Dépôt de réclamations fiscales	0	2	5
Traitement du courrier	25	27	27
Téléchargement de fichiers de données sur le serveur de l'administration fiscale	25	30	32
Autres interactions *(non par type d'impôt)*		34	

Note : Ce tableau se fonde sur les données provenant de 52 juridictions étudiées dans ce rapport et qui figurent dans la base de données ITTI.
Source : OECD et al. (2023), Inventaire multipartenaires des initiatives sur l'utilisation de la technologie à des fins fiscales, https://www.oecd.org/tax/forum-on-tax-administration/tax-technology-tools-and-digital-solutions/, tableaux TT8, TT9 et TT10 (consulté le 22 mai 2023).

Tableau 10.4. Données reçues de contribuables via leur système d'entreprise et données reçues de tiers, 2022

Pourcentage d'administrations ayant mis en place le processus cité

L'administration reçoit directement des données des systèmes d'entreprise des contribuables (hors systèmes de retenue à la source)	Si oui...		L'administration reçoit directement des données de tiers	Si oui...	
	Certaines données peuvent être envoyées automatiquement, de machine à machine, sans intervention humaine	Certaines données peuvent être téléchargées manuellement via des interfaces dédiées		Certaines données peuvent être envoyées automatiquement, de machine à machine, sans intervention humaine	Certaines données peuvent être téléchargées manuellement via des interfaces dédiées
80	83	93	86	91	89

Note : Ce tableau se fonde sur les données provenant de 52 juridictions étudiées dans ce rapport et qui figurent dans la base de données ITTI.
Source : OECD et al. (2023), Inventaire multipartenaires des initiatives sur l'utilisation de la technologie à des fins fiscales, https://www.oecd.org/tax/forum-on-tax-administration/tax-technology-tools-and-digital-solutions/, tableau DM1 (consulté le 22 mai 2023).

À mesure que ces services offerts par les API se sophistiquent et deviennent de plus en plus déterminants pour fournir aux contribuables des services de qualité, les administrations fiscales doivent investir davantage dans la gestion et le contrôle de leurs API. Le chapitre 5 étudie ce point plus en détail, mais l'efficacité de la collaboration avec les tiers en vue de garantir le fonctionnement sans heurts des systèmes, leur précision, leur sécurité et leurs performances à l'égard des contribuables est au cœur de ces initiatives.

Par ailleurs, les données reçues des administrations fiscales ne constituant qu'une partie du flux de données circulant dans l'écosystème tel qu'il est envisagé par l'Administration fiscale 3.0, le parcours de transformation numérique est conditionné par l'utilisation de techniques fondées sur la science des données ainsi que sur le recours à des outils analytiques. Ce point fait l'objet de plus amples développements dans la suite de ce rapport. Cela dit, il convient de souligner que les méthodes ci-après sont d'ores et déjà couramment utilisées par les administrations fiscales :

- **Utilisation de séries de données à la fois vastes et intégrées**. Le traitement et la gestion de données font désormais partie intégrante des fonctions d'une administration fiscale, et le recours aux outils et techniques d'analyse est intégré dans tous les domaines d'intervention d'une administration fiscale. Environ 90 % des administrations fiscales déclarent se servir de la science des données et des outils d'analyse pour faciliter l'utilisation des données dans tous les aspects de leurs travaux.
- **Utilisation de l'intelligence artificielle et de l'apprentissage automatique**. Alors que les administrations fiscales savent de mieux en mieux gérer de vastes ensembles de données et que la puissance de calcul augmente, l'utilisation de l'intelligence artificielle et de l'apprentissage automatique ouvre la voie à de nouvelles approches de la gestion des risques. Le graphique 10.3 (voir la section consacrée au quatrième pilier) révèle qu'environ 50 % des administrations fiscales utilisent l'intelligence artificielle aux fins de l'évaluation des risques de non-conformité.

Cette utilisation poussée des données provenant de systèmes de plus en plus connectés favorise le développement de nouvelles plateformes et de nouveaux services qui peuvent modifier en profondeur les modèles de fonctionnement de l'administration fiscale, comme l'illustre l'encadré 10.3.

Encadré 10.3. Singapour : La transformation numérique du système central d'administration de l'impôt de l'IRAS

L'Inland Revenue Interactive Network (IRIN) est le principal système informatique d'administration de l'impôt de l'administration fiscale de Singapour, l'Inland Revenue Authority of Singapore (IRAS). Le système IRIN permet aux contribuables d'accéder à des services en ligne sur MyTaxPortal, un portail qui s'adresse à l'ensemble des contribuables, particuliers comme entreprises, et leur permet d'effectuer des paiements, de déclarer leurs impôts et de gérer leur compte par voie électronique. Pour les agents de l'IRAS, le système renforce en outre les capacités de base en matière de traitement, d'application du droit et d'analyse.

S'inscrivant dans la droite ligne du plan de transformation numérique de l'IRAS visant à redéfinir l'expérience des agents de l'administration fiscale et des contribuables, le rafraîchissement du système central d'administration de l'impôt par le biais de la mise en œuvre d'IRIN 3 a été identifié comme un vecteur technologique clé pour la transformation opérationnelle de l'IRAS.

IRIN 3 est un programme pluriannuel dont la conception et la mise en œuvre doivent se dérouler en trois phases. La première phase a consisté à instaurer un système de gestion des documents et une plateforme de notification numérique. La deuxième phase a jeté les bases d'IRIN 3 avec la mise en œuvre d'une architecture de microservices dans le « Cloud commercial du gouvernement pour le droit de timbre ». La troisième phase étendra progressivement le dispositif à l'impôt sur le revenu des personnes physiques, à l'impôt foncier, à l'impôt sur les sociétés, à la taxe sur les biens et les services et aux autres types d'impôts.

Lors de la deuxième phase de mise en œuvre d'IRIN 3, l'IRAS a réorganisé son système intégré de droits de timbre et l'a migré vers le cloud pour renforcer la disponibilité de ses capacités commerciales et les rendre plus évolutives grâce à une architecture de microservices améliorant l'agilité et la rapidité de mise sur le marché. Les contribuables peuvent désormais gérer les questions relatives au droit de timbre à n'importe quel moment et où qu'ils se trouvent grâce à un portail optimisé pour les appareils mobiles. La gestion électronique des droits de timbre est également facilitée par un accès rapide au statut des documents, aux éléments enregistrés et aux services numériques. Le système a également été amélioré pour permettre le paiement simultané des droits de timbres de plusieurs documents. Entre le lancement de la deuxième phase d'IRIN 3 et février 2023, plus de 120 000 certificats de timbre ont été générés.

Source : Singapour (2023).

3e pilier : Gestion et normalisation des données

Dans un contexte d'utilisation accrue des données, la confidentialité et la sécurité des informations revêtent une importance croissante pour la relation entre les administrations fiscales et les contribuables. La gestion sécurisée des données est également primordiale dans les échanges d'informations fiscales entre États : dans un système où les données sensibles circulent de manière automatisée et en temps réel, toutes les parties doivent avoir l'assurance que les cadres applicables garantissent une gestion des données adéquate, sécurisée et conforme aux normes en vigueur.

Ces cadres sont également essentiels pour définir les modalités qui permettront à l'administration de gérer les données avec la plus grande efficacité possible, en maximisant la discipline fiscale et en minimisant la charge administrative. Parmi ces modalités figurent la détermination du lieu où les données sont traitées pour les différents services fiscaux (au sein de l'administration, dans les systèmes naturels des contribuables ou les deux), ainsi que les exigences concernant la qualité, la disponibilité et la communication des données d'imposition et des métadonnées relatives au fonctionnement des systèmes des contribuables. Comme le montre l'encadré 10.4, ces évolutions peuvent nécessiter des modifications structurelles dans la façon dont l'administration fiscale gère ses systèmes informatiques, ce qui peut en contrepartie jeter des bases solides pour de nouveaux projets et services numériques.

Encadré 10.4. Chine (République populaire de) : Gestion améliorée des systèmes informatiques

Dans le cadre de la stratégie générale du pays, la « Chine numérique », la transformation numérique de l'administration fiscale du pays a pris de l'ampleur. Pour soutenir cette évolution, l'Administration d'État des impôts (STA) chinoise a mis en place une plateforme de gestion et de contrôle de l'ensemble de ses systèmes informatiques qui gère tous les composants des systèmes, y compris les logiciels, le matériel informatique et les données. Cette plateforme s'articule autour de quatre éléments principaux : les logiciels, le matériel, les données et le contrôle interne. Dans la partie logicielle, chacun des milliers de composants logiciels du système reçoit un identifiant unique. Dans la partie matérielle, tous les équipements et actifs sont enregistrés et associés au logiciel correspondant. Dans la partie données, des milliards de données sont enregistrées et compilées dans un « dictionnaire de données ». Enfin, dans la partie contrôle interne, des règles et réglementations sont mises en place pour superviser les interactions entre les systèmes, les agents de l'administration fiscale, les fournisseurs et les autres parties prenantes.

Plusieurs approches technologiques sont appliquées.

- L'intelligence artificielle, qui intègre une fonction de traitement du langage naturel, est utilisée pour la comparaison et l'analyse aux fins de la déduplication.
- Les règles et réglementations sont intégrées dans le processus opérationnel de la plateforme, avec un flux entièrement automatisé, un marquage des opérations et des rappels de tâches, ce qui améliore considérablement la qualité et l'efficacité de la gestion de l'information. Par exemple, grâce à la création du « dictionnaire de données », certaines tâches sont désormais réalisées en quelques heures, contre deux jours auparavant.
- Le recueil, la classification, l'analyse et la présentation visuelle des données essentielles ont lieu au sein de la plateforme et offrent une base solide pour une prise de décision fondée sur des éléments concrets. Dans le cadre de la gestion et du contrôle des actifs, les lacunes et les redondances en matière de ressources peuvent être identifiées en reliant les composants matériels et logiciels et en effectuant des comparaisons.

Source : Chine (République populaire de) (2023)

Tableau 10.5. Gouvernance des données, 2022

Pourcentage d'administrations ayant mis en place le processus cité

Une stratégie intégrée de gestion des données a été élaborée	La qualité des données communiquées est évaluée	Un cadre d'utilisation éthique des données a été mis en place	L'accès aux données utilisateurs et leur sécurité sont contrôlés	Les accès non autorisés sont détectés automatiquement	Un responsable de la protection des données a été engagé	Il existe une unité de cybersécurité	Des parties externes sont mandatées pour vérifier la sécurité des systèmes
66	88	74	100	84	90	90	82

Note : Ce tableau se fonde sur les données provenant de 52 juridictions étudiées dans ce rapport et qui figurent dans la base de données ITTI.
Source : OECD et al. (2023), Inventaire multipartenaires des initiatives sur l'utilisation de la technologie à des fins fiscales, https://www.oecd.org/tax/forum-on-tax-administration/tax-technology-tools-and-digital-solutions/, tableau DM4 (consulté le 22 mai 2023).

Comme le montre le tableau 10.5, la mise en œuvre de mécanismes de protection et de gestion des données est désormais chose courante dans les administrations fiscales, dont ils constituent une fonction essentielle. Ces mécanismes soutiennent des processus plus larges de gouvernance des données et contribuent à leur tour à renforcer la confiance des contribuables dans le système et à améliorer le respect d'obligations légales. Il convient de noter que la cybersécurité gagne en importance à mesure que les systèmes de données deviennent plus connectés ; l'encadré 10.5 présente quelques-unes des pratiques récemment adoptées par les administrations fiscales dans ce domaine.

Encadré 10.5. Exemples nationaux : Nouvelles stratégies de cybersécurité

Australie

Dans le cadre de son Programme de cybersécurité, l'administration fiscale australienne (Australian Taxation Office, ou ATO) poursuit ses efforts pour renforcer sa résilience en la matière en investissant dans de nouvelles technologies et initiatives. Ce programme vise à moderniser ses capacités de cybersécurité, à les amener à maturation, et à mettre en œuvre des mesures d'atténuation correspondant au profil de risque cybernétique de l'organisation afin de garantir la confidentialité, l'intégrité et la disponibilité de ses systèmes. Le programme déploie actuellement de nouvelles technologies destinées à renforcer les capacités cybernétiques de l'ATO, parmi lesquelles :

- l'enregistrement des activités des terminaux dans l'ensemble de l'ATO, afin de visualiser les menaces et les alertes en temps réel et d'obtenir des renseignements sur les tendances des activités dans l'ensemble de l'écosystème numérique ;
- le diagnostic de l'ensemble du matériel informatique, afin de rechercher les vulnérabilités et d'informer régulièrement les équipes assurant le support technique des applications et de l'infrastructure ainsi que les partenaires sur les risques encourus, y compris pour les logiciels qui ne sont plus couverts par le support technique ;
- le déploiement d'une solution d'entreprise centralisant la gestion des comptes et des accès privilégiés dans l'environnement de l'ATO ;
- la segmentation des flux de trafic afin de renforcer la sécurité du réseau ;
- des solutions de protection contre les programmes malveillants, afin de permettre uniquement l'exécution des interactions autorisées sur les applications de l'ATO.

L'administration fiscale australienne applique une approche de « défense en profondeur » pour atténuer les incidents de cybersécurité en intégrant des technologies de superposition dans l'écosystème. En 2022, l'ATO a migré vers une solution moderne de passerelle Internet sécurisée pour protéger le périmètre de l'ATO.

L'administration fiscale participe également à des initiatives de blocage de SMS au niveau des opérateurs, ainsi qu'à des échanges réguliers de renseignements au niveau international pour discuter des escroqueries par usurpation d'identité fiscale, des nouvelles méthodes qui apparaissent, de sensibilisation, et de la lutte contre les escroqueries et leur prévention à l'échelle mondiale.

Hongrie

L'administration nationale des impôts et des douanes (NTCA) dispose d'un centre opérationnel de sécurité (SOC), disponible 24 heures sur 24 et 7 jours sur 7 qui se révèle précieux, car il permet non seulement d'assurer une supervision des systèmes axée sur la sécurité informatique, mais également de détecter et de prévenir de nouvelles attaques jusqu'alors inconnues ou méconnues. Grâce au SOC, la NTCA est en mesure de détecter les incidents dans les plus brefs délais et de réagir immédiatement.

Il renforce ainsi la résilience de l'administration face aux cybermenaces et permet d'effectuer un important travail de prévention. Ce travail s'appuie en premier lieu sur l'interconnexion des systèmes de détection automatisée des cybermenaces et des vulnérabilités et des systèmes traditionnels de protection des frontières au sein de la NTCA. Les règles du pare-feu sont ainsi modifiées, clarifiées et filtrées sans intervention humaine à l'aide d'indicateurs de menace fournis par l'outil de détection des vulnérabilités.

Les efforts de sensibilisation jouent un rôle stratégique dans la vie de la NTCA, la sécurité ne pouvant être pleinement assurée que si les employés sont suffisamment informés. Malgré les progrès constants de la sécurité informatique, le maillon faible de la chaîne reste l'utilisateur. Il convient donc d'en tenir compte lors de la conception et de la mise en œuvre des solutions de protection des systèmes.

Les techniques d'ingénierie sociale et les formes toujours plus sophistiquées de manipulation psychologique constituent une menace importante pour la NTCA, qui doit donc accorder une attention croissante à la formation des utilisateurs en matière de sécurité. À cette fin, le département de sécurité informatique de la NTCA organise régulièrement des formations et des évaluations du niveau de leurs connaissances dans ce domaine. Les résultats de ces évaluations, qui comprennent des tests théoriques et pratiques, montrent déjà une amélioration continue.

Voir les documents de référence à l'annexe 10.A.

Mexique

Le service d'administration fiscale (SAT) du Mexique a adopté une approche de sécurité à plusieurs niveaux pour renforcer la protection contre les menaces avancées et leur détection. L'une des mesures mises en œuvre consiste à analyser automatiquement les courriels afin d'identifier les menaces de rançongiciels et les codes de commande et de contrôle intégrés dans les fichiers téléchargés. Par exemple, en cas d'attaque menée au moyen d'un courriel contenant un rançongiciel qui exploite une faille « zero day », c'est-à-dire pour laquelle aucun correctif n'a encore été conçu et qui permet donc de déjouer les dispositifs de protection traditionnels, la solution de sécurité du SAT envoie immédiatement le fichier joint dans un environnement contrôlé de type « bac à sable ».

Le comportement du fichier y est alors analysé afin d'identifier la nature de l'attaque. Une réponse est générée en temps réel, et le fichier fait l'objet d'un signalement qui entraîne son blocage automatique s'il se représente en un autre point. Cette approche proactive renforce considérablement la capacité de l'administration à atténuer les menaces potentielles et à les neutraliser rapidement.

Source : Australie (2023), Hongrie (2023) et Mexique (2023).

Ainsi que le montre le graphique 10.2, la tendance en matière de gestion des données est à la « collecte unique pour des utilisations multiples » dans l'ensemble de l'administration, ce qui correspond à la vision de l'Administration fiscale 3.0. Les administrations fiscales (ainsi que les organismes de sécurité sociale) occupent à cet égard une place particulière au sein de l'administration, puisqu'elles détiennent souvent des informations vérifiées et à jour sur l'identité des contribuables, sont impliquées dans la réception et le versement de paiements ainsi que la réception et l'envoi d'informations à des tiers (comme les institutions financières et les employeurs). Cela ajoute une dimension supplémentaire à la gestion et à la gouvernance des données étant donné que plusieurs agences peuvent être impliquées.

Graphique 10.2. Partage de données avec d'autres composantes de l'administration, 2022

Pourcentage d'administrations

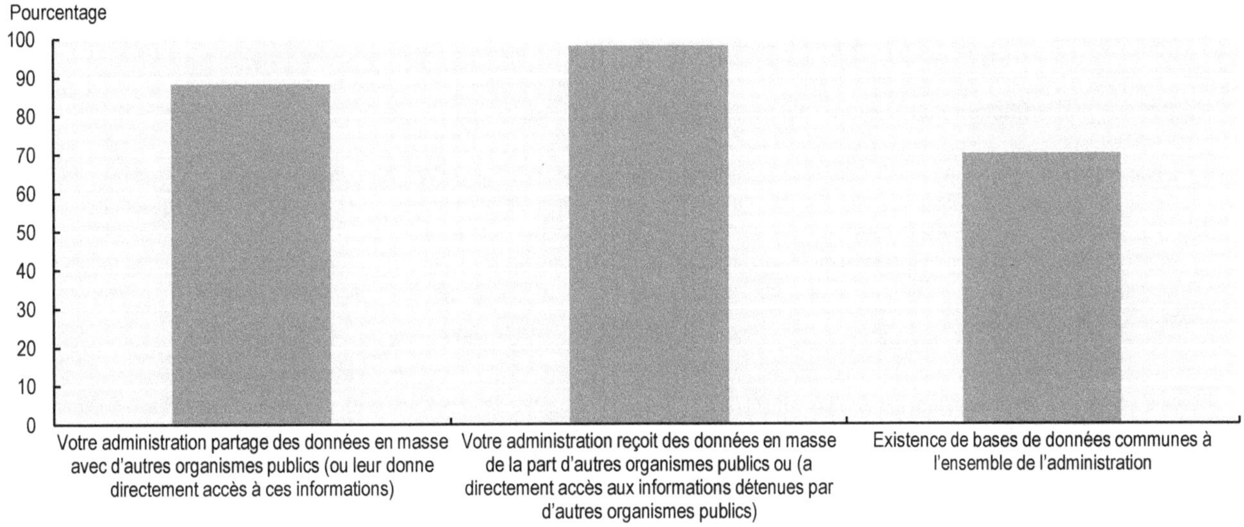

Note : Ce graphique se fonde sur les données provenant de 52 juridictions étudiées dans ce rapport et qui figurent dans la base de données ITTI.
Source : OECD et al. (2023), Inventaire multipartenaires des initiatives sur l'utilisation de la technologie à des fins fiscales, https://www.oecd.org/tax/forum-on-tax-administration/tax-technology-tools-and-digital-solutions/, tableau DM3 (consulté le 22 mai 2023).

StatLink https://stat.link/sizwmn

4e pilier : Administration et application des règles fiscales

Dans la vision de l'administration fiscale 3.0, au lieu que les règles soient contenues dans le système de l'administration fiscale et que les instructions soient données aux contribuables par le biais de notices explicatives, les règles techniques et les informations qui sont nécessaires aux différentes étapes du traitement de l'impôt sont intégrées dans les systèmes naturels des contribuables. Il peut s'agir, par exemple, de l'enregistrement et de la radiation automatiques du contribuable en des points spécifiques, de l'incorporation des règles fiscales et du calcul du montant de l'impôt dans les logiciels de comptabilité, ou de l'utilisation d'applications permettant de retenir l'impôt à la source ou de transmettre automatiquement des informations à l'administration.

L'Administration fiscale 3.0 énonce les mesures que peuvent prendre les administrations pour s'engager dans un tel processus :

- mettre en œuvre une spécification des règles fiscales indépendante des systèmes en vue de les intégrer dans les systèmes de gestion des contribuables (en ce qui concerne, par exemple, l'identification numérique, la facturation et la déclaration électroniques, ou la retenue à la source par des plateformes numériques) ;

- piloter le développement de la spécification des règles fiscales, en coopération avec les développeurs, et parallèlement à l'élaboration de la nouvelle législation fiscale ;
- piloter la mise en œuvre de l'intelligence artificielle dans les processus de conseil et d'évaluation de l'administration fiscale visant à réduire au maximum l'incertitude fiscale.

Malgré la difficulté de l'entreprise, des progrès ont déjà été constatés. L'administration fiscale néerlandaise, par exemple, travaille sur une nouvelle méthode de développement de logiciels permettant de convertir certains éléments de la législation dans un format lisible par machine et d'assurer un suivi, de sorte qu'en cas de modification de la loi, la mise à jour peut être effectuée de manière simple et rapide. Ces règles ouvrent le champ à la prise de décision automatisée.

Tableau 10.6. Progiciels : (co-)création, cadres d'assurance et produits approuvés, 2022

Pourcentage d'administrations ayant mis en place le processus cité

L'administration crée des progiciels pour aider les contribuables à s'acquitter de leurs obligations fiscales	L'administration participe au développement de progiciels avec des tiers	L'administration a mis au point un cadre d'assurance permettant à des tiers d'intégrer les règles fiscales dans leurs progiciels, et de produire des résultats fondés sur ces règles qui sont acceptés par l'administration fiscale	L'administration publie les noms des logiciels approuvés ou acceptés par ses services	L'administration tient à jour un registre des logiciels approuvés ou acceptés par ses services
58	48	31	26	32

Note : Ce tableau se fonde sur les données provenant de 52 juridictions étudiées dans ce rapport et qui figurent dans la base de données ITTI.
Source : OECD et al. (2023), Inventaire multipartenaires des initiatives sur l'utilisation de la technologie à des fins fiscales, https://www.oecd.org/tax/forum-on-tax-administration/tax-technology-tools-and-digital-solutions/, tableaux TT7 et TRM2 (consulté le 22 mai 2023).

Les administrations fiscales ont tout de même accompli des progrès significatifs en matière d'intelligence artificielle. Comme le montre le graphique 10.3, environ 50 % des administrations l'utilisent pour l'évaluation des risques et la détection des fraudes. Ces services ouvrent la voie à des approches innovantes, telles que les déclarations par voie de questionnaires et l'automatisation des demandes de renseignements des contribuables. Par ce biais, les robots conversationnels, un thème abordé dans les éditions précédentes de cette série, deviennent « intelligents ». Voir le chapitre 5 de ce rapport pour plus de détails.

Graphique 10.3. Utilisation de l'intelligence artificielle, 2022

Pourcentage d'administrations

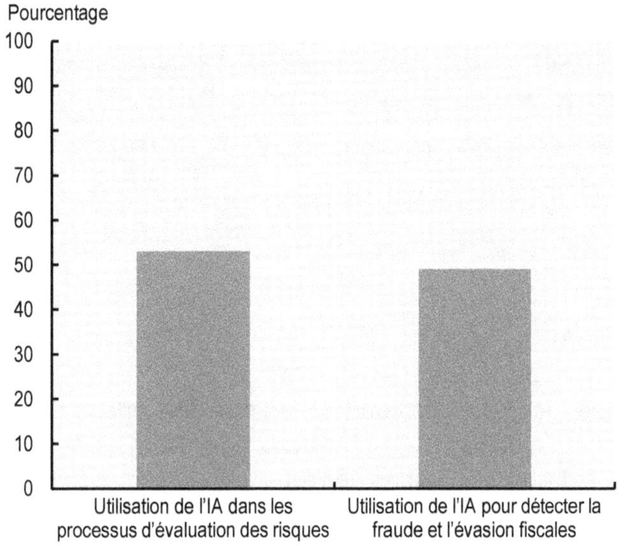

Note : Ce graphique se fonde sur les données provenant de 52 juridictions étudiées dans ce rapport et qui figurent dans la base de données ITTI.

Source : OECD et al. (2023), Inventaire multipartenaires des initiatives sur l'utilisation de la technologie à des fins fiscales, https://www.oecd.org/tax/forum-on-tax-administration/tax-technology-tools-and-digital-solutions/, tableau TRM3 (consulté le 22 mai 2023).

StatLink https://stat.link/m3wb6d

Dans cette série sur les administrations fiscales, le thème de l'intelligence artificielle devrait occuper une place croissante. Toutefois, comme le montre l'exemple de l'encadré 10.6, l'utilisation de cette technologie soulève par ailleurs des questions de gouvernance qui doivent être examinées de plus près.

Encadré 10.6. Canada : Intégrer l'intelligence artificielle dans les projets de l'administration fiscale

Afin de favoriser l'expérimentation et un déploiement responsable de solutions d'intelligence artificielle (IA), l'Agence du revenu du Canada (ARC) continue de renforcer la gouvernance et la surveillance de l'IA. Dans le cadre d'une série de mesures en matière de gouvernance, l'ARC a adopté en janvier 2021 une Directive sur l'intelligence artificielle.

Celle-ci définit les rôles et responsabilités au sein de l'ARC et repose sur l'utilisation obligatoire de l'outil d'évaluation de l'incidence algorithmique (EIA). Ce dernier obéit à trois finalités. Il s'agit d'un outil conçu dans un souci d'ouverture qui fait office de source de données centralisée sur les projets en matière d'IA développés au sein de l'ARC, accessible par tous les utilisateurs soucieux d'améliorer des projets transversaux. Afin d'évaluer l'incidence algorithmique et, éventuellement, de cibler les ressources, les projets d'IA sont classés en fonction des priorités absolues de l'ARC.

Enfin, l'outil EIA sert à évaluer et calculer les indicateurs de risque associés aux projets d'IA au cours des phases de développement et de production, y compris en fonction des mesures d'atténuation et de considérations éthiques. Grâce aux données recueillies, l'ARC est en mesure de s'appuyer sur l'EIA pour rendre compte de ce qui se passe dans tel ou tel secteur. Parce que la gouvernance de l'IA est un processus qui n'a pas encore atteint le stade de la maturité et continue de se transformer en réponse à l'évolution rapide du contexte de l'IA, l'EIA est appelé à évoluer aussi au service d'une supervision éclairée et de la promotion de la transparence.

Source : OCDE (2021), *Administration fiscale 2021 : Informations comparatives sur les pays de l'OCDE et autres économies avancées et émergentes*, https://doi.org/10.1787/cef472b9-en.

5e pilier : Nouvelles compétences

La transformation numérique modifie en profondeur les modèles opérationnels de l'administration fiscale et nécessitera non seulement l'embauche de nouveaux agents, mais également un développement des compétences du personnel existant. La gestion des ressources humaines et les processus de changement sont des éléments fondamentaux de l'Administration fiscale 3.0. Les graphiques 10.4. et 10.5. montrent comment les administrations fiscales se préparent à la transformation numérique en recensant les compétences requises et en investissant dans la formation du personnel afin de renforcer leurs capacités.

Graphique 10.4. Compétences nécessaires à la transformation numérique : détermination et recensement, 2022

Pourcentage d'administrations

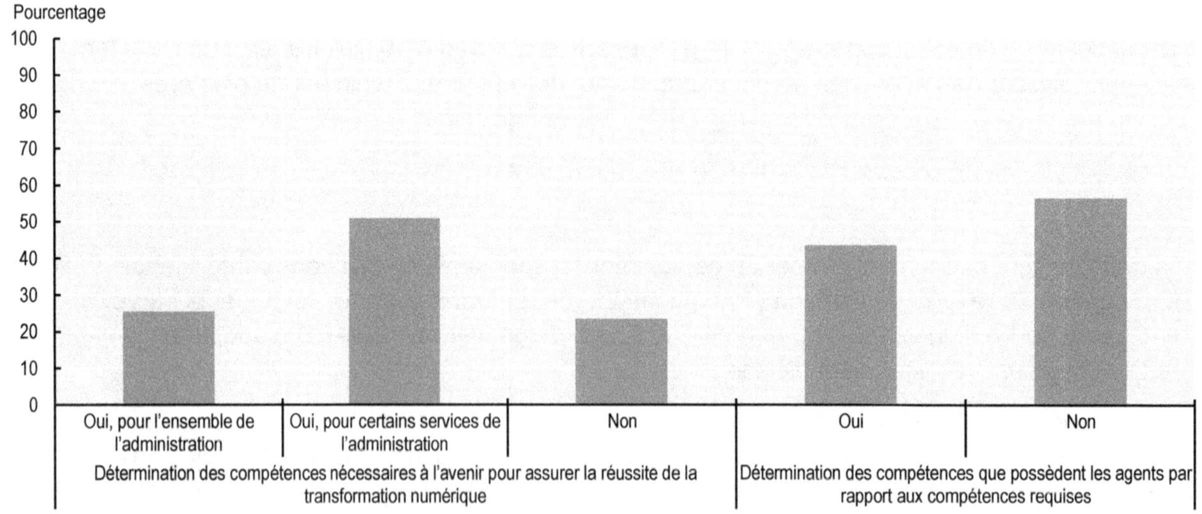

Note : Ce graphique se fonde sur les données provenant de 52 juridictions étudiées dans ce rapport et qui figurent dans la base de données ITTI.

Source : OECD et al. (2023), Inventaire multipartenaires des initiatives sur l'utilisation de la technologie à des fins fiscales, https://www.oecd.org/tax/forum-on-tax-administration/tax-technology-tools-and-digital-solutions/, tableau SG3 (consulté le 22 mai 2023).

StatLink https://stat.link/jdx3ao

Ainsi que le soulignait ce chapitre précédemment, la transformation numérique des administrations fiscales a des incidences plus larges sur l'ensemble de l'écosystème. De nombreuses administrations fiscales ont donc décidé d'investir dans le développement collaboratif des compétences, comme le montre le graphique 10.5 qui reflète les vastes répercussions de la transformation numérique et la nécessité d'approches partagées.

Graphique 10.5. Compétences nécessaires à la transformation numérique : collaboration avec des organismes publics ou des partenaires extérieurs, 2022

Pourcentage d'administrations

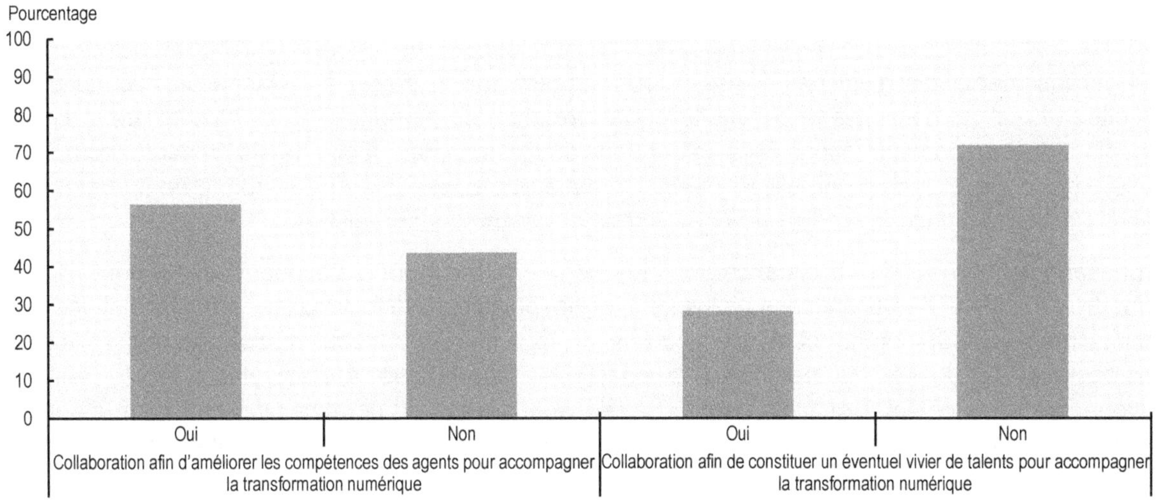

Note : Ce graphique montre le pourcentage d'administrations qui ont déterminé les compétences dont elles auront besoin à l'avenir pour mener à bien la transformation numérique, soit pour l'ensemble de l'administration, soit pour certains de ses services (voir le graphique 10.4). Il se fonde sur les données provenant de 52 juridictions étudiées dans ce rapport et qui figurent dans la base de données ITTI.
Source : OECD et al. (2022), Inventaire multipartenaires des initiatives sur l'utilisation de la technologie à des fins fiscales, https://www.oecd.org/tax/forum-on-tax-administration/tax-technology-tools-and-digital-solutions/, tableau SG3 (consulté le 22 mai 2023).

StatLink https://stat.link/lag7wc

Culture numérique

Outre les compétences requises pour mener à bien la transformation numérique, les administrations fiscales doivent prendre en compte les changements d'état d'esprit qu'elle nécessite. L'objectif est d'instaurer une culture dans laquelle les attentes des contribuables et des autres parties prenantes en matière de numérique sont comprises et prises en compte par le personnel ; les nouveaux services sont axés sur la demande, innovants et créés en tenant compte des potentielles synergies interfonctionnelles ; et les projets sont gérés de manière agile. Comme le montre le tableau 10.7, ce domaine de travail tend à se généraliser dans les administrations fiscales.

Tableau 10.7. Culture numérique, communication et engagement, 2022

Pourcentage d'administrations ayant mis en place le processus cité

Une stratégie visant à instaurer une culture numérique au sein de l'administration a été élaborée	L'administration communique sur sa stratégie de transformation numérique ou sur les changements auprès de tous les agents afin qu'ils comprennent leurs rôles et responsabilités respectifs	L'administration dialogue régulièrement avec les agents et les autres parties prenantes sur la stratégie de transformation numérique, sa mise en œuvre et les progrès accomplis
59	69	67

Note : Ce tableau se fonde sur les données provenant de 52 juridictions étudiées dans ce rapport et qui figurent dans la base de données ITTI.
Source : OECD et al. (2023), Inventaire multipartenaires des initiatives sur l'utilisation de la technologie à des fins fiscales, https://www.oecd.org/tax/forum-on-tax-administration/tax-technology-tools-and-digital-solutions/, tableau SG4 (consulté le 22 mai 2023).

Changer les mentalités n'est pas chose aisée, d'autant que le travail à distance ou hybride pose des difficultés en ce qui concerne la continuité de la formation du personnel et le maintien de la culture de l'organisation. Les administrations fiscales ont donc dû repenser leur façon de dispenser les formations de manière générale. Sur ce point, elles ont ainsi indiqué être passées à un environnement virtuel et à des séances en ligne diffusées en direct ou des vidéos et webinaires enregistrés.

Le passage aux formations à distance implique certes certains coûts de départ, mais peut néanmoins permettre de réaliser des économies à plus long terme, puisque, une fois réalisées, les formations peuvent être visionnées à tout moment et en tout lieu Les formations à distance permettent de réduire les frais de déplacement, de donner au personnel la possibilité d'apprendre à son rythme et à sa meilleure convenance, sans compter qu'elles peuvent être dispensées à un nombre plus important d'agents. De plus, les nouvelles technologies permettent d'améliorer les aspects liés à l'apprentissage collaboratif : le parcours de formation gagne ainsi en qualité.

6e pilier : Cadres de gouvernance

Dans le monde, les administrations fiscales ont mis en place de nouvelles stratégies pour opérer les changements fondamentaux des modèles opérationnels que requiert la transformation numérique. Il n'existe pas d'approche universelle dans ce domaine et, pour soutenir ces efforts, le Forum sur l'administration fiscale a créé un *Modèle de maturité de transformation numérique*, qui permet aux administrations fiscales d'auto-évaluer leur niveau actuel de maturité numérique et de faciliter la réflexion sur la stratégie future, en fonction des circonstances et des priorités propres à chaque administration fiscale. (OCDE, 2022[3])

Comme le montre le graphique 10.6., le modèle a été appliqué par plus de 50 administrations fiscales, et les résultats des auto-évaluations ainsi réalisées permettent de guider et d'étayer leurs stratégies.

Graphique 10.6. Modèle de maturité de transformation numérique : résultats des auto-évaluations

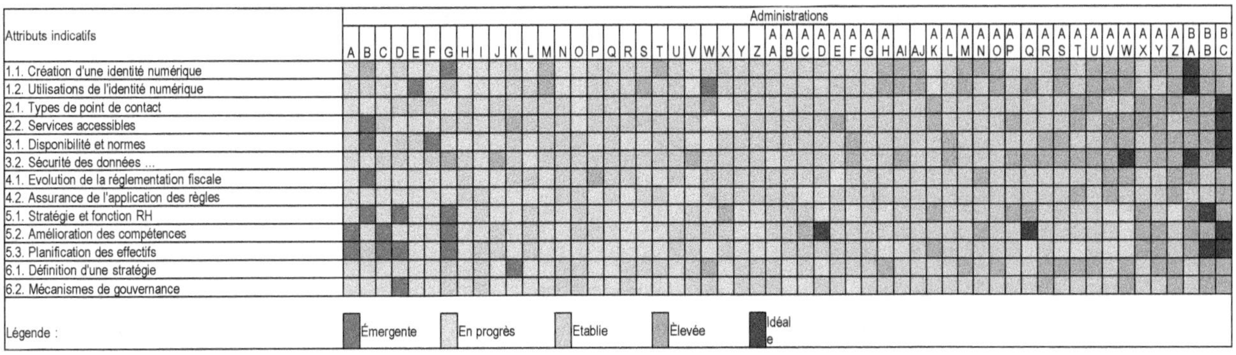

Source : OCDE (2022), *Modèle de maturité de transformation numérique*, www.oecd.org/tax/forum-on-tax-administration/publications-and-products/digital-transformation-maturity-model.htm (consulté le 22 mai 2023).

Comme souligné précédemment, la stratégie qui guide la transformation numérique joue un rôle fondamental, et le graphique 10.7 révèle qu'environ 75 % des administrations ont mis en place une stratégie en ce sens. Les administrations fiscales indiquent que ces stratégies les aident à offrir des services « plus intelligents », permettant aux contribuables d'accomplir en ligne des tâches de plus en plus complexes, de façon plus efficace et 24 heures sur 24. Cette évolution contribue également à améliorer sensiblement le respect de leurs obligations par les contribuables.

Graphique 10.7. Existence d'une stratégie de transformation numérique dans les administrations fiscales, 2022

Pourcentage d'administrations

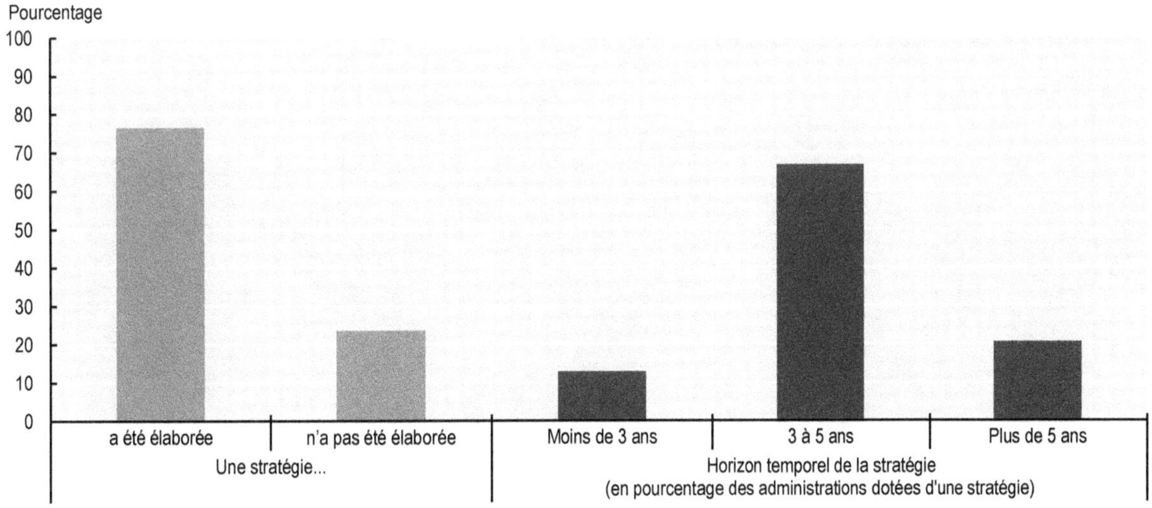

Note : Ce graphique se fonde sur les données provenant de 52 juridictions étudiées dans ce rapport et qui figurent dans la base de données ITTI.

Source : OECD et al. (2023), Inventaire multipartenaires des initiatives sur l'utilisation de la technologie à des fins fiscales, https://www.oecd.org/tax/forum-on-tax-administration/tax-technology-tools-and-digital-solutions/, tableau SG1 (consulté le 22 mai 2023).

StatLink https://stat.link/brynmc

La collaboration et la co-création sont au cœur de la vision de l'Administration fiscale 3.0. En effet, à mesure que les systèmes et processus fiscaux sont intégrés dans les écosystèmes plus larges des contribuables, la participation des parties prenantes à l'élaboration des stratégies de transformation numérique est essentielle pour garantir leur efficacité. De fait, cette collaboration est en train de devenir une caractéristique commune des stratégies, ainsi qu'illustré par le graphique 10.8. et par l'exemple livré dans l'encadré 10.7.

Encadré 10.7. Finlande : La participation des citoyens aux stratégies numériques

L'administration fiscale finlandaise a intégré le retour d'information des citoyens à sa stratégie de numérisation des processus internes et de mise en place d'une gestion axée sur les données. Des agents sans connaissances techniques ont utilisé une plateforme « no code / low code » (sans code ou avec peu de code) pour créer une application à part entière permettant de traiter les plaintes des parties prenantes liées à des procédures inadéquates ou illégales, ou à une faute/négligence de la part des agents de l'administration fiscale. L'application fait passer chaque plainte par toutes les étapes du processus de traitement du dossier et auprès de toutes les parties concernées.

Elle est en outre connectée à la salle des données numériques de l'administration fiscale, qui contient un large éventail d'informations et d'indicateurs sur les performances de l'organisation. Les rapports de la salle des données indiquent le statut, le domaine, l'examen et d'autres attributs des plaintes en temps réel, et favorisent ainsi une amélioration continue basée sur des éléments probants. La création de l'application illustre l'intérêt qu'il peut y avoir à faire appel au personnel interne de l'administration fiscale pour accélérer la numérisation avec souplesse et agilité.

Source : Finlande (2023).

Graphique 10.8. Stratégie de transformation numérique : participation des parties prenantes et recours à l'analyse et au suivi des données, 2022

Pourcentage des administrations ayant élaboré une stratégie

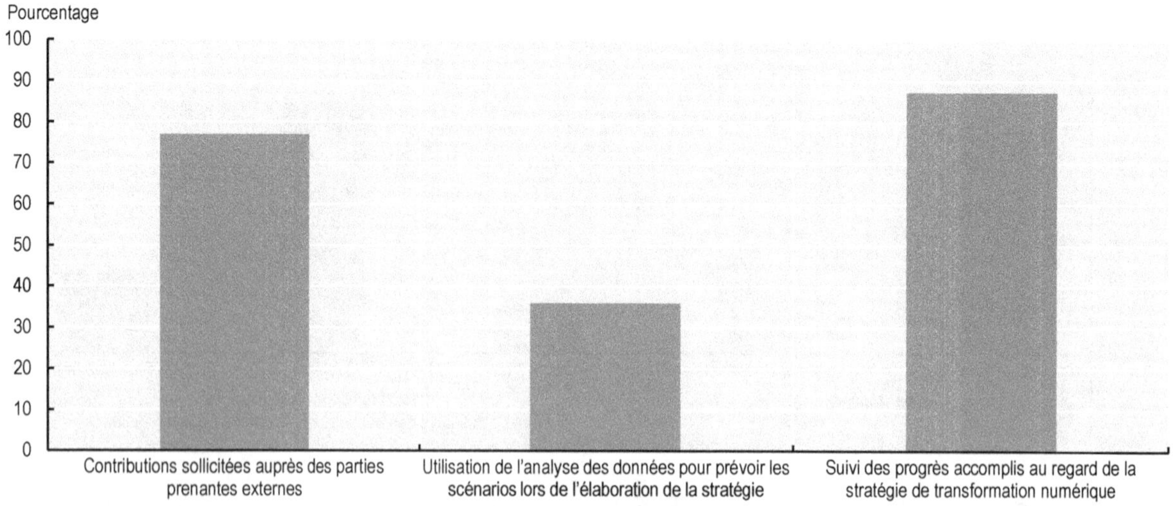

Note : Ce graphique se fonde sur les données provenant de 52 juridictions étudiées dans ce rapport et qui figurent dans la base de données ITTI.

Source : OECD et al. (2023), Inventaire multipartenaires des initiatives sur l'utilisation de la technologie à des fins fiscales, https://www.oecd.org/tax/forum-on-tax-administration/tax-technology-tools-and-digital-solutions/, tableau SG1 (consulté le 22 mai 2023).

StatLink https://stat.link/7jax9k

Les retours des parties prenantes peuvent fournir des éclairages utiles pour compléter l'analyse des données que certaines administrations fiscales utilisent pour soutenir l'élaboration de leur stratégie (voir graphique 10.8.). L'encadré 10.8. en présente un exemple pratique.

Encadré 10.8. Stratégies de transformation numérique

Australie

En août 2022, l'Australian Taxation Office (ATO) a dévoilé sa Stratégie numérique actualisée (2023-2025), qui présente les prochaines grandes étapes de son parcours de transformation numérique. L'ATO ambitionne de devenir un chef de file des organisations numérisées proposant des services et des écosystèmes numériques fiables et efficaces. La stratégie, qui prend le parti de « la numérisation plutôt que la digitalisation », offre l'opportunité de faire le point sur les progrès accomplis par l'ATO, de réfléchir à des solutions qui permettraient de maximiser l'investissement dans les technologies existantes, et d'identifier les principales priorités pour les trois années suivantes.

Articulée autour de quatre piliers et cinq principes, cette stratégie entend poursuivre la numérisation des processus et des services afin d'améliorer l'expérience des administrés et des agents, d'améliorer la performance fiscale et de réduire les coûts administratifs. L'actualisation de la stratégie a été lancée en réponse à l'évolution rapide du paysage numérique, à la demande accrue d'expériences et de services numériques de qualité fournis par l'administration, et à la nécessité de permettre une adaptation rapide et efficace à des environnements changeants.

Bien qu'elle soit considérée comme ayant globalement atteint la maturité numérique, l'ATO a ressenti le besoin de mettre en place une approche cohérente dans l'ensemble de ses services afin de tirer le meilleur parti des bases solides existantes et de donner la priorité aux initiatives à même de concrétiser la vision de l'Administration fiscale 3.0.

Pour ce faire, l'ATO a mené une vaste consultation des parties prenantes (en interne et en externe) tout au long de l'élaboration de la stratégie. Cette démarche comprenait notamment les éléments suivants :

- la mise en place d'un groupe de référence composé de cadres supérieurs clés de l'ATO pour façonner la stratégie ;
- l'organisation de groupes de discussion avec des experts techniques, des responsables de projet et d'autres agents afin de recueillir des éclairages et des commentaires ;
- l'implication des domaines d'activité, équipes techniques et responsables de segments clés de l'ATO dans un souci de cohérence et d'inclusion de leurs priorités et aspirations respectives ; et
- un dialogue avec des instances externes (par exemple, le groupe de travail sur les fournisseurs de logiciels numériques) pour tester l'approche et les orientations de l'ATO.

La consultation en amont des parties prenantes et leur implication à un stade précoce du processus de développement ont permis à l'ATO de trouver un équilibre entre la détermination d'objectifs pratiques à court terme et la mise en place des bases nécessaires à la concrétisation des aspirations futures de l'administration fiscale.

Canada

Le Cadre de planification stratégique a été élaboré pour guider la prise de décision et les investissements alors que l'Agence du Revenu du Canada (ARC) s'efforce de concrétiser sa vision, qui est « d'être une administration fiscale et des prestations de calibre mondial qui est pour les gens d'abord : serviable, juste et digne de confiance ».

Le Cadre lie les priorités stratégiques et les principes directeurs de l'ARC à sa mission, sa vision, ses valeurs et ses résultats finaux. Les priorités stratégiques définissent ce que l'ARC fera à court, moyen et long terme pour mieux atteindre ses résultats finaux, tandis que les principes directeurs énoncent la façon dont l'Agence réalisera ses priorités stratégiques.

L'ARC s'est fixé les priorités suivantes, sur différents horizons de planification : offrir aux clients des expériences harmonieuses et des interactions personnalisées, qui sont d'abord numériques ; lutter contre la planification fiscale abusive et l'évasion fiscale ; renforcer la sécurité et protéger la vie privée ; favoriser un effectif productif et diversifié. Pour réaliser ces priorités, l'ARC entend adopter une approche axée sur l'utilisateur pour ses programmes et services ; exploiter les approches à l'échelle de l'entreprise et axées sur les données ; et favoriser l'efficacité grâce à une collaboration effective avec des partenaires actuels et nouveaux.

Chaque année, l'ARC fait le point sur les facteurs de changement dans son environnement externe, les priorités du gouvernement du Canada et son rendement, en s'appuyant sur les éléments de comparaison fournis par l'enquête ISORA (International Survey on Revenue Administration, Enquête internationale sur les administrations fiscales), afin de déterminer ses objectifs de planification conformément à son Cadre de planification, et sur différents horizons de planification.

L'exploitation de cet état des lieux pour éclairer les progrès réalisés par l'Agence en ce qui concerne les priorités et l'application des principes directeurs favorise les synergies entre ce qu'elle fait aujourd'hui et ce qu'elle devra faire demain pour réaliser sa vision.

Voir les documents de référence à l'annexe 10.A.

Source : Australie (2023) et Canada (2023).

La mise en œuvre de stratégies de transformation numérique est très gourmande en ressources, tant humaines que financières. Ce processus devant s'étaler sur plusieurs années, il nécessite une structure solide de financement, si possible réservé, afin de garantir que l'administration fiscale pourra planifier et soutenir la transition de bout en bout. Un financement incertain ne ferait que compliquer un processus déjà ardu, non seulement pour l'administration fiscale, mais aussi pour les contribuables. Comme le montre le graphique 10.9, seule la moitié environ des administrations fiscales dispose d'un financement réservé pour soutenir la transition vers une administration fiscale numérique.

Graphique 10.9. Gouvernance de la transformation numérique, 2022

Pourcentage d'administrations

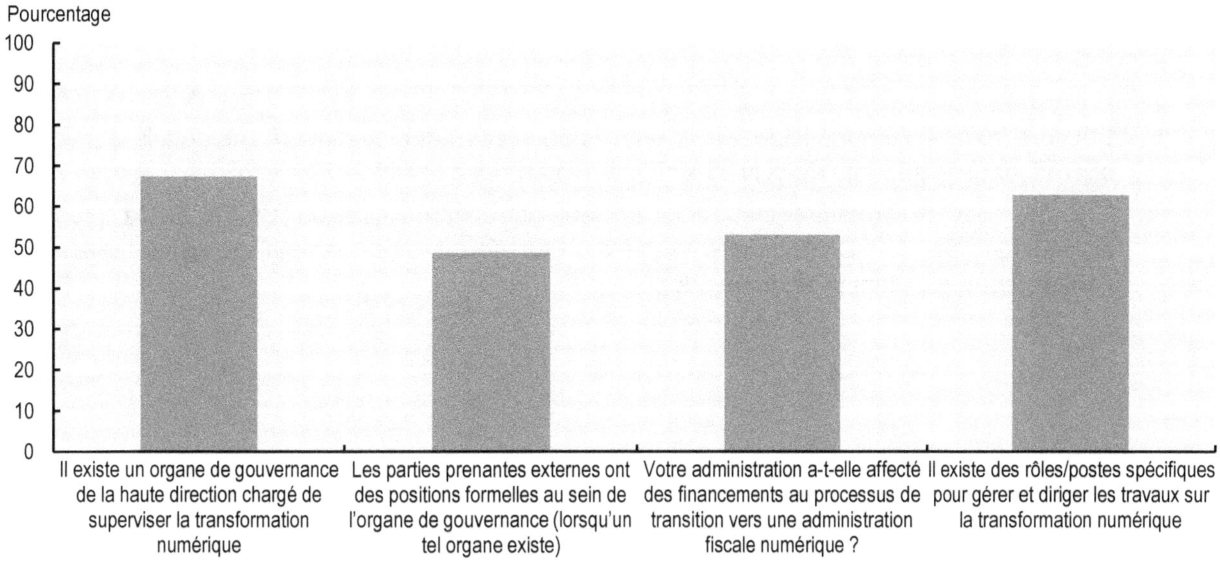

Note : Ce graphique se fonde sur les données provenant de 52 juridictions étudiées dans ce rapport et qui figurent dans la base de données ITTI.
Source : OECD et al. (2022), Inventaire multipartenaires des initiatives sur l'utilisation de la technologie à des fins fiscales, https://www.oecd.org/tax/forum-on-tax-administration/tax-technology-tools-and-digital-solutions/, tableau SG2 (consulté le 22 mai 2023).

StatLink https://stat.link/0f9vbo

Bibliographie

OCDE (2022), *Modèle de maturité de transformation numérique*, https://www.oecd.org/tax/forum-on-tax-administration/publications-and-products/modele-de-maturite-transformation-numerique.pdf (consulté le 22 mai 2023). [3]

OCDE (2021), *Administration fiscale 2021 : Informations comparatives sur les pays de l'OCDE et autres économies avancées et émergentes*, Éditions OCDE, Paris, HYPERLINK "https://doi.org/10.1787/a1b690b6-fr" https://doi.org/10.1787/a1b690b6-fr . [4]

OCDE (2020), *Tax Administration 3.0: The Digital Transformation of Tax Administration*, https://www.oecd.org/tax/forum-on-tax-administration/publications-and-products/tax-administration-3-0-the-digital-transformation-of-tax-administration.htm (consulté le 22 mai 2023). [1]

OCDE et al (2023), *Inventory of Tax Technology Initiatives*, https://www.oecd.org/tax/forum-on-tax-administration/tax-technology-tools-and-digital-solutions/ (consulté le 22 mai 2023). [2]

Annexe 10.A. Liens vers des documents de référence (consultés le 26 mai 2023)

- Encadré 10.5. – Hongrie : Lien vers une vidéo présentant davantage de détails sur le centre opérationnel de sécurité de la NTCA : https://youtu.be/-qULPb7267U
- Encadré 10.8. – Canada : Lien vers un aperçu schématique du Cadre de la planification stratégique de l'ARC : https://www.oecd.org/tax/forum-on-tax-administration/database/b.10.8-canada-strategic-planning-framework.pdf

Annexe A. Tableaux de données

L'annexe A rassemble les tableaux contenant les données fournies par les administrations fiscales en réponse à l'Enquête internationale sur les administrations fiscales (ISORA) de 2020, 2021 et 2022. Elle couvre les 58 juridictions qui participent à l'édition 2023 de la série sur l'administration fiscale de l'OCDE.

Elle est disponible séparément et seulement en anglais, et peut être consultée sur la page dédié du site OECD iLibrary à l'adresse : https://doi.org/10.1787/900b6382-en, à la suite de la table des matières.

Annexe B. Administrations fiscales participantes

Tableau A B.1. Vue d'ensemble des administrations fiscales incluses dans ce rapport

Juridiction	Administration fiscale	Adresse du site Internet	Code monnaie
Afrique du Sud	South African Revenue Service	www.sars.gov.za	ZAR
Allemagne	Ministère fédéral des Finances, Office central fédéral des impôts et Autorités fiscales des Länder	www.bundesfinanzministerium.de	EUR
Arabie saoudite	Autorité générale de la zakat et de l'impôt	https://zatca.gov.sa	SAR
Argentine	Administration fédérale des recettes publiques	www.afip.gob.ar	ARS
Australie	Australian Taxation Office	www.ato.gov.au	AUD
Autriche	Ministère fédéral des Finances	www.bmf.gv.at	EUR
Belgique	Service public fédéral Finances	https://finances.belgium.be	EUR
Brésil	Administration fiscale brésilienne	www.rfb.gov.br	BRL
Bulgarie	Agence nationale des recettes publiques	https://nap.bg/	BGN
Canada	Agence du revenu du Canada	www.cra-arc.gc.ca	CAD
Chili	Servicio de Impuestos Internos	www.sii.cl	CLP
Chine (République populaire de)	Administration d'État des impôts	www.chinatax.gov.cn	CNY
Chypre	Administration fiscale chypriote	www.mof.gov.cy/tax	EUR
Colombie	Administration nationale des impôts et des douanes	www.dian.gov.co	COP
Corée	Service national des impôts	www.nts.go.kr	KRW
Costa Rica	Direction des impôts, ministère des Finances	www.hacienda.go.cr	CRC
Croatie	Administration fiscale, ministère des Finances	www.porezna-uprava.hr	HRK
Danemark	Administration fiscale danoise	www.skatteforvaltningen.dk	DKK
Espagne	Agence fiscale espagnole (AEAT)	www.agenciatributaria.es	EUR
Estonie	Office estonien des impôts et des douanes	www.emta.ee	EUR
États-Unis	Internal Revenue Service	www.irs.gov	USD
Finlande	Administration fiscale finlandaise	www.vero.fi	EUR
France	Direction Générale des Finances Publiques	www.economie.gouv.fr/dgfip	EUR
Géorgie	Service des recettes publiques	www.rs.ge	GEL
Grèce	Autorité indépendante chargée des recettes publiques	www.aade.gr	EUR
Hong Kong (Chine)	Inland Revenue Department	www.ird.gov.hk	HKD
Hongrie	Administration nationale des impôts et des douanes	https://nav.gov.hu	HUF
Inde	Service de l'impôt sur le revenu Office central des impôts indirects et des droits de douane	www.incometaxindia.gov.in www.cbic.gov.in	INR
Indonésie	Direction générale des impôts	www.pajak.go.id	IDR
Irlande	Office of the Revenue Commissioners	www.revenue.ie	EUR
Islande	Direction des impôts	www.rsk.is	ISK
Israël	Autorité fiscale d'Israël	www.taxes.gov.il	ILS
Italie	Administration fiscale	www.agenziaentrate.gov.it	EUR
Japon	Agence nationale des impôts	www.nta.go.jp	JPY
Kenya	Kenya Revenue Authority	www.kra.go.ke/en/	KES
Lettonie	Service national de l'impôt	www.vid.gov.lv	EUR
Lituanie	Inspection nationale des impôts relevant du ministère des Finances	www.vmi.lt	EUR
Luxembourg	Administration des contributions directes Administration de l'enregistrement et des domaines	www.impotsdirects.public.lu www.aed.public.lu	EUR

Juridiction	Administration fiscale	Adresse du site Internet	Code monnaie
Malaisie	Inland Revenue Board of Malaysia	www.hasil.gov.my	MYR
Malte	Office of the Commissioner for Revenue	https://cfr.gov.mt	EUR
Maroc	Direction générale des impôts	www.tax.gov.ma	MAD
Mexique	Service d'administration fiscale	www.sat.gob.mx	MXN
Norvège	Administration fiscale norvégienne	www.skatteetaten.no	NOK
Nouvelle-Zélande	Inland Revenue Department – Te Tari Taake	www.ird.govt.nz	NZD
Pays-Bas	Administration fiscale néerlandaise	www.belastingdienst.nl	EUR
Pérou	Superintendencia Nacional de Administración Tributaria (SUNAT)	www.sunat.gob.pe	PEN
Pologne	Administration fiscale nationale	www.finanse.mf.gov.pl	PLN
Portugal	Autorité portugaise des impôts et des douanes	www.portaldasfinancas.gov.pt	EUR
République slovaque	Administration financière de la République slovaque	www.financnasprava.sk	EUR
République tchèque	Administration financière de la République tchèque	www.financnisprava.cz	CZK
Roumanie	Agence nationale de l'administration fiscale	www.anaf.ro	RON
Royaume-Uni	Her Majesty's Revenue and Customs	www.hmrc.gov.uk	GBP
Singapour	Inland Revenue Authority of Singapore	www.iras.gov.sg	SGD
Slovénie	Administration financière de la République de Slovénie	www.fu.gov.si	EUR
Suède	Administration fiscale suédoise	www.skatteverket.se	SEK
Suisse	Administration fédérale des finances	www.estv.admin.ch	CHF
Thaïlande	The Revenue Department	www.rd.go.th	THB
Türkiye	Administration turque des finances	www.gib.gov.tr	TRY

www.ingramcontent.com/pod-product-compliance
Lightning Source LLC
LaVergne TN
LVHW082036051026
849532LV00011B/3371
* 9 7 8 9 2 6 4 5 6 6 4 6 0 *